The Authority Rules

权力的规则
建顺微思录（一）

杨建顺 著

北京大学出版社
PEKING UNIVERSITY PRESS

图书在版编目(CIP)数据

权力的规则:建顺微思录(一)/杨建顺著.—北京:北京大学出版社,2017.5
ISBN 978-7-301-28070-6

Ⅰ.①权⋯　Ⅱ.①杨⋯　Ⅲ.①社会问题—研究—中国　Ⅳ.①D669

中国版本图书馆CIP数据核字(2017)第024687号

书　　　名	权力的规则——建顺微思录(一) QUANLI DE GUIZE
著作责任者	杨建顺　著
责 任 编 辑	邓丽华
标 准 书 号	ISBN 978-7-301-28070-6
出 版 发 行	北京大学出版社
地　　　址	北京市海淀区成府路205号　100871
网　　　址	http://www.pup.cn
电 子 信 箱	law@pup.pku.edu.cn
新 浪 微 博	@北京大学出版社　@北大出版社法律图书
电　　　话	邮购部 62752015　发行部 62750672　编辑部 62752027
印 刷 者	三河市北燕印装有限公司
经 销 者	新华书店
	650毫米×980毫米　16开本　22.25印张　339千字 2017年5月第1版　2017年5月第1次印刷
定　　　价	52.00元

未经许可,不得以任何方式复制或抄袭本书之部分或全部内容。
版权所有,侵权必究
举报电话: 010-62752024　电子信箱: fd@pup.pku.edu.cn
图书如有印装质量问题,请与出版部联系,电话: 010-62756370

序

《权力的规则——建顺微思录（一）》就要与读者朋友见面了。

这部短文集是我用了近4年的时间写成的，全书分为10个单元，共90篇文章，约33万字。

之所以取名《权力的规则》，是为了强调行使权力应当遵守基本的规则，并试图围绕行政行为这条主线，以权力和权利为对象，展开行政法相关问题的思考，发现行政法各论的研究素材，探讨实现秩序、制度和权威等行政法价值的路径，推动行政法学研究向纵深发展。其中虽然也有数篇是以"权利"为对象的讨论，但围绕"权力"展开的占了绝大多数，总的来说，全部内容汇集起来，凸显了秩序、制度和权威等传统行政法价值。当然，在阐述权力规则的同时，特别强调过程论视角、参与型行政理念和公共利益衡量论，注重自由、民主和参与等价值，亦即权利的规则也蕴含其中。

之所以添加"建顺微思录（一）"作为其副标题，是因为其中绝大多数文章（81篇）来源于《检察日报》在其第7版为我开设的专栏"建顺微思"。自2013年1月16日首篇专栏文章[①]得以刊发，我便开始了从微观层面来考虑行政法原理应用问题的持续探索。专栏文章的素材大多取自新闻媒体，也有我自己参加立法论证、行政复议和学术活动的所思所想。这在很大程度上可以凸显行政法是一门实践性较强的学问，需要对行政法一般原理进行融会贯通，并且强调有破有立，注重解决问题、化解矛盾，以尽可能避免或者减少不具有建设性的言论。理论密切联系实际，是"建顺微思"的基本出发点和努力实现

---

① 参见杨建顺著：《权力和权利都须尊重秩序》，载《检察日报》2013年1月16日第7版"建顺微思"；本书第10—12页。

的目标。在"建顺微思录"之后添加序号(一),意味着还将有(二)(三)甚至更多。也就是说,这部短文集的出版,并不是终结,而只是一个新的起点。①"建顺微思"专栏告一段落,可以也应该回过头来总结一下,以便发扬成绩,弥补不足,在今后的专栏文章写作中有更好的发展。

本书虽然以"建顺微思录(一)"作为副标题,但是,其中所收录的文章并不限于在《检察日报》"建顺微思"专栏发表的文章,还包括在《检察日报》其他版面上发表的3篇②,在《辽宁日报》上发表的2篇③,《法治周末》上发表的1篇④,在《学习时报》上发表的1篇⑤,以及在《城市管理与科技》上发表的1篇。⑥ 在此基础上,附加了1篇未曾在正式刊物上发表的立法建议稿⑦,作为本书的尾篇。并且,即便是已发表的文章,大多也不是将既刊稿原样拖过来,而是尽可能恢复了当时定稿时的题目和篇幅。因为发表时有严

---

① 这部短文集收录的稿子截至2016年9月。之后,《检察日报》"建顺微思"专栏文章的频度进行了调整,由隔周1篇改为每月1篇。可以说,《建顺微思录(二)》的撰写,已经开始了。参见杨建顺著:《重视信访作用,完善行政型ADR》,载《检察日报》2016年11月2日第7版"建顺微思";杨建顺:《重污染应对措施需充分论证》,载《检察日报》2016年12月7日第7版"建顺微思"。

② 参见杨建顺著:《是否属于枪支,鉴定标准只能唯一》,载《检察日报》2016年8月17日第5版"法治评论";杨建顺著:《每个环节都需法治护航》,载《检察日报》2013年4月3日第5版;杨建顺著:《"行政主体资格"有待正确解释》,载《检察日报》2015年4月8日第7版"若有所思"。

③ 杨建顺著:《让权力更好服务人民》,载《辽宁日报》2013年1月15日第A05版;《法律的生命力在于实施》,载《辽宁日报》2015年2月10日第A07版,理论。这两篇相对比较长,在体例上与其他短文有些不匹配,但考虑到其内容恰好描绘了"权力的规则",与党中央的相关纲领性文件所确立的方针政策相呼应,阐释了经典行政法理论,而且具有较强的系统性和逻辑严密性,故而一并收录。

④ 杨建顺著:《法院要保障拆迁的公平正义》,载《法治周末》2014年9月2日。

⑤ 参见杨建顺著:《以法治思维完善信访制度》,载《学习时报》2015年11月5日第004版"民主法治"。

⑥ 杨建顺著:《城管,在理解和参与中优化》,载《城市管理与科技》2013年第2期,第53—55页。

⑦ 《关于〈行政诉讼法修正案(草案)〉的修改建议》。这是纯粹的立法建议,在本书中形成较为独特的体例。考虑到该建议稿没有正式发表,而其中所讨论的诸多问题,例如,公益诉讼的法律依据问题,行政首长出庭应诉制的利弊得失分析,诉讼期限的立法政策考量,行政规律性的尊重及行政裁量论的充分运用,行政授权及委托的制度运行理论,司法解释的定位及司法权的界限论,等等,都不应当也不可能随着此次修改《行政诉讼法》工作的结束而告终结的重要研究课题,为让更多人认识到相关问题,并致力于展开深入研究,经过仔细斟酌而将其收录。可作为辅助材料,在今后进行相关行政诉讼问题研究时参考。

格的字数限制，往往不得不忍痛割爱，省略了较为详细的事件介绍和背景交代。收录时进行了这方面的恢复和补充，有的还根据需要对部分文章进行了拓展、充实，尤其是在必要限度内添加了脚注。脚注是后来添加的，故而会出现有的脚注中的文献资料的出版或者发表时间晚于正文撰写时间的现象。这主要是为了便于读者用过程论的视角来理解相关问题，并能够较好地运用所提供的资源来展开对相关问题的研究和探索。本书中，皆在小标题处添加了有关既刊稿的注释，读者可以根据自己的兴趣查阅既刊稿。这样一来，可能会在一定程度上损害当初编辑加工后文章的精炼度，却将有助于读者全面理解该文所论内容的来龙去脉。并且，通过比较，或许还可以从中学习到编辑技巧，感悟编辑精神，提升短文写作能力。

除了在《辽宁日报》上发表的2篇文章以及最后的立法建议稿较长之外，其他文章即便进行了拓展、充实，亦仍旧保持了短小精悍的特点。尽管依然难免会有词不达意或者表错了意的地方，但是，每一篇文章都经过了字斟句酌，应该经得起拷问。虽然将90篇文章汇集在一起并分别归入不同的单元，但是，这种归类只是基于编辑上的便利，读者完全可以不受单元划分的束缚，选择自己感兴趣的文章单独阅读。单元划分及文章归类是这样，整部书的体系架构更是如此。虽然可以将行政法、秩序、法治、规制、规则、自由、民主、参与、公开、规范权力和保障权利归纳为本书的关键词，但是，毕竟写作时间跨度较大，每个选题都是基于当时的情况分别确定的，而不是在统一的篇章体系规划之下完成的。所以，要准确把握所有文章的共通点，却是有很大难度的。于是，我想到了行政与法的关系。

"行政，是指在法之下，受法的规制，现实中为了积极地实现国家目的而进行的、整体上具有统一性的、连续性的形成性国家活动。"[①] 而"行政是'有生命之物'。既然是'有生命之物'，便具有希望自由、嫌恶拘束的倾向"[②]。所以，要给权力尤其是行政权力描绘规则，难免具有很大难度。"在法

---

① 日本著名行政法学家田中二郎对行政的定义。转引自〔日〕南博方著：《行政法》（第六版），杨建顺译，中国人民大学出版社2009年版，第4页。
② 〔日〕南博方著：《行政法》（第六版），杨建顺译，中国人民大学出版社2009年版，"初版序"第2页。

之下，受法的规制"，这句话描述了行政权力存在和运行的基本前提和规则框架。本书试图描绘的权力规则就是为了实现"在法之下，受法的规制"这种状态所需要的规范和制约。对于行政权力来说，其基本规则就是遵循行政法基本原则——合法性原则、合理性原则和公开原则。具体而言，正如我在《期待以法治反腐防腐的新时代》中所阐述的：

真正的权力制约和规范，应该是这样一种状态：其一，使权力主体在行使权力行为前，就对自己的行为后果有一种预测，从而自觉地约束自己的行为，即起到"自律"的效应；其二，使权力主体在行使权力行为过程中，就能够有一定的程序和规则可循，有一定的标准和准则可依，即起到"规范"的效应；其三，使权力主体在行使权力行为后，不至于导致国家利益、社会公共利益乃至私人的合法权益受到损害，若因为行使权力而给国家利益、社会公共利益或者私人的合法权益造成损害或者损失，则能够予以相应的赔偿或者补偿，承担必要的法律责任，即起到"救济"和"权责统一"的效应。

这种制约规范机制应当是包括事前、事中和事后全过程的；应当是自律、他律全方位的；应当是以权力主体自律为主导的内约机制，辅以各种监督机制作为外约机制，配以对权力行使过程的公开机制。

在将上述要求运用于个案分析之际，需要对如下几点展开精到分析：是否正确理解了法规范的内容、精神和旨意，是否选择了合法、适当、具有实效的路径、手段和方法，是否准确把握了相关事实要件，是否综合考量并科学衡量了各种相关因素，等等。以《权力的规则》来命名这部短文集，意味着其内容应当是对权力规则的揭示或者启迪，而文中是否展开了上述精到分析，则是对作者理论联系实际的观念和能力的考验。恳请读者朋友提出宝贵意见。

杨建顺

2016 年 9 月 16 日定稿

2016 年 12 月 12 日修订

于北京海淀世纪城寓所

权力的规则

目录/ CONTENTS

序 / 001

Part 1
法治思维和法治方式,定位权力运行

  法律的生命力在于实施 / 003

  权力和权利都须尊重秩序——行政行为的公定力 / 011

  从县委县政府禁办酒席谈公权力的边界 / 014

  期待以法治反腐防腐的新时代 / 017

  废止劳教制度的法治思维 / 020

  加大超生社会抚养费征收力度的法治思维 / 023

  行政审批制度改革应当坚持法治思维 / 026

  行政执法规范化应当贯彻法治行政原理 / 029

  遏制腐败须有公开机制支撑 / 032

  健全村民参与机制,预防遏制"村官"腐败 / 035

  完善行政裁量权是依法行政的内在要求 / 038

  法律关于时效的规定错了? / 040

  全国人大常委会应当切实行使法律解释权 / 043

Part 2
规制和协治，定位法治政府的服务职能

让权力更好地服务于人民 / 049
"小产权房"不是也不应是法律保护的权益 / 055
城管执法需要规制和协治 / 058
城管，在理解和参与中优化 / 061
构建政府监管企业协治的互联网新格局 / 068
更新观念，以法治思维推进信访制度的完善 / 073
畅通信访渠道，保障权益救济和权力监督 / 080
从"缠访入县志"谈完善信访实效性保障机制 / 083
从奶粉限购看政府的责任 / 086
从富力海口马拉松现象谈企业的社会责任 / 089
广场舞者的权利和自由的边界 / 092
从北医三院产妇死亡事件谈医疗过程风险管理 / 095
依法拆除违建不应承担建筑材料的赔偿责任 / 098
父母晚退休，不如子女早上岗 / 101

Part 3
公务员和公物法制，依法行政的手段支撑

"处长现象"的治理之道 / 107
应当确保公务员获得相应工资福利待遇 / 110
公务员工资应当如何调整？ / 113
公务员任用应尽量减少破格提拔 / 116
全面履行警察职能应当遵循五大原则 / 119
过程论视角下的警察执法规范化 / 122

从"草原天路"取消收费谈完善公共用物使用关系 / 125

应将楼堂馆所的建设管理纳入法治轨道 / 128

公车改革应当注重合法性和合理性 / 131

Part 4
计划和整序，路径手段的实效性保障

科学推进计划行政，完善行政计划规制 / 137

加强整序行政，确保经济社会发展与环境保护相协调 / 140

从"争路运动"谈行政规划确定程序的完善 / 143

从"北京二热"大烟囱存废看《文物保护法》修改课题 / 146

关注环境保护中政府责任的评价机制 / 149

教师节改日期与尊师重教的价值追求 / 152

"不交罚款就不验车"是确保法律实效性的举措 / 155

推进规则之治，依法处罚闯红灯 / 158

Part 5
信赖保护原则，法治行政的条理法

工伤认定，行政机关和法院谁说了算？/ 163

枪支鉴定标准，法院和行政机关应当一致 / 166

坚持信赖保护原则，善待"临时工" / 169

建设诚信社会，让监管部门发挥主导作用 / 172

推进诚信旅游应当依法综合治理 / 174

Part 6
放心和安心，从给付行政到支援型行政

政府应当对基本养老承担责任 / 179
养老保险应当重视公民的个性化需求 / 182
确保老有所养是解决"失独"问题的重要举措 / 185
转变观念，选择放心、安心的养老方式 / 188
住房公积金入市的每个环节都需法治护航 / 191
免费救治有助于防治禽流感的实效性 / 195
设置"弃婴岛"试点也应当有法律明确授权 / 198
用好政府采购机制，助推公共自行车事业发展 / 201

Part 7
转变政府职能，发挥中介组织的作用

确保消协履行法定职责，推进消费者权益保护 / 207
公益法律服务应当坚持标准和规则 / 210
治理"黑救护车"，路在何方？ / 213
让规制行政成为安全生产实效性的保障 / 216
让行政法成为善治的保障 / 219

Part 8
规制行政，政府治理的实效性保障

完善授权法制，用好法律法规保留原则 / 225
依法强制拆除，维护法律权威 / 228

应当着力完善行政许可过程的法律规制 / 231
推进参与型行政,实现有效的政府治理 / 234
建立政府法律顾问制度重在"用"功 / 237
完善过渡性措施,确保法规范的实效性 / 240
以政民协治确保道路交通安全法规范的实效性 / 243
原中央苏区振兴发展须有法治和参与 / 246

Part 9

自我规制,高校法治的基础

高校的自我规制亟待完善 / 251
高校招录工作应当遵循信赖保护原则 / 254
聘任兼职教授应当遵循正当程序 / 257
高校解聘教师应当履行充分说明理由义务 / 260
别让评价机制成为大学教师学术自由的羁绊 / 263

Part 10

修改完善法典,扎实推进合法规范运营

修改《专利法》应当夯实信赖保护的基础 / 269
修改《专利法》应当确立一事不再理效 / 272
专利审查中使用公知常识应确立正当行政程序 / 275
食品安全标准的争议,应当依照标准来解决 / 278
修改《食品安全法》重在夯实合法规范运营机制 / 281
转基因食品是否安全谁说了算? / 284
应当科学设定行政诉讼的起诉期间 / 287

行政首长出庭应诉不宜作为强行法规范 / 290

行政诉讼的管辖与依法独立行使审判权 / 295

科学建构行政诉讼检察建议制度 / 298

行政公益诉讼应当由法律个别设定 / 301

正确解释"行政主体资格",用好确认无效行政行为判决 / 303

落实法院改革纲要应当整备行政诉讼环境 / 306

以典型案例为指导,实现房屋征收补偿的公平正义 / 309

关于《行政诉讼法修正案(草案)》的修改建议 / 312

主要参考文献 / 340

后　记 / 341

Part 1
法治思维和法治方式,定位权力运行

法律的生命力在于实施

权力和权利都须尊重秩序——行政行为的公定力

从县委县政府禁办酒席谈公权力的边界

期待以法治反腐防腐的新时代

废止劳教制度的法治思维

加大超生社会抚养费征收力度的法治思维

行政审批制度改革应当坚持法治思维

行政执法规范化应当贯彻法治行政原理

遏制腐败须有公开机制支撑

健全村民参与机制，预防遏制"村官"腐败

完善行政裁量权是依法行政的内在要求

法律关于时效的规定错了？

全国人大常委会应当切实行使法律解释权

法律的生命力在于实施[*]

党的十八届四中全会审议通过《中共中央关于全面推进依法治国若干重大问题的决定》（以下简称《全面依法治国决定》），提出全面推进依法治国的总目标——建设中国特色社会主义法治体系，建设社会主义法治国家，并作为"深入推进依法行政，加快建设法治政府"的主旨，确认了"法律的生命力在于实施，法律的权威也在于实施"这一命题，进而揭示了依法行政和建设法治政府的根本任务——"要加快建设职能科学、权责法定、执法严明、公开公正、廉洁高效、守法诚信的法治政府"。

"法律的生命力在于实施"这一命题，看似简单，实则有着极其丰富的内涵。为了准确、系统而深入地理解和把握《全面依法治国决定》所确认的这一命题，有必要认真学习《全面依法治国决定》，根据法治原理推进法治政府建设，切实地将法律规定付诸实施，树立好法律的权威，维护好法律的生命力。所谓"生命力"，就是维持生命活动的能力、生存发展的能力；也指一种欣欣向荣、蓬勃向上的发展状态。我们说"法律的生命力在于实施"，这里的生命力应当包含发展的能力，也是指发展的状态。

具体而言，这个问题应当从如下9个方面来理解。

确保法律是集中体现人民意志和利益的良法

法律应当是全体人民总体意思表示的一致，是实现国家利益、社会公共利益和个人利益的重要途径和保障。因此，应当"坚持立法先行，发挥立法的引领和推动作用"，使法律以及根据法律制定的其他法规范都"符合宪法精

---

[*] 参见杨建顺著：《法律的生命力在于实施》，载《辽宁日报》2015年2月10日第A07版，理论。

神、反映人民意志、得到人民拥护"。

在实行间接民主的现代社会，法律只能是各种力量、各种势力和各种利益碰撞、交涉和博弈、妥协的结果，而无法全面涵盖"全体人民"的全部利益。这正如阿罗不可能定理所揭示的，依靠简单多数的投票原则，要在各种个人偏好中选择出一个共同一致的顺序，是不可能的。这样，一个合理的公共产品决定只能来自于一个可以胜任的公共权力机关。在现代各国，该定理的普适性是无可辩驳的。所以，肩负着制定法律及其他法规范之任务的国家机关，就要特别注重建立健全立法的民主程序，尽可能贯彻参与型行政理念①，以弥补间接民主制的不足，并致力于强化立法的科学论证支撑，使法律规范建立在科学和民主的基础之上，以最大限度地代表最广大人民的根本利益。

正如《全面依法治国决定》所强调指出的："法律是治国之重器，良法是善治之前提。"要切实保障法律的实施，权力机关以及行政机关的相关立法部门都"要把公正、公平、公开原则贯穿立法全过程，完善立法体制机制，坚持立改废释并举，增强法律法规的及时性、系统性、针对性、有效性"。

完善既有法规范应当坚持正确方法论

经过长期不懈的努力，我国于2011年宣告已经形成了由法律、行政法规、地方性法规等多个层次的法律规范构成的中国特色社会主义法律体系。虽然这个法律体系不可避免地尚存在诸多不足，但是，我们应当珍惜这种来之不易的成就，确立执行法律就是实现人民意志和公共利益的信仰，而不应当因为现行法律及根据法律制定的其他法规范本身存在不足而将其束之高阁，弃之不用，主张"另起炉灶"制定新的社会建设法规范；也不应当因为有的法规范没有得到很好实施而动摇对法律的信仰，完全无视《全面依法治国决定》关于要"做到重大改革于法有据"的价值取舍判断标准，主张要"冲破"既存法律制度的羁绊。在目前阶段，不能否认既有法规范中存在诸多问题，但是，完善之策不应是"另起炉灶"，而应当是"循序渐进，查漏补缺"，运用法定的程序，

---

① 参见杨建顺著：《行政规制与权利保障》，中国人民大学出版社2007年版，第171页。

在法的规制之下，完成作为"善治之基础"的"良法"建设。这不仅是方法论的问题，而且是价值观的问题。

即使有人认为既有的法规范不是良法，在有权机关通过法定的修法程序予以确认、修改、废止之前，相关法规范依然应当被视为合法有效的法规范，拘束任何相关机关、组织和个人。① 对既有的法律及根据法律制定的其他法规范提出修改建议，主张建构符合社会主义法治理念的新型的法律规范，都是可以的，亦是值得提倡的；但是，因为质疑或者挑战现行法规范而自行抗法的做法，则是与法治原理相悖的。

政府的职能和权责都应当由法律规定

在人民主权国家，政府的权力来源于人民。人民通过宪法和法律将权力赋予国家及其各部门，并赋予各类权力以合法性和正当性。② 政府肩负着将法律规定付诸施行的法定职能，其一切活动都应当有法律依据。当然，这并不意味着全面保留③，一切都要由法律予以具体规定，而是说需要有法律依据，包括法律直接予以具体规定的情形，也包括法律予以授权，赋予相关部门就具体事项作出规定的裁量权。要求"立法主动适应改革和经济社会发展需要"，也是在既有法规范规制下对相关不适应的部分进行修改。

法律是人民意志和利益的集中体现，是政府权力的直接来源。政府权力是实现公共利益的重要途径和手段支撑。依法全面履行政府职能，应当完善行政组织和行政程序法律制度，做到各级政府的职能和事权规范化、法律化。"全能政府"思维必然导致政府权力扩张；不敢负责、不敢担当的姿态则难免懒政、怠政。只有明确权力边界，真正做到权责法定，才能使权力行使做到不缺

---

① 参见杨建顺著：《行政规制与权利保障》，中国人民大学出版社2007年版，第308页"行政行为的公定力"。
② 参见〔日〕南博方著：《行政法》（第六版），杨建顺译，中国人民大学出版社2009年版，第11页。
③ 关于法律保留原则，参见杨建顺著：《行政强制法18讲》，中国法制出版社2011年版，第125—132页。

位、不越位、不扰民。① 各级各地政府积极推行的权力清单制度，其核心应当是推进政府机构、职能、权限、程序、责任法定化，追求的目标应当是法治政府权力运行规范化、制度化。若脱离开法律规范，以随意性的"清单"定权责，那么，这种权力清单制度也就走向了法治的相反面，不利于提升法律的生命力。

在遵守既有法律规定的基础上建立健全政府依法决策机制

在现行法体系下，已经规定了政府职能和权责的法律及相关法规范应当得到尊重和遵守。或许既有法规范存在不足，但是，其既然存在，就应当被尊重和遵守，在尊重和遵守的基础上推进改革，逐步建立健全政府依法决策机制，尽量减少乃至避免政府决策的随意性和恣意性。要清楚认识到，没有依法决策机制支撑的政府决策，并不是"勇于负责、敢于担当"的体现，而是与法治行政原理相悖的。按照《全面依法治国决定》的要求，要推进政府决策的民主化、科学化、法治化，贯彻参与型行政理念，"把公众参与、专家论证、风险评估、合法性审查、集体讨论决定确定为重大行政决策法定程序，确保决策制度科学、程序正当、过程公开、责任明确"。还要建立健全行政机关内部重大决策合法性审查机制、重大决策终身责任追究制度及责任倒查机制，推进机构、职能、权限、程序、责任法定化，严格执法资质、完善执法程序，建立健全行政裁量权基准制度，实行行政执法人员持证上岗、亮证执法制度，并将其推衍为合法规范运营机制。② 另外，应当积极推行政府法律顾问制度，建立政府法制机构人员为主体、吸收专家和律师参加的法律顾问队伍，保证法律顾问在制定重大行政决策、推进依法行政中发挥积极作用。③

---

① 参见杨建顺著：《行政规制与权利保障》，中国人民大学出版社 2007 年版，第 342 页以下。
② 参见杨建顺著：《论食品安全风险交流与生产经营者合法规范运营》，载《法学家》2014 年第 1 期，第 43 页以下。
③ 参见杨建顺著：《破解政府法律顾问"聘而不用"难题》，载《检察日报》2016 年 2 月 24 日第 7 版"建顺微思"。

履行法定职能和实现法定权责的行为应当得到尊重和服从

应当坚持"法律是全体人民总体意思表示的一致"这种拟制，而且是在承认法律制定过程的博弈性基础上坚持这种拟制。因为法律代表最广泛的公共利益，唯有坚持并尊重这种拟制，树立法律权威乃至基于法律而制定的其他法规范的权威，才是法治国家、法治行政原理之所以能够成立的基本逻辑支撑。其逻辑基础与行政行为公定力的合法性推定类似。正如行政行为虽难免存在不合法或者不合理的情形，但姑且推定其为合法、合理，拘束任何人，要推翻其公定力就必须启动行政复议和行政诉讼等解决行政争议的法定程序[①]；法律、法规和规章等法规范乃至执行这些法规范而行使权力的行为，亦可能出现其自身是违法的或者不当的、是违背公共利益的情形，但姑且推定其是合法合理的、是公共利益的体现，因而赋予其拘束任何人的效力，要推翻其效力，则要启动相关的法律监督程序。这样，要求对履行法定职能和实现法定权责的行为应当予以尊重和服从，在某些阶段、某些个案中，往往难免会遇到让人情感上难以接受的看似不公平不公正的情形，但是，只要我们在法规范完善和法执行救济层面多下工夫，尤其是通过法规范授权特定的主体在特定情形下采取临时性中止措施等路径，便可以企及尽可能小损害甚至完全避免损害。

实现法定职能和权责的活动应当公开透明接受监督

政府权力一旦被滥用，就极易造成对公共利益和私人合法权益的侵害。如何确保政府权力合法且合理地行使，不仅是宪法学和行政法学理论研究的课题，而且是推进依法治国、依法执政和依法行政实务中所面临的重要课题。一方面要落实行政执法责任制，完善纠错问责机制；另一方面应当在立法政策层面充分确认并保障相关法规范的公共利益性以及实施该法规范将产生的公共利益性，在执法过程中充分保障调查取证的充分性和准确性，做到事前、事中程

[①] 参见杨建顺著：《行政规制与权利保障》，中国人民大学出版社2007年版，第308页"行政行为的公定力"。

序规制具有实效性,亦具有可接受性或可支持性。将这样的事前、事中程序规制予以公开,接受各有关方面的监督,将十分有助于意思表达的畅通,有助于各种利益和诉求的调整。

违法或者不当行使权力的应当受到制裁和纠正

当"公共利益"被作为大捞"私利"的"幌子",或者被作为推进"政绩工程"的助力时,人们对相关法规范的质疑自然具有了实践层面的论据支撑,对所谓"公共利益"的公正性、正当性和可支持性自然难免质疑,因而往往也很难将行使权力与真正的公共利益挂上钩。一旦脱离了公共利益,违法或者不当行使权力,导致缺位、越位、扰民的不作为、乱作为等,将严重影响甚至损害法律实施的实效性。

有权必有责,用权受监督,这是权力运行的基本规则。我国现行的权力监督机制不可谓不多,包括人大监督、行政监督、司法监督、审计监督、社会监督、舆论监督等,而要增强法律实施的实效性,则要重点加强对政府内部权力的制约。

公开原则是行政法的基本原则之一。对权力的制约、监督、制裁和纠正,均应当强调公开透明,将权力运行置于阳光下,实现"看得见的公正""可感受的高效"和"能认同的权威"。

法律实施的实效性也依赖于私人参与和协力

正如《全面依法治国决定》所确认指出的:"法律的权威源自人民的内心拥护和真诚信仰。"人们都明白这样一个道理:有了好的法律,没有严格执行,就会形成"破窗效应",损害法律尊严,动摇法律根基。但是,在强调法治时,不少人却有意无意地将"民"排除在外,津津乐道所谓"法治不是治民,而是治官"。的确,我们谈依法治国、依法执政和依法行政,主要是针对行使权力者而言的,要求切实抓住领导干部这个"关键少数";然而,无论治国、执政还是行政,都需要私人的配合。私人既需要作为相对人而服从相关权力行使的结果，又需要根据法律规定，通过各种途径和形式，参与到"管理国家事务、管理经济和文化事业、管理社会事务"①中来。所以，一方面要强调党员干部尤其是领导干部要对法律怀有敬畏之心，牢固树立遵纪守法、依法办事的观念，起好模范带头作用；另一方面要要坚持走法治群众路线，充分运用法治思维和法治方式，采取积极有效的手段，努力"保障合理合法诉求依照法律规定和程序就能得到合理合法的结果"，扎实培育公民守法意识。要让人们切实体会到并铭记在心，私人不履行法定的义务，和行政主体不履行法定职责一样，都是对公共利益和他人合法权益的侵犯；违法或者不当的私人行为应当受到依法制裁和纠正。

法律的生命力需要公正司法的支撑

建设守法诚信的法治政府和法治社会，需要有政府的努力，需要有私人的参与和协力，还需要有公正司法的支撑。司法是维护社会公平正义的最后一道防线。《全面依法治国决定》要求："努力让人民群众在每一个司法案件中感受到公平正义。"我们应当为实现这一崇高目标而不懈努力。从法治政府建设的角度来看，在贯彻法律保留、法律优先的基础上，应当坚持穷尽行政救济原则和司法最终解决原则，让行政过程中的纷争解决机制充分发挥其应有作用，努力做到科学配置相关纠纷解决资源。这是确保法律实施实效性的重要支撑。在这种意义上，既要强调司法机关依法独立行使职权，充分体现司法最终解决纠纷的公平正义性，又要注重司法权力的谦抑性，科学配置司法资源，恪守司法权力的界限。②

小结

法律的实施是一个动态、多维、发展的过程。要确保法律得以全面、及

---

① 我国《宪法》第2条第3款。
② 关于司法权对行政权的统制及界限，参见杨建顺著：《行政规制与权利保障》，中国人民大学出版社2007年版，第670页以下。

时、准确实施,保持其旺盛的生命力,需要各方面、各层级的机关、组织和个人做到遵纪守法;"良法是善治之前提",如何行使好"立改废释并举"的权力,确保相关法规范和执法活动都能够真正体现、代表公共利益,成为"善治之前提"的良法,这是法治理论和法治实务所面临的共同课题。

(2015年2月6日,于香港城市大学法律学院)

权力和权利都须尊重秩序
——行政行为的公定力[*]

党的十八大报告要求"提高领导干部运用法治思维和法治方式深化改革、推动发展、化解矛盾、维护稳定能力"。唯有如此,才能依法、合理地行使权力,充分、及时地实现权利。而行使权力和实现权利,皆须"依照法律规定"确立相应的秩序。

我国《宪法》规定:"一切权力属于人民"。[①] 人民是我国唯一的权力之源,是权力的终极来源,是国家和社会的主人,而人民不可能人人都去执掌政权,"人民行使国家权力的机关是全国人民代表大会和地方各级人民代表大会"[②]。"人民依照法律规定,通过各种途径和形式,管理国家事务,管理经济和文化事业,管理社会事务。"[③]"依照法律规定"既然是人民参政议政、管理各项事务和事业的途径和手段,那么,法律所规定的各种权利义务自然是人民中的每一成员应当尊重和遵守的。行政主体依法获得并享有行政职权,可以赋予公民享有某项权利或者命令其履行某项义务乃至禁止其从事某种活动。对于此类权力行为,公民必须遵从,不得以原有权利为抗辩而拒绝服从或者妨碍、阻挠行使行政权力,否则就会导致行政处罚或者行政强制(执行)。

行政法上行政行为的公定力,是以国家权力为支撑的,它代表一种合法推定。即根据法律设立国家机构,并通过法律授予国家机构以权力,国家行政机关(包括依法被授权的组织)依照法律并对照现实生活作出行政行为,被推

---

[*] 参见杨建顺著:《权力和权利都须尊重秩序》,载《检察日报》2013年1月16日第7版"建顺微思"。
[①] 《宪法》第2条第1款。
[②] 《宪法》第2条第2款。
[③] 《宪法》第2条第3款。

定为合法,在有权机关依法予以撤销、废止或者变更之前,无论是行政行为的相对人,还是第三人乃至国家机关,都必须将其看做是合法、有效的行为加以尊重和服从,都不能以这样或者那样的借口否认该行政行为存在的效力。因为这种推定,政府机关作出的决定、命令和所采取的一些措施必须得到普遍的尊重、遵守、维护和实现。尊重、遵守、维护和实现是行政法治的实现过程。这样,行政权、行政强制权、行政强制措施权和行政强制执行权,乃至各种行为权、决定权、命令权,结合起来形成了现代社会的一种支撑。这种支撑就是行政法上的秩序行政作用、整序行政作用乃至给付行政作用得以实现的一种常态的存在。①

这种常态的存在因为受到尊重、遵守、维护和实现而促成各类权利义务的"秩序",相互之间不会产生摩擦,即使产生了摩擦,也须依照"秩序"规则来解决,而不允许无视"秩序"或者超越"秩序"的解决方法。行政行为的公定力就是体现这种法治思维的制度安排。具体而言,行政行为的公定力意味着承认行政行为的合法性推定,即使某行政行为被认为是违法或者不当的,在有权机关予以撤销或者变更之前,它就是具有拘束力的,是具有公定力的,故而行政相对人、行政机关乃至其他机关、组织及个人都要尊重该行政行为,并受该行政行为的拘束。② 换言之,该行政行为的执行力并不因为有异议而当然地直接受到影响。

需要注意的是,行政行为的公定力意味着一种合法的推定,是一种"秩序"的常态存在,这里所强调的并不是对违法或者不当的行政行为不可以撤销或者变更,而是强调不得违法地、擅自凭借各自的判断去行使所谓"抵抗权",切不可过分强调和夸大"协调"的作用。对行政行为不服,则应当通过法定的行政复议、行政诉讼乃至行政赔偿和补偿等救济途径来主张,以纠正该行政行为的违法或者不当,寻求法律上的权利救济。

---

① 关于行政作用,参见〔日〕南博方著:《行政法》(第六版),杨建顺译,中国人民大学出版社 2009 年版,第 25—33 页。
② 关于行政行为的公定力,参见杨建顺著:《行政规制与权利保障》,中国人民大学出版社 2007 年版,第 308 页。

当然，有原则就有例外，有时需要运用利益衡量原则对各类诉求进行判断取舍。法治，不仅是机械地履行法律条文，而且更是积极、能动地理解和实现法律精神，追求和实现公共利益及个体利益。伴随着价值的多元化和利益的多样性，现代社会中需要制度和非制度、原则和例外等诸多维度的秩序、规则、规范设置。需要强调的是，这些非制度、例外的情形，都应当包括在立法政策所预留的授权、裁量的范畴之中，是依法对相关利益进行创新性调整，对相关纷争予以实质解决。

既然我们尚处在转轨时期，有些人依然难以遵守规则之治，那么，就需要建构相应的制约机制。尤其需要强调坚持原则，强调法律规范必须使得人们"都不得从其错误行为中得利"。[①] 这样，唯有这样，才能逐渐形成为人们所普遍遵循的秩序，才能最终确立秩序之治、规则之治的权威，从而才能够给人们带来更多的生活便利和实惠。

(2013年1月14日，于香港城市大学教师宿舍)

---

① 法谚云："任何人不得从其违法行为中获得利益。"或曰："任何人不得援用自己的背德。"

从县委县政府禁办酒席谈公权力的边界*

日前,《贵州凤冈县发文禁止复婚再婚办酒席,外地居民住该县也得遵守》的报道,引发人们围绕公权力的边界展开了热议。这里所说"凤冈县发文",是指中共凤冈县委办公室、凤冈县人民政府办公室于2016年1月24日联合印发的,"已经县委、县人民政府同意"的《凤冈县规范操办酒席管理办法(试行)》。该《规范酒席管理办法》第4条规定:"……复婚不准操办酒席;双方均为再婚的不准操办酒席。"①

公权力应不应该管私人操办酒席的事情?应该由谁、如何管此类事情?这涉及公民的自由和权利的问题,涉及基层群众性自治组织中公民的自我管理、自我教育和自我服务的问题,涉及县委县政府及其办公室的职能定位,实质上是如何把握私权利和公权力之边界的问题。

私权利和公权力的边界,这是一个历久弥新的话题。没有一成不变的答案,相关理解会随着历史的变迁而变化,针对不同的事项、因为不同的条件或者环境、由于不同的主体或者客体而各异。但是,其中一点是共通的——尊重、保护和实现私权利,是公权力的逻辑起点和价值归宿。在没有相应的上位法依据的情况下,县委县政府以规范性文件的形式明确规定复婚和再婚的"不准操办酒席",这不仅在情和理的层面值得商榷,而且在法的层面亦超越了公权力的边界,涉嫌构成权力滥用。

其一,在私人能够实现自由和权利的情况下,公权力应当坚持消极作为、不介入的有限政府原则。对公民、法人或者其他组织能够自主决定的,市场竞

---

* 参见杨建顺著:《从政府禁办酒席谈公权力的边界》,载《检察日报》2016年2月3日第7版"建顺微思"。

① 参见佚名:《贵州凤冈县发文禁止复婚再婚办酒席,外地居民住该县也得遵守》,http://www.thepaper.cn/newsDetail_forward_1426451,2016年1月28日访问。

争机制能够有效调节的,行业组织或者中介机构能够自律管理的,尤其是基层群众性自治组织能够实现自我管理、自我教育、自我服务的,公权力便应当不介入、少介入或者根据个别请求介入。①

其二,在私人的自由和权利受到威胁或者需要支援时,公权力便应当坚持积极作为、适时且充分介入的原则。② 在某些特定情况下,私人的某些自由和权利需要有公权力的支持甚至介入才能够实现,那么,就应当及时而充分地行使公权力,确保给付、规制或者整序等措施的实效性。③

其三,公权力的作为或者不作为、介入或者不介入,都应当立足于法治主义原理,做到"法定职责必须为、法无授权不可为"。④ 厘清并恪守公权力的边界,不仅是限制公权力,而且也是充实公权力,故而要注重通过完善公法制度来规范公权力。完善公法制度,就是要明确权力的内容、范围、条件和程序。⑤ 这就要从组织法上明确权力的任务和目标,厘清权力和权利以及各权力之间的界限,防止权力越界、重复干预和多头管理对私权造成违法或者不当侵扰,防止权力协调、衔接不力和推诿扯皮而导致对私权实现无法提供有效的给付、规制和整序。

其四,鉴于"此前通过各种酒席名目敛财的情况太严重,所以要严格规范",各相关部门应当为制定相关法规范而努力;在没有相应法规范明确授权的情况下,相关部门则应当基于各自职能定位,注重发挥党员和干部的模范带头作用,采取指导、建议、激励等方式,积极引导和促进社会风气好转。应当

---

① 参见《行政许可法》第13条,《村民委员会组织法》第2条。关于请求行政介入的权利,参见杨建顺著:《日本行政法通论》,中国法制出版社1998年版,第198页以下关于"违法排除请求权"和"行政介入请求权"的论述,第203页的"排除违法行政请求权及行政介入请求权的原则承认"。

② 参见杨建顺著:《日本行政法通论》,中国法制出版社1998年版,第204页以下"无瑕疵裁量请求权",尤其是第205页和第724页的"裁量权的零收缩理论"。

③ 关于行政作用的类型,参见〔日〕南博方著:《行政法》(第六版),杨建顺译,中国人民大学出版社2009年版,第25页以下;杨建顺著:《日本行政法通论》,中国法制出版社1998年版,第291页以下。

④ 参见中国共产党十八届四中全会《全面依法治国决定》。

⑤ 如《行政许可法》第4条规定:"设定和实施行政许可,应当依照法定的权限、范围、条件和程序。"

着力完善公权力行使的程序，规范公权力行使的方式，坚持利益表达和参与型行政理念，做好利益衡量和成本效益分析，尽量减少甚至避免对私权的侵害。不应该过多干涉正常的婚丧嫁娶，不应该直接发文禁止复婚和再婚的操办酒席，更不应该在相关措施受到质疑时，明明已经印发并"请认真遵照执行"了，却没有"勇于负责、敢于担当"① 精神，竟然以"管理办法还在讨论中，目前正征集干部群众的意见，并未正式实施"来搪塞。

其五，私权的保障和实现是由私法和公法共同来完成的，完善的私法规范有助于私权的保护和实现。虽然"对于私权利来讲，法无禁止即为合法"，但是，以操办酒席敛财而毫无节制，毕竟有违公序良俗，于己于人于社会于国家都不宜提倡。应当以私法对私权的内涵和外延予以明确规定，完善有关私人自治的规则，划定私权利的存在空间和行使边界，对于创造淳朴善良的公序良俗和确保私权落到实处，都是必不可少的。此外，尽量避免完全靠公权力去解决所有的问题，避免公权力与私权利发生最直接的碰撞，而注重社会组织的缓冲和润滑作用，无疑是值得重视的一种方法和价值选择。

（2016年2月2日，于北京海淀世纪城寓所）

---

① 参见中国共产党十八届四中全会《全面依法治国决定》。

期待以法治反腐防腐的新时代[*]

中国共产党十八届四中全会聚焦探讨依法治国问题，拉开了以法治反腐防腐新时代的大幕。从媒体报道可以看出，中国共产党十八大以来展开的反腐惩腐取得了可圈可点的成绩，无论位居多么显耀的高位，也无论是否退下来以及退下来多久，只要有贪腐劣迹，便可能被追责。[①] 鉴于国家发改委价格系统等权力高度集中部门和山西省等特殊资源丰富地方的"腐败重灾区"之存在，甚至有"广州贪官曹鉴燎在过去20多年大搞权钱交易"之类腐败长期"潜伏"的情况[②]，面对严重腐败，重拳出击，严惩不怠，其广度和深度皆值得称赞。另一方面，贪腐人员之众，尤其是接踵落网的人中竟然有如此之多的省部级高官，这也促使我们不得不对既有的反腐机制进行反思。在依法治国背景下，我们需要从运动式的反腐惩腐转向以制度以法治防腐反腐惩腐，应当从内在的制约原理入手，对有关监督和制约制度进行改革完善，尤其是注重对权力行使过程规制的完善，使其更好地发挥作用，筑起预防腐败和权力滥用的过程规制屏障。

权力滥用的趋向和可能性一直是政治学和法学论著探讨的一个主题。世界上任何一种权力制约制度都是怀疑的产物。人们意识到人以及由人所组成的机

---

[*] 参见杨建顺著：《期待以法治反腐防腐的新时代》，载《检察日报》2014年10月22日第7版"建顺微思"。

[①] 参见陈荞著：《中纪委网站十八大以来通报67名国企高管落马 落马国企高管过半为一把手》，载《京华时报》2014年9月15日第006版；祝炳琨、杨锋、赵力著：《湖南政协原副主席阳宝华被立案审查》（涉嫌受贿罪，最高检对其采取强制措施；因受贿通奸等被开除党籍；退休前两年曾自动辞职），载《新京报》2014年7月16日第A01版、A09版；佚名：《十八大以来落马副部级官员》，http://news.163.com/special/fanfufengbao/#fr=email，2013年12月30日访问。

[②] 参见林小昭著：《知情人谈曹鉴燎为何不跑路：腐败20多年有自信吧》，http://news.sina.com.cn/c/2014-10-20/020431012704.shtml，2014年10月20日访问；毛一竹、詹奕嘉著：《广州原副市长曹鉴燎曾让村民联名写信挽留自己》，载《瞭望》新闻周刊，2014年11月17日。

构在道德与理性上不是完全可靠的。道德上的不完善是以私人利益损害公共或者统治利益的原因,理性的有限性导致决定的失当与错误。因此有必要设立一定的机制来监督与制约政府机构和政府官员的行为。关于权力制约机制,中外有许多理论探索,也有许多法制实践。梳理和归纳人类社会存在的监督与制约机制,揭示其中的内涵与原理,可以为我们今天的廉政建设以及权力的合理配置提供一定的经验启示。

以权力制约权力模式,其核心在于分权,无论是由高层级的权力监督低层级的权力,还是平行层级的权力之间相互监督与制约,皆强调权力分属于不同的部门,注重异体监督。以道德制约权力模式,强调通过学习和教育的方式去培养官员内心的道德力量,增强其抵御外部不良诱惑的能力,从而减少滥用权力的可能性,也就是通过制约灵魂而制约行动。以权利制约权力模式,主张在正确理解权利与权力的关系的基础上,恰当地配置权利,以使其能够起到一种限制、阻遏权力之滥用的作用。当然,在制度建设中需要注意使三种制约机制相互配合和相互支持,因为对于有效制约权力的目的而言,这些机制是相辅相成、共同作用的。①

其实,随着法治的发展,权力制约机制逐渐突破了单纯的"制约""羁束",而呈现出对权力的确认、引导和支持等作用。制约和规范权力,不仅是个技术问题,而且是个政治结构的产物,或者它本身就是政治结构的组成部分。

真正的权力制约和规范,应该是这样一种状态:其一,使权力主体在行使权力行为前,就对自己的行为后果有一种预测,从而自觉地约束自己的行为,即起到"自律"的效应;其二,使权力主体在行使权力行为过程中,就能够有一定的程序和规则可循,有一定的标准和准则可依,即起到"规范"的效应;其三,使权力主体在行使权力行为后,不至于导致国家利益、社会公共利益乃至私人的合法权益受到损害,若因为行使权力而给国家利益、社会公共利

---

① 参见杨建顺著:《论根治腐败的制度支撑》,载《河南省政法管理干部学院学报》2007年第3期,第63—68页。

益或者私人的合法权益造成损害或者损失,则能够予以相应的赔偿或者补偿,承担必要的法律责任,即起到"救济"和"权责统一"的效应。

这种制约规范机制应当是包括事前、事中和事后全过程的;应当是自律、他律全方位的;应当是以权力主体自律为主导的内约机制,辅以各种监督机制作为外约机制,配以对权力行使过程的公开机制。建构和不断完善以法治反腐防腐的规范体系,使权力行使具有明确性、连续性、可靠性、稳定性,是全面推进依法治国的内在要求。

(2014年10月21日,于中国人民大学明德法学楼研究室)

废止劳教制度的法治思维*

全面深化改革的"首都篇"——《中共北京市委关于认真学习贯彻党的十八届三中全会精神全面深化改革的决定(审议稿)》,将贯彻落实中央精神同北京实际紧密结合,既确保中央改革事项不漏项,又充分体现北京特色,其中规定"做好废止劳动教养制度的后续工作",确认了我们已经进入后劳教时代。相关工作的展开令人期待。

从 2013 年初开始,废除劳教的声音接连不断。2013 年 11 月 12 日,党的十八届三中全会通过《中共中央关于全面深化改革若干重大问题的决定》(以下简称《全面深化改革决定》),在"完善人权保障司法制度"项下,规定"废止劳动教养制度,完善对违法犯罪行为的惩治和矫正法律,健全社区矫正制度"。

2013 年 12 月 28 日,全国人大常委会通过《关于废止有关劳动教养法律规定的决定》(以下简称《劳教废止决定》),不仅废止了《国务院关于劳动教养问题的决定》[①] 和《国务院关于劳动教养的补充规定》[②],还宣布"对正在被依法执行劳动教养的人员,解除劳动教养,剩余期限不再执行"。延续半个多世纪的劳教制度被正式废止,而废止劳教制度的后续工作还很多,其中包括废止各地方的劳教实施条例,修改涉及劳教的司法解释、部委规章、地方性法规和地方政府规章等法规范,并从制度上作出相应的调整和安排。这些工作都需要法治思维支撑,并以法治方式体现。

从 1955 年党中央发出《关于彻底肃清暗藏反革命分子的指示》,第一次

---

* 参见杨建顺著:《废止劳教制度的法治思维》,载《检察日报》2014 年 1 月 15 日第 7 版"建顺微思"。
① 1957 年 8 月 1 日第一届全国人大常委会第 78 次会议批准,1957 年 8 月 3 日国务院公布。
② 1979 年 11 月 29 日第五届全国人大常委会第 12 次会议批准,同日国务院公布施行。

明确提出对"反革命分子"和"坏分子"实行劳教的政策起，关于劳教的一系列行政法规（准法律）、部委规章（准行政法规）、地方性法规相继制定施行，共同支撑起具有中国特色的劳教制度。该制度以"教育、感化、挽救"为宗旨①，是"强制性教育改造的一种措施"②，本应随着社会变迁而得以完善和发展，却因为在实践层面被有意无意裹挟进去太多东西而异化，在一些地方甚至演变成相关部门滥用权力、非法剥夺公民人身自由的一种手段。尤其是通过某些极端劳教事件，并非劳教制度本身的诸多弊端被放大强加于劳教制度之上，形成了一波又一波废止劳教制度的"社情民意"，使劳教制度未能实现其应有的使命③，备受诟病而最终被废止。

废止劳教制度，体现了中央对这方面"社情民意"的尊重和推进法治建设的决心，这是值得充分肯定的。同时须强调确认的是，为确保立法机关切实完成广泛、深入的实体审议工作，而不是仅完成一种形式正义，从提出废止劳教制度建议，到正式废止劳教制度，应当设置更长的期间，而不是短短一个多月时间。唯有依法废止劳教制度，依法建构后劳教秩序，倡导并切实确立法治原理和制度，切实做好废止劳教制度的后续工作，才能真正弘扬法治精神，让人们更加坚定对法治的信仰，彰显我国人权司法保障制度的进步。

根据亚里士多德对法治的阐述，法规范的普遍服从是法治的一个重要内容，也是现代法治国家的重要标志。制定良法需要有广大民众的参与，遵守和执行法规范，更需要政府和人民共同努力。法规范，一旦经法定程序、由法定部门制定公布，在其被依法废止或者修改之前，就应当成为"大家所服从的"规范。换言之，在相关法规范和制度没有被废止前，实践中就应当执行之；若允许凭各自的判断将其束之高阁，弃之不用，甚至以其他制度取而代之，那

---

① 参见《劳动教养试行办法》第3条："对被劳动教养的人，实行教育、挽救、改造的方针，教育感化第一，生产劳动第二。在严格管理下，通过深入细致的政治思想工作、文化技术教育和劳动锻炼，把他们改造成为遵纪守法、尊重公德、热爱祖国、热爱劳动，具有一定文化知识和生产技能的建设社会主义的有用之材。"
② 《国务院关于劳动教养问题的决定》第2条；《劳动教养试行办法》第2条。
③ 关于劳教制度的使命，参见杨建顺著：《行政规制与权利保障》，中国人民大学出版社2007年版，第456页以下"劳动教养的目的与责任论"。

么，这种做法只能是对法治的破坏。那种以社会管理创新为由而罔顾法治思维和法治方式的废除论，是不可取的。

废止劳教制度，必将对各级政府从"管理"走向"治理"产生深远影响，更须强调以法治思维做好后续工作。《劳教废止决定》在宣布废止劳教制度和解教的同时，还应当进一步作出明确授权规定，确立相应的承继制度。目前，没有相关立法层面的依据，包括北京在内的各地方深化改革，难以对相应方案予以具体化。换言之，在废止劳教制度后，如何以法治思维和法治方式来维持和推进社会的良性运转，实现国家治理体系和治理能力的现代化转型，是摆在实务界和理论界面前的共同课题。

（2014年1月14日，于中国人民大学明德法学楼研究室）

加大超生社会抚养费征收力度的法治思维[*]

2013年7月29日,漳州市人口和计划生育领导小组印发《漳州市依法加大名人富人超生的社会抚养费征收力度实施方案》(以下简称《实施方案》)的通知(漳人口领〔2013〕8号),希望通过依法加大"名人富人"超生的社会抚养费征收力度,让"名人富人"超生的社会抚养费征收产生良好社会效应,有效遏制违法生育行为。[①]

社会抚养费在本质上是确保实现计划生育目标的手段,是对违反法律法规规定条件生育子女的公民所赋课的义务违反罚款,用以对社会相应增加的社会事业公共投入给予补偿,亦是对其他人的一种警示,体现了一种间接实现生育抑制的价值导向。所谓加大"名人富人"(这两个概念都难免"贴标签"之嫌,不宜在政府正式文件中使用,尤其不宜使用"名人富人多为精明能干之辈"来描述这个群体)社会抚养费征收力度的问题并不是个新问题,其合法性及合理性问题广受关注已久。《实施方案》为我们用法治视角来审视加大征收社会抚养费力度的相关问题提供了重要素材。对"名人富人"征收高额社会抚养费是否合法、合理?要实现计划生育法的立法目的,除了征收社会抚养费还应当建立和完善哪些配套保障机制?

根据《人口与计划生育法》[②]授权,国务院制定《社会抚养费征收管理办

---

[*] 参见杨建顺著:《高额征收超生社会抚养费的合法性考量》,载《检察日报》2013年10月16日第7版"建顺微思"。

[①] 参见赵艳红、高泽华、刘静东著:《举报富人超生奖万元? 漳州社会抚养费新规遭质疑》,http://legal.people.com.cn/n/2013/1014/c42510-23191686.html,2013年10月14日访问。延伸阅读:佚名:《福建漳州富人超生将罚高额社会抚养费 举报有奖》,http://news.qq.com/a/20130920/000797.htm? pgv_ref=aio2012&ptlang=2052,2013年9月27日访问。

[②] 2001年12月29日第九届全国人大常委会第25次会议通过,自2002年9月1日起施行,2015年12月27日修正。

法》①，规定社会抚养费的征收标准，分别以当地城镇居民年人均可支配收入和农村居民年人均纯收入为计征的参考基本标准（平等原则），结合当事人的实际收入水平和不符合法律、法规规定生育子女的情节，确定征收数额。② 于是，从保障手段实效性的角度对实际收入水平进行考量，其结果就是收入高的应当缴纳较高额的社会抚养费。这没有违反平等原则，而是合理差别的体现，也是确保计划生育实效性所必要的。由省、自治区、直辖市（合法主体）规定的具体征收标准，应当是对"名人富人"征收高额的社会抚养费，也就不存在违法之嫌，而且唯此才是对上位法的贯彻落实，是符合法律精神的。

如果"具体征收标准"是由漳州市甚至该市人口和计划生育领导小组所制定，那么，对其评价则因其所规定"加大"的标准不同而不同：如果其所谓"加大"实际上只不过是"夸大"，是对上位法规定的照抄、挪用或者具体化，在实体内容上并未有所超越，那么，除了追究其立法技术上不足的责任外，这里也就不存在违法的问题；如果其所谓"加大"在实体内容上超出了上位法的规定，其是否合理姑且不论，在标准制定主体上则构成了明显违法。

简言之，省、自治区、直辖市才有权规定对"名人富人"超生征收高额社会抚养费，只要与被征收人的收入实情相符合，便不存在违法嫌疑；而市县级政府对"名人富人"超生征收高额社会抚养费，若脱离法律法规所规定的比例，那么，虽在确保间接抑制超生现象方面或许具有较强的实效性，但也难免违法的嫌疑。漳州市及其人口和计划生育领导小组没有权力独自创设社会抚养费征收标准，其只能在上位法《福建省人口与计划生育条例》和《福建省社会抚养费征收管理办法》规定的范围内，以个人实际收入为基数，按照规定的倍数，作出具体事实认定和标准适用。

鉴于现实中存在似乎"有钱就能超生"的个别现象，社会公平受到舆情拷问，有人主张废除按收入情况确定社会抚养费征收标准的做法。这种观点是不可取的。要富有成效地遏制超生问题，应当采取综合措施，而社会抚养费便

---

① 2002年8月2日国务院令第357号公布，自2002年9月1日起施行。
② 参见《社会抚养费征收管理办法》第3条第1款、第2款。

是综合措施中的重要措施之一。其他各种配套保障机制,包括信息披露制度,"一把手"工程,任务分解及加分奖励等工作机制,群众参与举报和奖励机制,对拒不履行缴纳义务的申请法院强制执行,不良记录名单制度,征信系统资源共享制度,取消各类奖项的评选,尤其是"双开"的跟进等,都应当依法推进。

(2013年10月15日,于北京海淀世纪城寓所)

行政审批制度改革应当坚持法治思维*

中国共产党十八届二中全会和十二届全国人大一次会议审议通过了《国务院机构改革和职能转变方案》(以下简称《方案》),拉开了新一轮机构改革的大幕。与历次改革都以《国务院机构改革方案》命名不同,该《方案》在题目中增加了"职能转变",在内容上将"关于国务院机构改革"和"关于国务院机构职能转变"分述,凸显了此轮改革的最主要的内容和最主要的任务在于职能转变。

为确保以职能转变为核心内容的此轮机构改革能够真正富有成效,行政审批制度改革被确定为重要突破点和基础支撑。自 2001 年国务院电视电话会议正式启动行政审批制度改革工作以来,历经 6 轮改革,共取消和调整 2497 项审批项目,在简政放权、转变政府职能方面取得了可喜成绩。但是,一方面是从国务院到地方各级人民政府在大力推进行政审批制度改革,不断取消和下放行政审批项目;另一方面是实务部门往往感到缺乏切实有效的管理手段,出现规避《行政许可法》等法规范约束,甚至变相设置审批或者许可事项的乱象。如何做到"放而不乱"一直是行政审批制度改革的关键和难点,也是此轮改革必须认真应对的重要课题。

应当切实贯彻党的十八大报告要求,按照《方案》关于加强依法行政和加快法治政府建设的安排,切实运用法治思维和法治方式于机构改革、行政审批制度改革和转变政府职能的全部过程之中,建构法治保障的机构职能体系。

伴随着《行政许可法》的制定和施行,行政审批制度改革应当纳入该法

---

* 参见杨建顺著:《行政审批改革应坚持法治思维》,载《检察日报》2013 年 8 月 28 日第 7 版"建顺微思"。

的调整范畴。该法第 2 条规定："本法所称行政许可，是指行政机关根据公民、法人或者其他组织的申请，经依法审查，准予其从事特定活动的行为。"第 3 条第 2 款规定："有关行政机关对其他机关或者对其直接管理的事业单位的人事、财务、外事等事项的审批，不适用本法。"《关于〈中华人民共和国行政许可法（草案）〉的说明》指出："行政许可（也就是通常所说的'行政审批'），是行政机关依法对社会、经济事务实行事前监督管理的一种重要手段。"所以，作为行政审批制度改革对象的"行政审批"，除了《行政许可法》第 3 条第 2 款规定的"审批"之外，皆应替换为"行政许可"，全部纳入该法的调整范围。这是法治思维运用于行政审批制度改革的内在要求。因为适用《行政许可法》存在诸多不便，而在该法之外另辟蹊径，将行政审批作为行政许可的上位概念来把握，创设"非行政许可审批"的概念等做法，具有规避该法约束之嫌，是有悖于法治思维的，应当坚决纠正。

应当对目前通用的"行政审批制度改革"中的"行政审批"进行科学的概念界定。首先，以《行政许可法》为基本法规范，将属于行政许可的还给行政许可，将属于行政审批或者非行政许可审批的留给行政审批。其次，无论是行政审批还是行政许可，都应当遵循经济和社会发展规律，贯彻有限政府原则，在法律保留原则之下，切实保障各项审批和许可在"实施机关、条件、程序、期限"方面符合基本法规范要求。① 再次，行政审批和行政许可"必要性的判断标准有三个：其一是不要越位，不该政府管的事，一定不要管；其二是不要缺位，该政府管的事，一定要管好；其三是不要扰民，该政府管的事，在保证管好的前提下，其手续、程序越简单越好"②。这种精神在《方案》中得到很好体现，为切实推进政府职能转变提供了重要保障。推行机构改革和行政审批制度改革，同样应当运用法治思维和法治方式。

以法治思维推进政府职能从"全能型"向"有限型"转变，从"管理型"向"协治型"转变，需要有法治行政理念和具体的法律制度作为支撑。正确

---

① 参见《行政许可法》第 18 条。
② 杨建顺著：《行政规制与权利保障》，中国人民大学出版社 2007 年版，第 342—343 页。

的依法行政观念,包括职权法定和权责统一的观念、法律权威的观念、正当行政程序观念、服务行政观念,还需要有公民社会和公民意识作为支撑。唯有如此,才能够真正深化改革,形成法治国家、法治政府和法治社会三位一体的和谐秩序。

(2013年8月27日,于中国人民大学明德法学楼研究室)

行政执法规范化应当贯彻法治行政原理[*]

根据中国共产党十八届三中全会《全面深化改革决定》，深化行政执法体制改革，应当从"整合执法主体"和"完善行政执法程序"两方面推进行政执法规范化建设，"做到严格规范公正文明执法"。

《全面深化改革决定》围绕"深化行政执法体制改革"，对行政执法规范化提出了更高的要求。"完善行政执法程序"是"建立权责统一、权威高效的行政执法体制"的重要组成部分，也是其不可或缺的手段支撑；而"整合执法主体"与"执法经费由财政保障制度"，为"辅警""协管"等问题的解决指出了路径和目标。然而，在这个过程中如何体现《全面深化改革决定》所阐述的"治理"理念，实现"国家治理体系和治理能力现代化"，则是摆在理论界和实务界面前的共同课题。

推进行政执法规范化，应当贯彻法治行政原理，按照《全面深化改革决定》的要求，"坚持依法治理，加强法治保障，运用法治思维和法治方式化解社会矛盾"。在"整合执法主体"的过程中，应当强调诚实信义原则[①]，解决好授权和委托的制度安排，重视参与型行政[②]、协治行政、协同治理或者社会治理的理念支撑。基于这些理念支撑的行政执法程序，因为其以人为本，获得行政相对人、利害关系人乃至一般民众的认同和支持，故而具有较强的可接受性和可持续发展性，自然也就能够为"权责统一、权威高效的行政执法体制"夯实基础。

---

[*] 参见杨建顺著：《行政执法规范化应当贯彻法治行政原理》，载《检察日报》2014年1月29日第7版"建顺微思"。

[①] 我国多称之为诚实信用原则，例如，《民法通则》第4条规定："民事活动应当遵循自愿、公平、等价有偿、诚实信用的原则。"与"诚实信用"相比，我更钟爱"诚实信义"。这不是日文表述方法的简单拖用，而是对"义气"的寓意更加强调基础上的刻意坚持。

[②] 参见杨建顺著：《行政规制与权利保障》，中国人民大学出版社2007年版，第171页。

行政执法的任务在于确认事实，收集、管理信息和证据，将相关法规范适用于具体事项，惩处、纠正违法和不当，奖励、维持合法与合理，维护秩序，均衡各方利益，实现公共利益和个体利益，这就决定了行政执法行为并不一定能够也并不一定必须在具体的执行阶段取得每个人的认同和支持。正如实践中城管执法所遭遇的诸多尴尬所显示，行政执法阶段的合法性、合理性等正统性支持，除了受行政执法过程自身的阶段安排、手段选择和程序完备程度影响外，更根本地取决于行政执法的前提——相关法规范是否合法、合理及具有可操作性。

狭义上，行政执法规范化，是指根据法规范，由适格的行政主体，在其法定权限范围内，依照法定的程序、一定的任务目标和规则，制定完善规章制度、处理流程、措施办法和裁量处理基准，并将其运用于调查、确认事实，收集、认定证据，确认并适用相关法规范，合法、合理且严谨、认真地作出处理决定的过程。

行政执法规范化是动态发展的过程，伴随着行政执法的任务、对象和相关因素的变化而有所变化。推进行政执法规范化建设，应当在法治行政原理指导下正确理解法律保留、法律优先和司法审查等问题。围绕行政执法来理解法律保留原则，需要正确把握法律事项、法规事项、规章事项、其他规范性文件事项乃至处理具体事件过程中行政执法人员可以作出裁量判断和取舍的事项等。一般来说，只要正确理解并切实贯彻作为行政法基本原则的合法性原则、合理性原则和公开原则[①]，就能够正确理解行政执法的主体、权限、范围、条件和程序，确认其目标、任务、内容、路径、手段（方式、方法）和责任，从行政过程论的视角进行利益均衡裁量，也就符合了行政执法规范化的要求。在此基础上，还应当结合行政执法的自身规律性，强调定期（正式）与不定期（非正式）检查相结合，督促整改与立案查处相结合，强制与预防、打击与保护、处罚与教育、规制与服务相结合，公正与效率相结合，尊重秩序和规则与

---

① 参见杨建顺著：《行政规制与权利保障》，中国人民大学出版社 2007 年版，第 114 页以下。

行政执法机制创新相结合，而在评价和奖惩方面，尤其应当强调德才兼备与注重工作实绩相结合的原则。①

推进行政执法规范化，重在规范行政执法人员的行政执法依据、行政执法程序、行政执法行为、行政执法手段和行政执法标准，目的在于实现理想的行政执法效果——《全面深化改革决定》所强调的"严格规范公正文明执法"。所以，推进行政执法规范化，除了强调上述一般原则和特有原则外，更重要的是为行政执法的合法规范运营提供机制和制度保障，使"严格规范公正文明执法"流程化、程序化、制度化，进而使各类执法流程图表化，便于基层一线工作人员理解和掌握，并成为各级各类行政执法的常态。

（2014年1月25日，于中国人民大学明德法学楼研究室）

---

① 参见《公务员法》第7条："公务员的任用，坚持任人唯贤、德才兼备的原则，注重工作实绩。"

遏制腐败须有公开机制支撑[*]

在中国共产党第十八届中央纪律检查委员会第二次全体会议上，习近平总书记发表重要讲话，强调从权力源头上遏制腐败，要加强对权力运行的制约和监督，把权力关进制度的笼子里，形成不敢腐的惩戒机制、不能腐的防范机制、不易腐的保障机制。于是，如何把权力关进制度的笼子，把什么样的权力关进什么样的制度的笼子，以及何时、由谁来把权力关进制度的笼子，等等，再度成为理论界和实务界共同关注的话题。

其实，我们党和政府一贯十分重视从权力源头上遏制腐败。我国《宪法》明确规定，"任何组织或者个人都不得有超越宪法和法律的特权。"[①] "一切国家机关和国家工作人员必须……接受人民的监督，努力为人民服务。"[②] 我国《公务员法》将"全心全意为人民服务，接受人民监督"、"忠于职守，勤勉尽责"以及"清正廉洁"规定为公务员义务。[③] 可见，搞权力腐败，无论是"苍蝇"还是"老虎"，都为国法所不容。

众所周知，凡是权力，都具有希望自由、嫌恶拘束的倾向。[④] 要将权力关进制度的笼子里，须有足够的途径和手段，而要长期关住权力，须有足够坚实的笼子。另一方面，将权力关进制度的笼子里，还需为权力留有必要的空间，才能使其更好地服务于人民。遏制权力腐败的根本路径和手段，就是通过一系列法律制度来规范和制约权力，通过法规范确立科学分权的机制，明确掌握公

---

[*] 参见杨建顺著：《遏制腐败须有公开机制支撑》，载《检察日报》2013年1月30日第7版"建顺微思"。

① 《宪法》第5条第5款。
② 《宪法》第27条第2款。
③ 参见《公务员法》第12条。
④ 参见〔日〕南博方著：《行政法》（第六版），杨建顺译，中国人民大学出版社2009年版，"初版序"第2页。

共权力者的职责,完备公共权力行使的程序,制定科学的评价标准,完善有效的责任机制,就是确保权力依法且合乎目的地行使的"坚实的笼子"。

亚里士多德指出:"法治应包括两重意义:已成立的法律获得普遍的服从,而大家所服从的法律又应该本身是制定得良好的法律。"① 法律的普遍服从是法治的一个重要内容,也是现代法治国家的重要标志,而作为其前提,首先要确保法律是良法。确保良法,可能有许多途径,但最根本的是坚持民主政治,建立公开机制,确保公民参与,使法律真正反映人民的根本利益。应当致力于通过法治方式将权力合理分解、分类,按照其自身的客观规律,下放或者归还给地方、基层或者相关部门,将其置于法制体系的平台上,使其适用法规范所确立的标准、程序,在公开透明的环境下运作,最大限度地为人民服务。

要杜绝官僚主义铺张浪费,打击腐败,需要通过制度创新,改革权力运作程序,改革管理制度,改革权力运行和监督制约的程序,改革评价标准,使权力运行和监督制约的整个过程规范化、民主化、透明化和科学化,增强监督制约权力运行制度的科学性和可操作性。按照权力自身的规律性,设定一定的严格要求指标,是值得肯定的,但是,采取所谓严格掌控措施,像某省政协委员那样要自带茶水参会②的话,则是对权力运作规律性的不尊重,是不可取的。

制定良法需要有广大民众的参与,遵守法律、执行法律,更需要政府和人民共同努力。法律,一旦经法定程序、由法定部门制定公布,就应成为"大家所服从的"法规范,任何组织和个人都不得有超越宪法和法律的特权。③ 如果说承认特殊的话,那就是,政府及国家机关工作人员、共产党员、领导干部(尤其是高级领导干部)应当率先垂范,模范守法。这是由其自身的特点所决

---

① 另一种译法:"法治包含两层含义:已成立的法律获得普遍的服从,服从的法律应当是优良的法律。"〔古希腊〕亚里士多德著:《政治学》,颜一、秦典华译,中国人民大学出版社 2003 年版,第 199 页。
② 参见王添翼、古宁、李业书、谭旻煕、张涵坤、郎艳林、殷江宏、何冉连线报道:《山东委员自携茶水开会》,载香港《文汇报》2013 年 1 月 25 日 A7 版。
③ 《宪法》第 5 条第 4 款规定:"一切国家机关和武装力量、各政党和各社会团体、各企业事业组织都必须遵守宪法和法律。一切违反宪法和法律的行为,必须予以追究。"第 5 款规定:"任何组织或者个人都不得有超越宪法和法律的特权。"

定的，也是《公务员法》所确立的公务员义务之一。①

法治的核心在于对公权力进行合理而有效的规制，而坚持民主政治，推进参与型行政，确保各个领域、各个层级的各种利益诉求能够充分、及时而准确地反映于立法、决策、执行和监督过程之中，对于监督制约行政权力具有极其重要的保障作用，对于整个国家的法治建设和权利保障亦将发挥长久性的功效。

不公开、不透明的暗箱操作，是导致权钱交易、权力腐败的重要原因之一，而包括近来人们高度关注的"官员财产公开制度"等在内的公开机制的建立和完善，则是保障人民知情权、参与权和监督权，遏制权力腐败，促进权力运行走向依法、科学的基础和保障。简言之，建立健全权力运作的公开机制，能够在很大程度上有效遏制权力腐败，使权力的正面效应更好发挥。

(2013年1月28日，于香港城市大学法律学院)

---

① 《公务员法》第12条第1项规定：公务员应当履行"模范遵守宪法和法律"的义务。

健全村民参与机制，预防遏制"村官"腐败*

据报道，联手将2000万元土地征用款挪用的浙江省台州市黄岩区江口街道新来桥村党支部原书记陈喜明和村委会原主任潘正春，分别被该区法院以挪用公款罪一审判处有期徒刑7年和6年①；挪用2370万公款的广东省佛山市禅城区南庄镇紫洞村党支部原书记、村委会原主任刘子荣，被禅城区法院一审以挪用公款罪判处有期徒刑6年②；"坐拥20亿身家"的深圳"村官"周伟思，日前因涉嫌受贿罪、行贿罪，被深圳市人民检察院执行逮捕，至于其拥有的房产等资产，是否涉嫌职务犯罪，则有待进一步调查核实。③

近年来，"村官"腐败事件多发，引起社会各界的高度关注。针对"村官"腐败的司法惩治困境，2000年全国人大常委会《关于刑法第九十三条第二款的解释》（以下简称《解释》），将村委会等村基层组织人员协助政府从事的行政管理工作纳入《刑法》规定的"其他依照法律从事公务"的范畴，适用《刑法》关于国家工作人员犯罪的处罚规定。该《解释》为司法机关惩处

---

* 参见杨建顺著：《遏制"村官"腐败 村民参与是正途》，载《检察日报》2013年3月20日第7版"建顺微思"。
① 参见范跃红、张立著：《最高检：涉农职务犯罪四成"抱团腐败"》，http://news.qq.com/a/20081128/002200.htm，2016年12月12日访问。
② 参见刘艺明著：《村委会主任挪用土地补偿款2370万 一审被判6年》，http://news.china.com/zh_cn/social/1007/20100819/16088864.html，2016年12月12日访问。
③ 参见佚名：《"坐拥20亿身家"村官腐败调查：旧城改造暴富》，http://www.legaldaily.com.cn/Economic_and_Social/content/2013-02/22/content_4219935.htm，2013年3月19日访问。延伸阅读：赵瑞希著：《深圳"20亿村官"举报人被捕 警方称无关举报》，http://news.qq.com/a/20121128/001765.htm，2013年11月28日访问。据后续报道，周伟思案于2014年2月26日在深圳市中级人民法院开庭审理。周伟思被诉受贿罪、非国家工作人员受贿罪和单位行贿罪三项罪名，被控四宗犯罪事实，涉嫌受贿数额5600万元。周伟思当庭全盘认罪。参见刘晓燕采写、陈实整合：《深圳"20亿村官"案今日开审 帮人拿项目 被收2500万》，载《南方都市报》2014年2月26日第AA09版；刘晓燕采写：《审到晚上十点 周伟思当庭认罪》，载《南方都市报》2014年2月27日第SA28版。

涉农职务犯罪提供了重要的依据。前述关于司法机关惩处腐败"村官"的报道，表明我国相关惩处机制已经发挥作用，值得称道。

鉴于"村官"腐败依然呈迅速滋生且蔓延之势，2008年《中共中央关于推进农村改革发展若干重大问题的决定》①指出，农业、农村、农民问题关系党和国家事业发展全局，要"坚持教育、制度、监督、改革、纠风、惩治相结合，推进农村惩治和预防腐败体系建设"。作为农村惩治和预防腐败体系建设的重要一环，应当健全村民参与机制，确立预防为主的"村官"腐败治理观念。

所谓"村官"，是指农村基层组织工作人员，包括村委会和村党支部两套班子的组成人员。《村民委员会组织法》规定，村委会是村民自我管理、自我教育、自我服务的基层群众性自治组织，实行民主选举、民主决策、民主管理、民主监督。②"四民主"的制度建构是基层群众性自治组织正常运作的基本保障，而村民参与机制的完善是该制度建构的核心支撑。

为确保政府切实履行其对村委会的工作"给予指导、支持和帮助"的职责③，确保村委会协助政府开展工作能够做到依法、合理，防止"村官"在此过程中腐败，国家应当致力于相关法规范的制定和完善，推进和保障村务公开，保障村民知情权、参与权、表达权、监督权。仅有《村民委员会组织法》是远远不够的。

2011年《农村基层干部廉洁履行职责若干规定（试行）》④就行为规范、实施与监督、违反规定行为的处理等作出规定，为促进农村基层干部廉洁履行职责提供了明确的行为规范，但是，其中所提及的相关制度都比较笼统。应当分门别类地为基层群众性自治组织提供各类行为规范，对村民参与的方式、方法和相关配套保障措施作出明确的规定，至少应当制定相关的模范规定。推进村民参与的法制化，应当致力于相关政策形成过程的透明化、信息的共享以及

---

① 2008年10月12日中国共产党第十七届中央委员会第三次全体会议通过。
② 参见《村民委员会组织法》第2条。
③ 参见《村民委员会组织法》第5条第1款。
④ 2011年5月23日，由中共中央办公厅、国务院办公厅印发。

全过程的参与。应当将保护村民权利尤其是保障村民参政权的"参与"机会，确定为基层群众性自治组织的法定义务。鉴于实践中"村官"手中掌控的农村土地资源支配权几乎不受制约，成为其寻租、搞腐败的主要资源的现实，应当在国家立法和地方立法中重点充实这方面的相关规范，确保村民对相关活动的全过程参与。

村委会等基层组织人员从事"属于依法从事公务的范围"的公务活动，从实效性的角度考虑，应当制定尽可能明确的权责规范和程序机制，提供相关判断取舍的标准，尤其是应当在其中明确规定必要的村民参与机制，在尚未制定专门法规范的情况下，应当依照或者援用其他相关行政法规范。乡镇人民政府履行其"指导、支持和帮助"的职责①，同样应当在其过程中导入村民参与机制。确认村民参与权并保障其相应的救济机制，确保村民参与的实效性，才能最大限度地预防和遏制"村官"腐败，才能切实完成农村基层政权和自治组织自身的改革，巩固国家的执政基础。

（2013 年 3 月 19 日，于中国人民大学明德法学楼研究室）

---

① 《村民委员会组织法》第 5 条第 1 款。

完善行政裁量权是依法行政的内在要求*

党的十八大报告指出，要"提高领导干部运用法治思维和法治方式深化改革、推动发展、化解矛盾、维护稳定能力"。贯彻法治行政原理，正确解释和运用行政法规范，强调和践行法治行政，正是运用法治思维和法治方式的最好体现。行政主体及公务员只有扎实学习并认真运用行政法，合法、合理地用好行政裁量权，才能依法、合理地行使权力，实现和保障公共利益，并为公民、法人或者其他组织实现权利和利益提供保障。遵守规则是法治的逻辑起点和归宿，行使权力和实现权利都应当"依照法律规定"（依照法律、法规和规章等法规范乃至规程和标准）来确立相应的秩序，而要真正做到在规则下享受自由，在秩序下追求幸福，还必须重视并切实用好行政裁量权。因为"行政法的精髓在于裁量"①。行政的生命力也在于裁量。

行政裁量广泛存在于行政立法、行政计划、行政合同、行政指导乃至行政许可、行政处罚、行政强制等行政行为的所有领域，贯穿于行政活动的过程，这是现代各国共通的客观现实。一方面是行政裁量权为现代行政所必需，另一方面是行政裁量权的存在又产生了被滥用的可能。从目前的贪腐案件来看，无论是大"老虎"还是小"苍蝇"，皆是因为制度、标准和程序缺失、裁量权过大所致。如果完全依据相关法规范，依法裁量，按照程序进行，那些不肖之徒可能会无可乘之机。可以说，如何落实制度，明确标准，完善程序，使行政主体及公务员能够合法合理地运用行政裁量权，成为依法行政理论所关注的重大问题之一，而在这其中，行政过程的"透明化"是至关重要的。

行政主体及公务员运用行政裁量权，应当强调以法为基础，职权法定，裁

---

* 参见杨建顺著：《完善行政裁量权是依法行政的内在要求》，载《检察日报》2014年8月20日第7版"建顺微思"。

① 杨建顺著：《行政规制与权利保障》，中国人民大学出版社2007年版，"序"第1页。

量有据有度。在合法范围内，尊重法定的程序，经过深思熟虑的抉择，公平公正的考量，以其专业判断对个别具体的情况作出处理决定。贯彻利益均衡，切实用好行政裁量权，做好本职工作，是运用法治思维和法治方式的基础和保障，也是依法治国和依法行政的最好体现和基本要求。

由于现代行政的广泛性、复杂性和多变性，决定了法规范无法对一切情况都作出明确、具体的规定；即使作出了相应规定，也难免存在滞后性和不一致性，需要事后进行解释运用。许多法规范只能作出较为原则、概括、抽象的规定，设置一定的裁量权，允许行政主体及公务员应对实际情形作出"行政裁量"。行政机关及公务员负有依据法规范执行公务的义务，而不得以自己的自由意志进行与法规范的规定不同的行为，更不得只求达到目的而不择手段。一方面须受法规范的羁束，另一方面须适应社会千变万化的复杂事态，在相关法规范不足之时，辅之以理以情，通过明确的标准规定，完善的操作规程，使行政裁量权的运用尽可能达至合理与必要。

行政主体及公务员行使裁量权，应当遵守法律保留的原则和法律优位的原则，进行合法裁量，还应当采取适宜的措施，进行合理裁量，遵循诚信原则、平等原则及比例原则等一般法原则。行政主体及公务员以认真、负责的态度，追求合法、至善及有实效的行政目的，使兴利与避害得以兼容并顾，使裁量的行政事宜既符合法定程序又符合公平正义，这本是依法行政的题中应有之意。

党的第十八届四中全会将于今年 10 月召开，专题研究全面推进依法治国重大问题。"以如此高的规格研究全面推进依法治国，表明了党和国家对法治在深化改革和实现国家治理体系治理能力现代化过程中的重视程度只增无减。"① 这无疑将为全面推进依法治国和依法行政提供更好的机遇，为切实贯彻法治行政原理提供更加坚实的支撑和更加广阔的空间。推进依法行政，应当注重完善行政裁量权。

(2014 年 8 月 5 日，于中国人民大学明德法学楼研究室)

---

① 蒋梦惟著：《十八届四中全会将于 10 月召开 研究全面推进依法治国》（吕艳滨语），http://money.163.com/14/0730/08/A2CVI6H700253B0H.html，2016 年 12 月 12 日访问。

法律关于时效的规定错了？*

时效制度的主要目的在于督促那些"睡眠的权利"① 尽早行使，以确保相关法律关系稳定。不过，有些法律关于时效的规定被错误地适用于某些特定领域时，不仅难以发挥时效制度督促权利行使的作用，而且实践中还会出现令人难以理解甚至导致人们误解的状况。

例如，将《行政处罚法》关于"违法行为在二年内未被发现的，不再给予行政处罚"（第29条）的时效制度运用于遗嘱公证领域时，由于公证事项的利害关系人所处地位的特殊性，当其知道遗嘱存在时，可能是遗嘱人死亡等遗嘱付诸执行的条件成就时，若不能正确解释和适用法规范，将出具公证书的时点视为时效起算点的话，所得出的结论往往就是已经超过了时效。于是，请求行政司法部门对违法出具公证书的公证处及其公证员进行惩处的主张不会得到支持，行政司法部门的不作为也会理所当然地被合法化。

在与处罚时效有关的围绕遗嘱公证的数个纠纷案件中，公证处及其律师、行政司法部门以及各级法院对相关法规范的解释和适用，大都支持以出具公证书的时间为时效起算点的立场。面对这种状况，有的遗嘱事项的利害关系人发出感慨：是法律关于时效的规定错了吧？明明是违法出具的遗嘱公证书，怎么可以说过了时效就不予理睬了呢？！正确解释和适用法律规定的处罚时效制度，厘清遗嘱公证案件的时效起算点，无疑具有重要的理论助推意义和实践指导价值。

2010年5月31日，某公证处为当事人Y女士出具了遗嘱公证书。2011年

---

* 参见杨建顺著：《法律关于时效的规定错了？》，载《检察日报》2015年7月15日第7版"建顺微思"。

① 法谚云："权利帮助觉醒者，而不帮助睡眠者。"（日语：権利は醒める者を助け、眠る者を助けず。）

2月21日，公证事项的利害关系人P先生得知该公证书的存在，认为其是在Y女士神志不清的情况下违法作出的，先后向公证处提出复查申请，对公证处作出的《维持决定》向公证协会投诉，未得到支持。P先生于2012年12月3日向司法局投诉举报，要求对公证书中不合法的部分予以撤销或者更正；对其提出的问题进行答复。2013年5月10日，司法局答复指出：申请人要求查处的请求已超过两年，被申请人不予处理；申请人要求撤销或更正公证书，被申请人不具有职权。申请人对答复意见不服，申请了行政复议，提起了行政诉讼。复议机关维持了答复意见，两级法院也支持了司法局的主张。

我国《公证法》将公证机构定位为"依法独立行使公证职能、承担民事责任的证明机构"（第6条）。司法部《关于〈公证法〉施行后如何办理公证行政申诉问题的批复》（司复〔2006〕8号）规定，自2006年3月1日起，司法行政机关对于公证书不再具有撤销或更正权，当事人、公证事项的利害关系人认为公证书有错误或者对公证书的内容有争议，可以向公证处提出复查申请或者向人民法院提起民事诉讼。由此看来，P先生请求司法行政部门履行法定外职责，不被支持也就理所当然了。

但是，关于"申请人要求查处的请求已超过两年，被申请人不予处理"的答复，是将出具公证书的时间视为起算点，直接适用《行政处罚法》一般规定的结果，属于认定事实不清，适用法律错误，不应当被支持。

《公证法》规定，对公证机构及其公证员"为不真实、不合法的事项出具公证书的"，省、自治区、直辖市或者设区的市人民政府司法行政部门应当依法惩处。① 公证的合法性、事实性和信誉度是公证制度的价值追求。遗嘱公证自身的特殊性决定了对违法出具公证书的行为进行处罚存在主客观方面的困难。围绕遗嘱公证的时效问题，应当适用《行政处罚法》关于"违法行为在二年内未被发现的，不再给予行政处罚"的一般规定，并关注"法律另有规定的除外"之特殊规定。② 该法还有进一步规定："前款规定的期限……违法

---

① 参见《公证法》第13条、第23条、第42条。
② 参见《行政处罚法》第29条第1款。

行为有连续或者继续状态的,从行为终了之日起计算。"[1] 关于继承权纠纷提起诉讼的期限"自继承人知道或者应当知道其权利被侵犯之日起计算"的《继承法》规定[2],应当优先适用。遗嘱公证行为,在遗嘱人死亡等相关条件成就之前,都应当视为"有连续或者继续状态的"。若不考虑这种特殊性便生硬地适用关于处罚时效的一般规定,很容易得出超过了时效之结论,从而使司法行政部门的不作为被不适当地合法化,使公证机构及其公证员的违法行为得不到依法追究。

(2015年7月14日,于北京海淀世纪城寓所)

---

[1] 《行政处罚法》第29条第2款。
[2] 《继承法》第8条。

全国人大常委会应当切实行使法律解释权[*]

《中共中央关于全面推进依法治国若干重大问题的决定》（以下简称《全面依法治国决定》）在确认了"法律是治国之重器，良法是善治之前提"的基础上，强调要"使每一项立法都符合宪法精神、反映人民意志、得到人民拥护"，"要把公正、公平、公开原则贯穿立法全过程，完善立法体制机制，坚持立改废释并举，增强法律法规的及时性、系统性、针对性、有效性。"这是关于良法善治的重要宣言，也是对今后立法工作提出的重要课题。

为善治提供良法，最重要的是让全国人大及其常委会真正发挥其应有的作用。根据《宪法》规定，全国人大和全国人大常委会行使国家立法权。[①] 全国人大常委会有权解释宪法，监督宪法的实施，制定、修改、补充和解释法律，撤销国务院制定的同宪法、法律相抵触的行政法规、决定和命令，撤销省、自治区、直辖市国家权力机关制定的同宪法、法律和行政法规相抵触的地方性法规和决议。[②]《立法法》进一步规定，法律解释权属于全国人大常委会。[③] 全国人大常委会拥有广泛的"立改废释"之权力，对于整备作为"善治之基础"的良法，具有无可替代的作用。

但是，在"立改废释并举"意义上，全国人大常委会还远没有发挥其应有的作用。单就其中的"释"——"法律解释权"而言，存在着《宪法》和《立法法》规定的全国人大常委会的职权如何实效化的问题。一般认为，《立法法》的规定使"法律解释权"专属于全国人大常委会，而对于其是否排斥

---

[*] 参见杨建顺著：《法律解释工作仍有进一步加强的空间》，载《检察日报》2014年12月17日第7版 "建顺微思"。

① 参见《宪法》第58条、第62条、第67条。
② 参见《宪法》第67条。
③ 参见《立法法》第45条。

其他解释主体的解释,则是存异的。1981年《全国人民代表大会常务委员会关于加强法律解释工作的决议》依然有效,现实中出自其他主体的解释大量存在,其法律定位该如何理解,也需要予以明确。而作为"法律解释权"之归属主体的全国人大常委会,虽然对《香港特别行政区基本法》的相关条款和刑事法的相关规定进行过解释①,但是,尚没有对行政活动中所面临的相关法律规范存异问题作出过解释。例如,《道路交通安全法》第13条规定:"对提供机动车行驶证和机动车第三者责任强制保险单的,机动车安全技术检验机构应当予以检验,任何单位不得附加其他条件。"其中的"任何单位不得附加其他条件",看似非常明确,没有解释的必要,但是,它反映出对道路交通非现场执法的处罚中存在强制手段不足问题的认识不够,忽视了行政自身的规律性。面对现实中交管部门履行其治理交通违法的职责缺乏实效性手段保障的尴尬,面对车辆驾驶人置违法事实于不顾而不履行依法应当履行的交纳罚款义务之严重局面,应当通过修改法律的程序予以完善。在修改法律的程序启动存在困难的情况下,应当通过释法来赋予交管部门以充分的强制执行权力,同时为其切实运用相关权力而设置严格规范。又如,《城乡规划法》第65条规定:"在乡、村庄规划区内未依法取得乡村建设规划许可证或者未按照乡村建设规划许可证的规定进行建设的,由乡、镇人民政府责令停止建设、限期改正;逾期不改正的,可以拆除。"这里的"可以拆除"是对乡镇政府的授权,看似非常明确,没有解释的必要。但是,乡镇政府如何行使这项权力?根本没有手段保障的授权,具体如何确保其实施的实效性?又如何确保其不会被违法滥用?应当启动法律解释程序,对具体实施该项权力的方式、路径等手段保障和应当遵循的原则等作出明确规定。

正如《全面依法治国决定》所指出的:"法律的生命力在于实施,法律的权威也在于实施。"无论是依法治国、依法执政,还是依法行政,要实现良法

---

① 前者如2016年11月7日第十二届全国人大常委会第24次会议全票通过《全国人民代表大会常务委员会关于〈中华人民共和国香港特别行政区基本法〉第一百零四条的解释》;后者如2000年4月29日第九届全国人大常委会第15次会议通过《全国人民代表大会常务委员会关于〈中华人民共和国刑法〉第九十三条第二款的解释》。

善治，就要坚持立改废释并举，就要让全国人大常委会切实行使法律解释权。既然《宪法》和法律赋予了全国人大常委会职权，那么，全国人大常委会就应当依宪、依法履行好其法定职能，切实为各领域各层面的善治提供良法。如果由于发展阶段的限制或者是技术手段等方面的局限性而无法亲自行使法律解释权，那么，全国人大常委会应当依法进行授权、委托等，当然，绝对法律保留事项除外。① 要让全国人大常委会拥有更具有实效的权力，为其每一项职权提供行之有效的保障；应当让真正具备了优秀的参政议政、管理国家能力的人员进入全国人大常委会，专职从事立改废释的相关工作，确保全国人大常委会真正行使好法律解释权。

（2014年12月9日，于中国人民大学明德法学楼研究室）

---

① 参见《立法法》第9条但书。

Part 2
规制和协治，定位法治政府的服务职能

让权力更好地服务于人民
"小产权房"不是也不应是法律保护的权益
城管执法需要规制和协治
城管,在理解和参与中优化
构建政府监管企业协治的互联网新格局
更新观念,以法治思维推进信访制度的完善
畅通信访渠道,保障权益救济和权力监督
从"缠访入县志"谈完善信访实效性保障机制
从奶粉限购看政府的责任
从富力海口马拉松现象谈企业的社会责任
广场舞者的权利和自由的边界
从北医三院产妇死亡事件谈医疗过程风险管理
依法拆除违建不应承担建筑材料的赔偿责任
父母晚退休,不如子女早上岗

让权力更好地服务于人民[*]

(一) 我们党和政府在探索权力制约和权力科学配置方面取得长足发展

党的十八大报告强调指出：坚持走中国特色社会主义政治发展道路和推进政治体制改革。作为推进政治建设和政治体制改革要抓好的重要任务之一，强调要"建立健全权力运行制约和监督体系"，进而阐述了实现路径、主要标准和各类制度框架，明确指出了相关的落实和保障措施。这是对我们党和政府长期以来在探索权力制约和权力科学配置方面的重要经验和实践成果的高度概括和总结，是党的十六大和党的十七大以来关于权力制约科学论述的扎实承继和稳步发展。

党的十六大以来，我们党和政府在探索权力制约和权力科学配置方面取得长足发展，强调要按照权力制约的特点和决策、执行、监督相协调的要求，建立健全依法行使权力的制约机制。

党的十七大报告明确指出："确保权力正确行使，必须让权力在阳光下运行"，"建立健全决策权、执行权、监督权既相互制约又相互协调的权力结构和运行机制。健全组织法制和程序规则，保证国家机关按照法定权限和程序行使权力、履行职责。"

可见，党的十八大报告关于权力制约的论述，是对我们党和政府长期以来在探索权力制约和监督机制方面的重要经验和实践成果的总结，是对权力结构和运行机制认识的进一步深化，是对依法治国、依法行政，走中国特色社会主义政治发展道路的进一步确认和发展。这种确认和发展，表明我们党和政府在规范权力运行、推进政治建设和深化政治体制改革方面已经找到了属于自己的

---

[*] 参见杨建顺著：《让权力更好服务人民》，载《辽宁日报》2013年1月15日第A05版。

道路，故而其具有重大的理论促进意义和实践指导意义。

（二）用制度管权管人管事，保障人民有效行使各种权利

我国《宪法》第 2 条规定："中华人民共和国的一切权力属于人民。""人民行使国家权力的机关是全国人民代表大会和地方各级人民代表大会。""人民依照法律规定，通过各种途径和形式，管理国家事务，管理经济和文化事业，管理社会事务。"

党的十八大报告指出："坚持用制度管权管事管人，保障人民知情权、参与权、表达权、监督权，是权力正确运行的重要保证。"

知悉权力运行的依据，是人民参与国家事务、经济和文化事业以及社会事务管理的前提。除涉及国家机密、商业秘密和个人隐私等不能公开的文件和资料外，应当及时将有关依据刊载于有关刊物上，让人民及时了解政务信息。权力运行的决策过程，主要体现为各部门的会议，也包括各种征集意见的程序以及各种调查研究和利益衡量。只有让人民充分了解整个过程，才能够全面而准确地监督和制约权力的滥用。权力运行的结果往往是检验权力运行是否合法、合理的重要因素，因而必须通过文件、电视、广播、期刊乃至互联网等形式，将权力运行的结果向社会公开，及时而全面地让人民知道权力运行结果。无论是公开权力运行的依据，还是公开权力运行的决策过程，乃至公开权力运行的结果，都是保障人民知情权、参与权、表达权、监督权的基础和前提，是制约权力、规范权力、确保权力正确运行的重要保证。

早在 1945 年，毛泽东就指出："我们已经找到新路，我们能跳出这周期率。这条新路，就是民主。只有让人民来监督政府，政府才不敢松懈。只有人人起来负责，才不会人亡政息。"① 很显然，人民行使监督权，需以知情权、参与权和表达权为前提，而这些权利皆须有相关法律制度作为支撑。人民通过广泛参与权力的运用，充分了解党和政府各项活动的目的、内容、过程、结果及其利弊得失，充分了解公职人员的政治倾向、道德品质、工作能力、实际业

---

① 1945 年毛泽东对黄炎培的谈话。黄炎培著：《延安归来》第二篇"延安五日记"，转引自 sglljw 著：《"只有民主才不会出现人亡政息"，是毛主席的原话原意吗？》，http://bbs.tianya.cn/post-worldlook-644211-1.shtml，2016 年 12 月 14 日访问。

绩，对权力的运用过程进行全方位的监督和制约，能够最大限度地制约权力滥用等负面效应，提高权力运作的规范性等正面效应。

换言之，为了使宪法上所保障的参政权在各个领域和环节上得以贯彻和实现，确保权力属于人民、服务于人民，需要致力于相关制度建设，运用法治原理，规范权力运作过程和运行程序，使权力的运用按照法定权限和程序进行，而不是依照个人的主观意志运作。

（三）通过权力的相互制约和协调机制，确保依法行使权力

要确保国家机关按照法定权限和程序行使权力，关键在于科学分权，明确职责，完备程序，注重标准。

在近代各国宪政史上，国家机关的分权和相互制约是普遍性的规律。分权和制衡是分权学说的精髓。"一切有权力的人都容易滥用权力，这是万古不易的一条经验。有权力的人使用权力一直到遇有界限的地方才休止。"[①] 为防止国家机关和国家机关工作人员滥用权力，必须采用分权和相互制约的机制。

20世纪80年代初，邓小平就指出："权力过分集中于个人或少数人手里，多数办事的人无权决定，少数有权的人负担过重，必然造成官僚主义，必然要犯各种错误，必然要损害各级党和政府的民主生活、集体领导、民主集中制、个人分工负责制等等。"[②] 历史的沉痛教训和改革开放以来的经验，无不证实了这样一个道理——不受制约的权力必然腐败，难以制约的无限权力更易快速腐败；进行合理的权力分解，建立健全权力的相互制约和协调机制，是有效预防和控制权力腐败、让权力服务于人民的先决条件和必由之路。

从国家权力合法且合理运作的视角来讲，分权学说及分权制度所揭示的权力必须有所制衡的内在精华和机理，值得我们认真学习和借鉴。我们应当确立"有限度"的权力观，对权力过分集中、容易发生以权谋私、权钱交易的权力结构进行分解和重新配置，使得行使公权力的任何组织之间都有合理的权力配置，使得每个机构和每种权力之间相互制约，让"组织的权力"大于该组织

[①] 孟德斯鸠著：《论法的精神》（上册），张雁深译，商务印书馆1997年版，第154页。
[②] 邓小平著：《党和国家领导制度改革》，载《邓小平文选（一九七五——一九八二）》，人民出版社1983年版，第289页。

里任何"个人的权力"。正如党的十八大报告所指出的:"要确保决策权、执行权、监督权既相互制约又相互协调,确保国家机关按照法定权限和程序行使权力。"

权力的合理配置是约束权力的关键和前提。将权力划分为决策权、执行权和监督权,强调各权力之间的相对分离、相互制约和相互协调,而各种权力的行使皆须"按照法定权限和程序",不得滥用。换言之,决策权、执行权和监督权之间的制约和协调,须以"按照法定权限和程序行使"的权力运行制约和监督体系为基础和保障。这体现了我们党和政府对权力运行规律性的深刻认识,体现了过程论和法治的视角,亦体现了在探索权力制约和权力科学配置方面的进步。

建立健全决策权、执行权、监督权既相互制约又相互协调的"按照法定权限和程序行使"的权力运行制约和监督体系,要有切实可行的措施来加以落实,而其前提性任务就是健全各有关国家机关权限的实体法规范和行使权力的程序法规范。

(四)健全决策机制和程序,维护群众切身利益

改革开放以来,我国在法治建设方面已经积累了大量的经验,基本建成社会主义法律体系,逐步确立和完善了权力行使和监督制约的程序和标准,可以为权力行使和监督制约提供基本的准则。所以,只要全面推进和切实贯彻依法治国方略,坚持依法行政,就能够在很大程度上确保各种权力行使主体谨慎地行使权力,减少权力腐败行为,维护各方主体的合法权益。

但是,由于价值和利益呈现出多元化、复杂化的趋向,各种权利和利益的主张具有较强的发展变化性,因而调整各种权利和利益的基准往往并不一定就是客观的。确立国家政策,编制国家和社会发展总体规划,积极能动地推进国家的立法、司法和行政制度的创新,均衡和实现各种正当的权益,推动经济、科学、文化、教育、环保和社会保障等各领域协调发展,实现国家和社会的福祉及正义,都是现代国家的重要使命,都是"公共利益的需要"所指向的具体内容。唯有"健全决策机制和程序,发挥思想库作用",才能做到科学决策、民主决策、依法决策,才能规范权力运行,注重听取群众意见,保护合法

权益;唯有"建立决策问责和纠错制度",完善听取群众意见和利益均衡机制,才能坚决防止和纠正损害群众利益的做法。①

强调"发挥思想库作用",是科学决策的保障;注重听取群众意见,是民主决策的体现;坚决防止和纠正损害群众利益的做法,是以对群众意见予以充分、正确、全面的尊重以及合法、合理的处理为支撑的,因而有助于树立政府的真正权威,有助于切实保障社会的稳定和经济的发展。

(五)权力运行公开化、规范化,以制度保障权力在阳光下运行

实践证明,确立科学分权的机制,明确掌握权力者的职责,完备权力行使的程序,制定科学的评价标准,是抑制权力腐败,确保权力合法、合理运行的根本方法。这就要求通过制度创新,改革权力运作程序,改革管理制度,改革权力运行和监督制约的程序,改革评价标准,使权力运行和监督制约的整个过程规范化、民主化、透明化和科学化,增强监督制约权力运行制度的科学性和可操作性。

权力并不当然地导致腐败,不受监督的权力则必然导致腐败。问题的关键在于加强和完善对权力的监督。对权力的监督有多种分类方法,包括国家的监督和社会的监督;党的监督、法律监督、立法监督、行政监督、司法监督、群众监督、舆论监督;事前监督、事中监督和事后监督;"刚性"监督、"弹性"监督;等等。②

各种监督都必须按照法律规范所确定的程序、范围、条件和标准进行。尤其是党内监督、民主监督、法律监督和舆论监督的加强和完善,须强调各种监督之间的协调与整合。一方面,不能把党纪政纪变成挡箭牌,以党纪、政纪处理替代追究相应的法律责任;另一方面,对滥用权力等腐败行为进行监督和惩处,亦必须依法进行,合理设置惩处机制。在实现权力配置的合理化和规范化

---

① 党的十八大报告提出,要"坚持科学决策、民主决策、依法决策,健全决策机制和程序,发挥思想库作用,建立健全决策问责和纠错制度"。胡锦涛:《坚定不移沿着中国特色社会主义道路前进 为全面建成小康社会而奋斗——在中国共产党第十八次全国代表大会上的报告》,2012年11月8日。

② 参见杨建顺著:《论完善行政监督制约机制》,载《人大法律评论》2000年卷第二辑,第170—208页。

的同时，须保证权力监督途径及权利救济途径畅通，积极促进社会监督尤其是舆论监督的发展。唯有整合社会各种监督力量，加强各种监督力量之间的协调和联系，全面推行信息公开制度，完善党务公开、政务公开、司法公开和各领域办事公开制度，以制度保障权力在阳光下运行，才能提高透明度和公信力，形成比较完善的、具有实效性的监督体系和监督机制。

现代民主法治国家的一切监督，归根到底是人民对其意志执行者即掌握公权力的"公仆"进行的监督。因此，要健全质询、问责、经济责任审计、引咎辞职、罢免等制度。从长远看，只有强化和完善人民（选民）自主选择自己管理者的机制，才会切实保障整个社会公权力的有效、健康和合乎民意的运行，才能从根本上遏制公权力越轨、滥用、私化等腐败行为。

（2012年12月20日，于中国人民大学明德法学楼研究室）

"小产权房"不是也不应是法律保护的权益*

在"小产权房"的问题上,我们一直未能跳出尴尬局面:一方面是国家明令禁止,国土资源部等相关部门也不断地明确警示:"小产权房不受法律保护,并将严禁小产权房进一步发展",它"实质是违法建筑,各地要严格依法查处大量存在的'小产权房'等违法用地"①;另一方面是"小产权房"热销依旧,乱象难止,加之不时有"小产权房合法化"的呼声②,更呈现出"令购房者仍趋之若鹜","花样翻新"变异蔓延之势。③ 其主要根源在于相关法规范的执行存在重大缺陷,行政主体未能依法行使规制权,使违法者不仅可能而且确实地从其违法行为中获利,形成了"撑死胆儿大的"既成事实。④

无论从保护公民合法权益的角度,还是从惩治违法行为、合理利用社会资源的角度,乃至从建设法治国家、法治政府和法治社会的角度,都需要客观、全面而准确地对"小产权房"进行分类研究。这将涉及相关法规范的修改,涉及政府、集体经济组织、农民个人及城镇居民等主体的利益分配,需要导入合法、合理且有效的利益均衡机制,一定程度上允许瑕疵的治愈甚至违法的转

---

* 参见杨建顺著:《"小产权房"不受也不应受法律保护》,载《检察日报》2013年12月25日第7版"建顺微思"。

① 王立彬著:《国土部再次要求坚决查处"小产权房"》,载 http://news.163.com/09/0610/21/5BFPENEJ000120GU.html,2009年6月11日访问。

② 例如,降蕴彰著:《闲置宅基地入市试点在即 合规小产权房有望转正》,载《经济观察报》2013年5月31日。

③ 参见牛建红著:《售价仅为商品房价格的30% "小产权房"热销京城》,载《中国经济周刊》2007年6月11日;邓华宁、李舒、徐扬、孔祥鑫著:《新华视点:小产权房为何"野火烧不尽"?》,载新华网 2012年11月4日,http://finance.qq.com/a/20121104/000317.htm,2013年6月1日访问。

④ 参见潘璠著:《小产权房问题的实质究竟是什么》,载光明网——《光明观察》2008年7月11日,http://guancha.gmw.cn/content/2008-07/11/content_803674.htm,2008年11月25日访问。

换。① 但是，由于"小产权房"实质上是违法建筑，故而应当坚持"任何人不得从其违法行为中获利"的原则②，以法治行政原理为指导。

法治行政原理注重保障合法权益，而不是"小产权房"这种违法利益。行政主体肩负着排除违法状态的职责，公民、法人或者其他组织享有排除违法状态的请求权。行政信赖保护原则所保护的是善意信赖，而不是明知违法，"实际上没有产权，不受法律的保护"，却贪图其"价格比较低，地点也有吸引力"，抱着"法不责众"的心理进行买卖。③ 法治行政原理下的行政补偿或者行政赔偿，适用于合法权益因合法或者违法行使行政权力而受损的情形，绝不包括违反相关法规范而建设、出售或者购买"小产权房"的利益受阻、受损甚至被剥夺的情形。

《土地管理法》第43条规定："任何单位和个人进行建设，需要使用土地的，必须依法申请使用国有土地"。该法第63条规定："农民集体所有的土地的使用权不得出让、转让或者出租用于非农业建设"。"小产权房"是占用农村集体所有土地建设的居住建筑，违反了上述规定，又不属于相关法条但书所列"除外"情形，其建设本身是违法的，交易也是违法的。对此，该法第7章规定了"责令退还""限期拆除"、没收、罚款、行政责任乃至刑事责任等。《城乡规划法》第65条进一步明确规定："在乡、村庄规划区内未依法取得乡村建设规划许可证或者未按照乡村建设规划许可证的规定进行建设的，由乡、镇人民政府责令停止建设、限期改正；逾期不改正的，可以拆除。"

即便是农村走向城镇化，"小产权房"也并非当然地转换为合法建设。合法的"临时建设"须经过法定的批准程序。《城乡规划法》第44条第1款规定："在城市、镇规划区内进行临时建设的，应当经城市、县人民政府城乡规划主管部门批准。"该法第66条规定，未经批准或者未按照批准内容进行临时

---

① 关于行政行为瑕疵的治愈和违法转换，参见〔日〕南博方著：《行政法》（第六版），杨建顺译，中国人民大学出版社2009年版，第56页。
② 正如法谚所云："任何人不得援用自己的背德。"（日语：何人も自己の背徳の援用を許されず）
③ 参见牛建红著：《售价仅为商品房价格的30%"小产权房"热销京城》，载《中国经济周刊》2007年6月11日。

建设的,以及临时建筑物、构筑物超过批准期限不拆除的,由所在地城市、县人民政府城乡规划主管部门责令限期拆除,可以并处罚款。第 68 条规定:"城乡规划主管部门作出责令停止建设或者限期拆除的决定后,当事人不停止建设或者逾期不拆除的,建设工程所在地县级以上地方人民政府可以责成有关部门采取查封施工现场、强制拆除等措施。"而《国有土地上房屋征收与补偿条例》① 第 24 条第 2 款规定,对认定为违法建筑和超过批准期限的临时建筑的,不予补偿。

实定法规范对"小产权房"作出否定评价,并设置了相应的法律责任和规制手段。作为违法建设的"小产权房",其自身的利益以及其交易的利益均不是也不应是法律保护的权益。如果相关部门从起初就能够依法履行职责,及时而充分行使法定规制权,就不会形成目前这种困境。要跳出这种困境,就应当对违法的"小产权房"依法处置,避免人们从其违法行为中获利,避免"法不责众"现象挑战法律和秩序的权威。

(2013 年 12 月 24 日,于中国人民大学明德法学楼研究室)

---

① 2011 年国务院令第 590 号。

城管执法需要规制和协治*

2013年5月31日,延安市发生了城管队员与自行车店主刘国峰互相撕扯打斗事件。相关部门很快作出处理决定:"对违纪的8名执法人员,撤职、处分、辞退;涉嫌犯罪的景鼎文被刑事拘留;构成违法的刘兆瑞被行政拘留。"人们对"城管野蛮粗暴执法"义愤填膺,对城管局关于"被拘留的打人者都是临时聘用人员"的解释提出质疑。6月7日上午,城管局局长张建朝在医院向刘国峰鞠躬,正式道歉。当晚11时许,网上出现《致广大关心延安5.31事件网友的一封信》,发帖人称受刘国峰委托。① 于是,围绕该公开信的真伪以及其背后是否有隐情等,各方面纷纷对政府诚信提出了质疑。

媒体报道在传达对野蛮粗暴执法之谴责的同时,也在惯用"临时聘用的人员"来解释开脱、"城管大厦"被摘除、城管大楼和城管局长座驾涉嫌超标以及公开信"被公关"等方面,对政府诚信提出质疑。媒体监督是非常必要且重要的,是监督权力不被滥用的重要力量。没有媒体来监督制约权力,权力可能会无限制扩张,本事件或许也就无法得到顺利解决。不过,在此事件的报道和讨论中,人们似乎忽略了规制和协治对于城管执法的意义。

一方面,城市需要合法、规范、文明且有实效的管理,需要对城管执法实施规制。从执法主体、执法手段、执法方式和方法,到全过程公开的执法程序、执法标准、执法效果和评价体系,应当将全部城管执法活动置于法规范制约之下。城管执法的目标和手段严重不对称,需要切实解决其人手不够只能靠"临时聘用的人员"来协助的难题。这个问题也存在于其他领域,须从行政组

---

* 参见杨建顺著:《城管执法需要规制和协治》,载《检察日报》2013年6月19日第7版"建顺微思"。

① 参见窦永堂著:《被打商户屡"反水" 真相不能罗生门》,载《河南商报》2013年6月15日第A03版。

织法层面予以理论和制度支撑。同时，要让人们了解行政主体理论，明白用"临时聘用的人员"做挡箭牌并不能开脱权力归属者责任的道理。并且，惩处违法公务人员，不是以"被踩商户"是否满意为准，而是应当依照法规范，按照法定程序进行，"很快作出处理决定"更须切实给予相关人员以陈述、申辩的机会。

另一方面，城市管理必须由政民协治来支撑。规制不仅意味着对行政权力的规范制约，也包括对其他各方面的规范制约。在行政法秩序中，相对人应当尊重和服从行政命令，切实履行法定义务。

近年来，每当城管事件发生时，人们往往倾向于情感化地对城管方面质疑，而对"弱者"同情，甚至完全忽略了所谓"弱者"没有履行其应当履行的义务。这种现象普遍存在且呈现出蔓延之势。"延安5.31事件"既是"城管打人"事件，亦是"城管被打"事件，从舆论中却较少看到对刘国峰不履行义务的谴责。对于其不顾城管曾在4月、5月先后两次下达过整改通知书，依然经常在店外占道维修停放自行车，违反道路两边禁止摆摊、禁止占道停放车辆规定的行为，对于其掌掴女城管队员的行为，媒体虽有所描述，却较少有人关注，更听不到谴责的声音。待到公开信一出，"被公关"的质疑声四起。的确，"蹩脚危机公关，最伤公信力"。有关政府部门该警醒并切实致力于健全信息公开法制了。

不过，6月9日，有媒体称刘国峰证实该公开信是由他委托发布的；12日，有媒体报道刘国峰否认写信，并表示内容并非本意；13日，有媒体确认刘国峰说公开信是他的委托人律师马某起草的，"此前从未接受采访，也没有作出任何回应"。那么，是媒体未采访而作虚假报道，还是刘国峰意思表示前后不一？这种"罗生门"现象在当下较为普遍，它是"看热闹"心理作祟的表现，也是忽略了城管过程中公民、企业和社会各界包括媒体应尽义务的结果，同样"最伤公信力"。

城管粗暴执法应当受到惩处，但不应因而对相对人的违法行为不予惩处。无原则地答应不能公开的"赔付条件"和解，同样是错误的，有悖于法治行政原理。城管执法需要得到公民、企业和社会各方面的理解、支持和参与，确立参与型行政理念，实现政民协同治理。无论是规制还是协治，都需要建构权力运行的公开、透明机制，以法规范来确保其权力配置科学合理有效，明确公民、企业和社会各方主体的权利、义务和责任，并为处理行政争议提供依据和标准。

(2013年6月17日，于中国人民大学明德法学楼研究室)

城管，在理解和参与中优化*

针对国内首份《城管网络形象分析报告》关于"城管网络形象被妖魔化，这一形象在网民中有固化趋势"的判断，人们可以有各种不同的理解和应对。① 从危机管理的视点出发，及时、有效、直接地消解这种"被妖魔化"的趋势，或许是当务之急。不过，要从源头上消除人们对城管的负面评价，更为重要的是建构城管权力运行的公开、透明机制，以法规范来确保其权力配置科学合理有效，让人们切实了解城管在现代城市管理中的地位和作用，促使人们为城管的优化而献计献策，并自愿且积极地参与其中，成为城管的协作者。

现实中，当一个城管事件发生时，周围的人们往往倾向于情感化地对"弱者"同情，对城管方面质疑，而网络上便会迅速出现有关城管的帖子，通过各种路径而进行点对点、点对面、面对面等多种模式的互动讨论，甚至无论帖子的内容是否真实，无论相关评论是否客观公正，皆能够迅速形成强大的意见声势。这与城管过程中某些人员违法、不当地行使权力有关，也不能否认在很大程度上是由于人们根本就没有了解或者未正确了解城管的缘故。对许多人来说，要拿出一个正确定位和准确把握城管的全面性观点，往往并非一件容易的事情。于是，城管网络舆情应对的一项重要任务，就是要让人们正确认识城管。尤其是伴随着因特网的飞速发展，城管的网络舆情应对工作越来越多，如何做到正确把握、全面认识并客观宣传城管，已成为城管网络舆情应对中不可忽视的课题。

---

* 参见杨建顺著：《城管，在理解和参与中优化》，载《城市管理与科技》2013 年第 2 期，第 53—55 页。另外，参见杨建顺著：《论城市创新中的市民参与》，载《法学杂志》2007 年第 3 期，第 52—55 页。

① 参见姜旻、祝伟荣著：《网络舆情应对与城管形象重塑》，载《城市管理与科技》2013 年第 2 期，第 50—52 页。

城管是城市管理体制改革的产物

城管,是对城市综合管理部门的简称,也是对该部门相关活动的简称,其制度依据是 1996 年施行的《行政处罚法》①,旨在综合处理城市中的管理和治理问题。其背景是在各个行政部门领域区分细致化以后,城市管理中出现大量灰色区域,很多问题的责任方无法明确,导致城市管理出现大量的漏洞无人管理,"大盖帽满天飞"而又执法乏力。

最先采取的解决办法是一种简单实用的方法——联合执法,即对城市管理某方面问题进行集中治理时,将数个行政机关的部分管理力量抽调到一起,统一行动,集中查处。从初期的大规模联合、全面突击,到后期的所谓综合整治、重点整治,联合执法的重要特点是形式上的松散联合,临时性的突击整顿管理,方式上是以群众运动式为主。这种临时性和运动式的联合执法方式并没有从根本上改变城市管理领域执法权分散和职权重合交叉的状态,无法应对复杂的城市管理现状,"极易产生短期行为,导致整治——回潮——再整治——再回潮的恶性循环"。于是,城市管理行政执法体制改革必须另辟蹊径。

《行政处罚法》《行政许可法》以及《行政强制法》相继对各自领域的相对集中行使行政权作出规定,为行政执法体制改革提供了法律依据。对于相对集中行使行政权过程中的一些问题,应当用发展的眼光来看待,客观地予以评价,并不断地予以健全和完善。

正确认识城管的任务和作用

城市管理意味着诸多复杂因素的统一整合,是对诸多事务的分别处理。在城市的公共管理中,政府承担着重要的角色,城管执法是城市政府及其职能部门职责的重要体现。我们要辨证、全面地看待城管执法问题,充分认识到城市

---

① 该法第 16 条规定:"国务院或者经国务院授权的省、自治区、直辖市人民政府可以决定一个行政机关行使有关行政机关的行政处罚权,但限制人身自由的行政处罚权只能由公安机关行使。"

化离不开城管执法，既然离不开这种职能，就要设置相应的队伍，赋予其相应的手段；同时要充分认识到城管执法实践中存在的问题，切实地建构起对城管执法的相应规范，为客观、公正、公开而有实效地进行城管执法提供支撑。

1. 维护城市环境的整洁、美观、谐调，促进可持续发展

城市的可持续发展主要包括生态、经济与社会可持续发展，这就要求正确处理好人口、资源和环境几方面的关系，并将城市的发展限制在这些关键性制约因素的允许范围内，避免由于过度发展对环境资源造成不可逆转的破坏。

城管执法需要按照城市规划展开，根据不同的地域和阶段，分别采取相应的手段。在城市规划阶段，就要考虑到本市与外地、市区与郊区以及各区之间的不同，分别设置执法标准和相应的程序；在城管执法阶段，更要强调原则和例外、制度和非制度等各种不同情形，对不同地区、不同阶段的问题作出适宜的处理。

2. 维护城市运作的秩序和公共场所的行为规则

规则意识是现代文明的根基。只有尊重秩序，遵守规则，懂得在秩序框架中活动，在规则之下自由，才能够真正过上幸福的生活。城管执法的任务，就是引导、教育、示范在城市生活、工作的人们按规则行事，遵守既定的秩序，创造更为合理的秩序。进而，养成尊重秩序，崇尚规则，在秩序中追求幸福，在规则下享受自由的良好素养。

城管须在执法过程中致力于城市运作的秩序和公共场所的行为规则等的确立、宣传和普及，捍卫秩序和规则的权威，使人们充分认识到：不是执法人员在管理他们，而是规则在管理他们；不是他们被迫遵守秩序和规则，而是他们习以为常地遵循秩序和规则。

3. 培育公民社会和启蒙公民意识

在城市化的进程中，无论是行政机关直接承担城管执法工作，还是将相关工作委托给相应的民间组织来承担，城管执法的一个重要任务就是培育公民社会和启蒙公民意识。这就为城管执法规定了更为重大的任务，也提出了更高的要求。在城管执法领域，伴随着公民意识的觉醒，全面展开授权和委托，建立健全城管执法的权力授予和规范制约机制，便会成为必要。

城管的过程论与参与型行政

在城市化进程中,公民社会的培育和公民意识的启蒙,更多地依赖于参与型行政实践的积累,依赖于政府、社会、市场组织、公民相互协作进行公共事务管理的过程之完善。作为现代公共管理的核心概念,"协治"(governance)即协作治理或者合作治理,是指"为了实现与增进公共利益,政府部门和非政府部门等众多公共行动主体彼此合作,在相互依存的环境中分享公共权力,共同管理公共事务的过程"①。

城管执法领域中参与型行政的发展完善,要求在城管执法过程中广泛吸收私人参与,充分尊重私人的自主性、自立性和创造性,承认私人在城管执法中的一定程度的主体性,明确私人参与社区建设的权利,强调行政机关对特色社区建设的指导和示范等责任和义务,形成政民共同创造互动、协调、协商和对话的城管执法新局面。②

城管执法的观念更新和诚信服务

在经济全球化、信息技术迅猛发展的知识经济时代,为了更好地满足社会公众的多元化服务需求,政府必须能够及时对政府管理体制作出调整和改造,引进灵活的、弹性化的政府组织结构,树立服务理念,坚持诚实信义的原则,健全信赖保护机制。

信赖保护原则,所解决的是依法行政原则和法律安定原则之间的冲突问题,其目的在于保障私人的既得权,并维护法的安定性以及私人对其的确信。得到法律保护的信赖必须是具有正当性的信赖。所谓正当,是指私人对行政机关的行为或其创造的法律状态深信不疑,并且对信赖基础的成立为善意且无过失;如果信赖的成立是因可归责于私人的事由所导致,则此信赖不值得保护。

---

① 陈振明主编:《公共管理学——一种不同于传统行政学的研究途径》,中国人民大学出版社2005年版,第87页。
② 关于参与型行政的概念,参见杨建顺著:《行政规制与权利保障》,中国人民大学出版社2007年版,第171页。

城管执法的评价体系和舆论支持

要切实有效地消解"城管网络形象被妖魔化",就应当切实地健全和完善城管执法的评价体系,对城管执法给予客观、全面而有效的舆论支持。

(一)建立和完善城管执法的评价体系

城市规划、建设、管理是复杂的系统科学,应建立一整套科学决策制度体系,其中的城管执法评价体系,是确保城管执法发挥其应有作用的制度支撑。

1. 城管执法标准的明确化与程序化

从城管执法的角度来看,要求对城管执法组织的管理层次和管理幅度设置一定的标准,对城管执法的任务进行细化,在明确总体目标的基础上,将任务细化为具体指标,进而将其分解到各个部门,分解到每个人。此所谓"天下大事,必做于细"[①]。

为了保障城管执法系统功能的发挥,不同的执法部门必须建立合理的分工协作关系,形成以专门城管执法单位为核心的有机管理系统。在这一系统中,必须打破传统的权力条块分割之束缚,使专门城管执法单位处于领导核心的地位,其他负责城管的机构处于辅助专门城管执法单位的地位,服从并忠实履行专门城管执法单位的决议、命令和行政措施。当然,专门城管执法单位应当根据不同领域、不同阶段的执法任务,向有关领域的专门管理部门乃至该领域的企业等进行咨询、委托或者协商,制定相关领域城管执法的标准和程序规范,以形成各领域、各部门之间互相配合、互相监督,标准科学而统一的局面。

2. 城管执法与行政法的效率原则

在城管执法中贯彻行政的效率原则,要求避免城管执法活动所消耗的资源与所取得的成效严重失衡的状态,要求城管执法系统中的职、权、责必须明确清晰,因为只有建立了权责明确的城管执法体制,才能保证城管执法的政令畅通和高效运转。城管行政综合执法与相对集中处罚权改革将分散在不同部门的

---

① 《道德经》六十三章。

相同、相近或者相似的职权集中在一起行使，有助于避免因职能交叉重合、职责模糊不清所引起的各部门互相推诿扯皮、办事效率低下的弊端。对这种改革进行科学评价，是建立健全城管执法评价体系的重要组成部分。

3. 服务意识与服务质量的提高

城管行政综合执法改革的本来目的，在于解决长期困扰行政执法领域的利益执法、多头执法、重复处罚等突出问题，防止执法错位、执法越位和执法扰民，保护相对人的合法权益。但是，城管行政综合执法的实践并没有赢得人们全面的支持和理解。究其原因就在于将城管行政综合执法改革定位在行政处罚权的集中上面，这本身就具有突出"管制"、偏离现代行政法的服务与合作精神之嫌。简言之，建立和完善城管执法的评价体系，应当注重服务意识和服务质量的提高。

城管执法的着眼点不在于"罚"，而在于维护社会秩序和规则，建设和谐社会和宜居城市。对于城管执法部门和城管执法人员来说，必须彻底摈弃以"管制"为本位的传统执法观念，树立以"服务为本"的新的执法意识。

4. 合法性和正当性的评价

相对集中行政处罚权改革的法律依据来自于《行政处罚法》第16条和《行政许可法》第25条。无论是哪一条，都只是为改变行政执法领域存在的多头执法、职责交叉重复等问题的权宜之计。要有效地克服当前行政综合执法改革的诸种弊端，彻底解决城管执法乃至整个行政执法体制的痼疾，就必须将行政执法体制改革纳入法制的轨道，建立健全相应的行政组织法规范，通过对城管执法任务的明确化，使相应的判定标准和程序规范得以完善。

城管执法领域的行政组织法规范的完善，涉及城市政府及其职能部门在城市公共管理方面科学、合理地界定各自的职能，要求在正确定位的前提下进行有关执法机构设置、职能划分和配置，使得城管执法权力的界定、划分、衔接、运用以及效能的发挥等方面形成科学的体系与制度。

(二) 舆情支持是城管健康发展的重要支撑

对问题的真正了解和透彻分析，是解决问题的起点。

既然我们要将自己的城市建成一个美好城市，要将城市建成享受人生的乐土,而城管在其中发挥着重要的作用,那么,就应当让人们了解城市、理解城管,并参与到城管的过程中来。了解是理解的基础,了解和理解是作出正确判断的前提,而参与则是形成理解甚至互动,促使城管不断得以优化的路径支撑。

城管需要舆情支持,但是,不应简单地强调加强网络舆情管理,靠"管、卡、压"来树立所谓城管良好网络形象,而应当从制度上保障广大人民群众的知情权、参与权和监督权,重视公民参与,推进公民通过网络切实参与政治、行政的实践,培育公民社会和公民意识,使社会和谐成为每个公民的自觉追求,从而推动城管"软实力"提升,创设良好的发展环境。

城管的违规、违法执法和暴力执法严重损害了国家权威和城管执法人员的形象,仅靠事后网络舆情应对,远远无法消解人们对城管的负面评价。城管网络舆情应对须建立在城管自身的优化之上,而城管的优化须以市民的理解和参与为依托。简而言之,要提升城管的网络形象,就应当坚持参与型行政理念,倡导城管过程中的市民参与,将城管行政执法体制改革与创建服务型政府有机结合起来。

(2013年3月25日,于中国人民大学明德法学楼研究室)

构建政府监管企业协治的互联网新格局[*]

  国家工商总局网监司发布对网络交易商品的定向监测结果,显示淘宝正品率为 37.25%[①];淘宝网刊发《一个 80 后淘宝运营小二的心声》(以下简称《小二心声》),指出国家工商总局刘红亮司长违规、吹黑哨,故意通过不公正的调查打击淘宝[②];国家工商总局网监司官网公布之前作出的《关于对阿里巴巴集团进行行政指导工作情况的白皮书》,其中点明阿里巴巴在质量审查方面存在五大失责,并指出:在阿里巴巴上市前没有即时公布,是为了照顾其上市;淘宝网发表声明称,欢迎公平公正的监管,反对不作为、乱作为、恶作为,并决定向国家工商总局正式投诉刘红亮司长;国家工商总局局长张茅会见阿里巴巴董事局主席马云,双方认为,促进电商产业健康发展、营造消费者放心满意的网购环境,是网监部门与电商平台的共同意愿;双方将加强沟通,共同探索网络市场管理模式,构建社会共治新格局。[③] 至此,淘宝公开"叫板"国家工商总局的事件似乎以和解画上了圆满的句号。

  对此次事件进行认真梳理,对其所反映出的问题进行深刻反思,将有助于工商行政部门依法进行互联网监管,提升监管的科学实效性,也有利于电商企业完善经营环境,促进互联网经济发展,实现政府监管与企业协治的互联网新

---

[*] 参见杨建顺著:《构建政府企业协治的互联网监管新格局》,载《检察日报》2015 年 2 月 25 日第 7 版"建顺微思"。

[①] 对于工商总局发布的《2014 年下半年网络交易商品定向监测结果》关于淘宝正品率的数据,几乎所有各相关报道中都有明示。例如,张兵著:《淘宝"大战"国家工商总局始末》,载《民生周刊》2015 年第 3 期,第 52 页—第 54 页;佚名:《网购"坑注"多 淘宝网正品率仅为 37.25%》,载《伊春日报》2015 年 2 月 2 日第 2 版"综合新闻";等等。

[②] 参见佚名:《一个 80 后淘宝网运营小二心声——刘红亮司长:您违规了,别吹黑哨!》,载 http://blog.sina.com.cn/s/blog_ 779a5b780102vgco.html,2015 年 2 月 10 日访问。

[③] 参见廖爱玲、赵嘉妮著:《国家工商总局与淘宝"握手言和"》(工商总局称对阿里的白皮书无法律效力;工商总局局长张茅会见马云,阿里将配合政府打假),载《新京报》2015 年 1 月 31 日第 A14 版。

格局。

其一，抽检商品质量是工商行政部门的职责所在，履行网监职责应当做到合法、合理、公开、公正。《中共中央关于全面推进依法治国若干重大问题的决定》（以下简称《全面依法治国决定》）指出，要推进各级政府事权规范化、法律化，根据不同层级政府的事权和职能，合理配置执法力量。既然相关法规范赋予工商行政部门以抽检商品质量等网监职责，那么，其行使权力进行网监并公布抽检结果，在组织法和行为法上便具有法适合性。工商行政部门应当贯彻法治行政原理，切实履行好该职责，努力做到合法、合理、公开，做到公平公正、符合立法和授权目的，并确立必要的手段、方式和方法，以确保相应网监活动的实效性。

其二，对国家工商行政部门行使权力进行抽检、公布商品检测结果等履行网监职责的活动，企业等各相关方面都应当予以尊重和服从。若对其不服，则应当通过法定途径寻求救济。以其"把有限的监管资源投入到边际不清且范围过大的'非正品'并不能精准打击侵权人也不能使消费者利益最大化"[1] 为由，而无视行政主体的监管措施的做法是不可取的。行政主体行使其法定职权，在法定授权范围内，享有对是否行使、如何行使、何时行使该权力的裁量余地，其判断取舍本身亦应当受到尊重；在有权机关予以确认、撤销或者变更之前，企业和个人都不应当以自力与之对抗。[2] 此次抽检结果中淘宝网仅37.25%的正品率，这是此事件中的争议焦点。工商行政部门抽检所得数据是否科学，应当由科学解释来回答。当然，根据行政证据的规律性，这个举证责任不应由企业承担，而应由履行抽检职责的工商行政部门对自己的抽检数据提供更加全面的信息和更加充足的证据。若认为其所适用标准不科学，则可以也应当面向未来努力使其更加科学。只要所适用标准是统一的，是平等适用于所有被抽检对象，而非仅针对某个企业的，那么，其过程的公平公正性就值得

---

[1] 林华著：《淘宝与工商总局危机之争 对阿里无本质损害》，载虎嗅网 http：//www.pc841.com/xinwen/42205.html，2015 年 2 月 10 日访问。

[2] 这就是行政行为的公定力。参见杨建顺著：《行政规制与权利保障》，中国人民大学出版社 2007 年版，第 308 页。

肯定。

其三，国家工商总局发布"白皮书"是其正式意思表示的体现，不容许随意刊发，也不容许随意否定或者撤回。① 国家工商总局与淘宝达成和解，撤下其官网上的《关于对阿里巴巴集团进行行政指导工作情况的白皮书》，宣布该份实为会议纪要的内部文件没有法律效力。国家工商总局的这种处理方法值得商榷。所谓白皮书（White Paper），是指政府就某一重要政策或者议题而正式发表的官方报告书。如果那就是白皮书，那么，政府机关为照顾阿里巴巴上市而未于当时公布，现在为回击淘宝"叫板"便予以网上刊发，达成了协议就予以撤回，并说其只是会议纪要没有法律效力，这一系列判断取舍的不严肃性便暴露无遗，并有权力滥用之嫌；如果那就是会议纪要而非白皮书，是没有法律依据的，那么，政府机关竟能将其当作白皮书予以公布，这表明其行政活动中存在太多随意性，将严重伤及政府威信。这份"白皮书"指出阿里巴巴电商平台涉嫌违法违规经营的五大问题，提出相应的监管要求，亦披露了阿里自身对这一问题的表态，怎么能说撤就撤了呢？

网络交易商品定向监测是评估市场风险、警示违法经营的重要工作方式，虽然本次抽查的数据"仅仅是一个抽检结果，不能过度解读"，但是，它起码在一定程度上揭示了互联网商品的非正品率状况。推进行政指导，采取柔性执法指导措施，都是值得肯定的，但是，作为承担网监法定职责的国家工商总局绝不应当对此客观事实予以模糊化的逃避性处理。

其四，被监管者对监管手段、方式、方法及结果不服的，应当通过法定途径和程序提出，依法寻求救济。国家工商总局网监司公布的检测结果表明，淘宝店销售的商品正品率为37.25%。作为电商，对这一数据不服，应当以法定方式经法定途径寻求救济。以刊发《小二心声》的方式"叫板"国家工商总局，或许是在确认"民不与官斗，商不与工商讲理"等诸般努力后的无奈之举，或许是精心谋划过的策略算计，无论怎样，它只能表明一种对底线意识的

---

① 正如《全面推进依法行政实施纲要》关于"诚实守信"所指出的："非因法定事由并经法定程序，行政机关不得撤销、变更已经生效的行政决定"。另外，参见《行政许可法》第8条。

漠视、一种超大企业的傲慢。和解的结果似乎非常成功，它足以证明阿里巴巴的实力，也同样证明了淘宝生态并不完善，无法靠其自身产生强大的自我修复功能来解决假货问题。

其五，企业的社会责任不容忽视。无论是对国内的监管，还是对国外的监管，违规了就是违规了，应当诚恳地承认之，努力地改正之。《全面依法治国决定》指出，行政机关要"勇于负责、敢于担当，坚决纠正不作为、乱作为，坚决克服懒政、怠政，坚决惩处失职、渎职"。其实，企业又何尝不是如此呢？"让淘宝为所有假货承担责任是不现实的。""民营企业敢挑战'权威'，以法律手段维护企业正当权益，是一种进步。"① 但是，作为一个负责任的企业，应当勇于承担，敢于负责，而不是选择刊发《小二心声》的方式自我开脱。虽然在行业默许的规则下很多商家都在违规运作，但是，既然监管部门发出抽检信息显示了自己的正品率极低，就应当少进行同行间的比较，而多从自身运营的角度思考规制完善的方法与方式。需要确认的是，在消费者面前，电商和具体商户共同承担着"经营者"的角色，都需要履行《消费者权益保护法》对"经营者"设定的所有法律义务。应当像中国声望学创始人、振美传媒顾问卢大波所指出的那样："通过正常的合法渠道传递声音，以免误导公众；有钱就是任性"②。

其六，"加强沟通，共同探索"的政企协力，应当坚持参与型行政理念，在各相关方面参与的基础上共同形成行为准则和行动标准。互联网产业和监管部门关系的新定位以及随之而来的监管方式改进必将对政府及互联网产业产生深远影响。如果只有某一家企业与监管部门沟通、探索，确立行为准则和行动标准的话，那显然与正当行政程序原则所要求的不单方接触理念相悖。"加强沟通，共同探索"应当坚持开放性原则，让所有相关企业参与进来，在工商行政部门的主导下，共同商定行为准则和行动标准。

其七，互联网监管应当坚持公开原则，监管过程和纷争解决过程都应当公

---

① 张兵著：《淘宝"大战"国家工商总局始末》，载《民生周刊》2015年第3期，第52—54页。
② 同上。

开。发布监管数据,这本身就是保护消费者知情权的重要路径和方式。国家工商总局与淘宝"握手言和"是最好的结局,但是,亦应坚持公开的原则。

其八,在全球化时代背景下,互联网监管应当坚持利益均衡原则。企业应该与电商平台和政府部门形成良性互动,打造良好的市场环境,将实现国家利益、社会公共利益及企业和个人利益的均衡作为互联网监管与政企协治的价值追求。正如张茅会见马云时双方达成的共识,监管部门将进一步加强网络市场监管,公平公正依法履职,依托大数据等信息技术提升监管水平;电商平台要进一步强化主体责任,寻求创新机制,自律自强,依法依规开展经营活动,切实维护消费者合法权益,促进网络经济健康有序发展。①

正如北京吉星德亿家居广场有限公司总经理殷玉新所指出:"企业如何与政府职能部门很好地进行沟通,形成良好的互动,这是很重要的。"②

(2015年2月10日,于香港城市大学法律学院)

---

① 参见廖爱玲、赵嘉妮著:《国家工商总局与淘宝"握手言和"》,载《新京报》2015年1月31日第A14版。
② 张兵著:《淘宝"大战"国家工商总局始末》,载《民生周刊》2015年第3期,第52页—第54页。

更新观念,以法治思维推进信访制度的完善*

信访,是指公民、法人或者其他组织采用书信、电子邮件、传真、电话、走访等形式,向相关机关或者部门反映情况,提出建议、意见或者投诉请求,由有关机关或者部门予以处理的活动或者制度。① 信访制度非常富有中国特色,但是,并非只有中国才有信访制度。例如,日本的苦情处理制度与中国的信访制度具有很强的类似性。信访制度自1951年建立以来,虽也曾经历过褒贬不一、面临存废抉择的挑战,但是,其一直是解决各类问题的有效途径,其历史的、现实的乃至未来的极为重要也极为独特的地位和作用,是不可替代的。应当树立确认、承继和发展的基本观念,以法治思维和法治方式来推进信访制度的完善。

"桥梁和纽带"是信访制度不变的最重要的定位和作用

1951年5月16日,毛泽东指出:"必须重视人民的通信,要给人民来信以恰当的处理,满足群众正当要求,要把这件事看成是共产党和人民政府加强和人民联系的一种方法,不要采取掉以轻心置之不理的官僚主义的态度。"② 该年6月7日,《政务院关于处理人民来信和接见人民工作的决定》明确强调:"各级人民政府是人民自己的政府,各级人民政府的工作人员是人民的勤务员。各级人民政府应该密切地联系人民群众,全心全意地为人民服务;并应鼓

---

* 参见杨建顺著:《以法治思维完善信访制度》,载《学习时报》2015年11月5日第004版"民主法治";全文转载于《法治政府建设》2016年第1期,第27页—第28页。2016年10月29日,比较行政法研究所2016年年会暨比较法视野中的行政型ADR学术研讨会召开,本文是作者在参会论文的基础上修改完成的。

① 参见《信访条例》第2条第1款。

② 毛泽东著:《必须重视人民群众来信》,载《毛泽东文集》第六卷,人民出版社1999年版,第164页。

励人民群众监督自己的政府和工作人员。因此,各级人民政府对于人民的来信或要求见面谈话,均应热情接待,负责处理。"由此可以将信访制度设计的初始目的归纳为两方面:其一是满足群众正当要求,为群众做主(纠纷解决和权益救济);其二是确保民意上传到党和政府的通道,贯彻党的群众路线,克服官僚主义,使政府的施政更切合民众的要求(信息传递、检举监督、民主参与)。另外,也可以将对待信访的姿态归纳为两方面:其一是要全心全意服务,不得掉以轻心置之不理;其二是做好相关事情,鼓励监督工作和反映情况。

如今,历经诸多变迁后的信访制度,不仅在其形式上呈现出多样性、多层性,在其范围上呈现出广泛性、延展性,而且在其内容上呈现出规范化、程序化和法制化的倾向。尤其是 1995 年和 2005 年的《信访条例》,明确了新形势下信访工作理念、定位、体制、机制等,将"保持各级人民政府同人民群众的密切联系,保护信访人的合法权益"明确规定为立法目的[①],从实定法上确认了信访制度的上述功能定位。可以说,虽然信访制度历经变迁,在不同阶段的相关制度设计中存在领域分治、规范分层、标准分类等问题,但是,作为"党和政府联系人民群众的桥梁和纽带"的定位和作用,是信访制度不变的最重要的特征。

信访立法应当更好坚持和实现"桥梁和纽带"的定位和作用

信访制度改革还将不断迈向法治化。《信访条例》框架下 10 年来的制度运行实践,为信访立法的全面铺开提供了重要实践基础。众所周知,目前只有行政系统的信访有了行政法规,而人大、政协、党委、法院、检察院以及国有企业等系统的信访尚有待从立法层面予以进一步完善,并且,现行《信访条例》框架下的行政系统的信访也存在诸多问题有待进一步改革完善。鉴于此,有关部门已经启动了全面信访立法的调研起草工作[②],这是值得充分肯定和期

---

① 参见《信访条例》第 1 条。
② 国家信访局成立了信访立法工作小组和起草小组,并根据工作进展状况及需要而组织相关专家学者和实务部门代表进行研讨,深入研究信访立法中的重大问题。例如,2015 年 9 月 23 日召开"信访制度的法律定位"研讨会,围绕"信访制度的法律定位"及相关重要问题展开了全面而深入的探讨。

待的。不过，需要特别强调指出的是，接下来的信访立法必须建立在对该制度进行客观、全面、准确认识和把握的基础之上，切实确认信访制度现存的弊端及其应有的价值追求，通过一系列具有实效性的规范设计，确保更好地坚持和实现信访之"桥梁和纽带"的定位和作用，兼顾解决争议，化解矛盾，维护合法权益，实现社会和谐等机能。

信访和信法、信访和法治应该是相辅相成的关系

对信访制度缺乏客观、全面、准确的认识和把握，导致诸多对信访制度的误解。尤其是2003年所谓"信访洪峰"以来，愈演愈烈的个人上访、集体上访、越级上访乃至京访，以及由此引发的干群关系紧张和诸多社会问题，使信访制度在运行的实践中遇到了许多困难，成为颇具争议性的理论课题。为正确理解信访制度，有必要对信访和信法、信访和法治的关系进行辨析。简言之，信访和信法、信访和法治本不应该是对立的，而应该是相辅相成、互为补充、亦互有包容的关系。

（一）实践中的乱象与信访制度存废论

提起信访特别是上访，有时候人们容易将其与滋扰、闹事联系起来。这种错误观念反映在制度建构上，有"信访一票否决制"等扭曲了的评价机制，也有压访、截访、劫访等脱离群众路线的滥权活动，甚至还出现了诸如2009年的"李蕊蕊上访被强奸案"①、2010年的"安元鼎事件"② 和2011年的"昌

---

① 参见佚名：《李蕊蕊上访被强奸案真实过程》，http：//www.jj831.com/Article/2010/201005/2010-05-16/Article_20100516092853_41449.html，2016年10月18日访问。李蕊蕊2009年8月3日进京上访，8月4日在北京市丰台区聚源宾馆内被强奸。12月11日，李蕊蕊被强奸案初审完毕，被告人徐建以强奸罪被判处有期徒刑8年，剥夺政治权利1年，并附带民事赔偿李蕊蕊经济损失2300.9元。李蕊蕊对8年刑期表示认可，但认为赔偿数额过低。在北京市二中院终审中，针对检方抗诉意见，该院指出一审判决确实在援引法条方面出现错误，但鉴于对实体判决不产生实质影响，直接纠正。据此法院维持了一审判决，强奸犯徐建终审获刑8年。

② 安元鼎公司护送部的职责很明确：负责为各地政府消除头疼事，帮他们关押、押送上访人员。起初是应驻京办要求，从接济服务中心将访民接来稳住，骗访民说去个有吃有住的地方。这些地方刚开始是旅馆，后来变成了仓库，发展到最后便成了"黑监狱"，向地方政府收取佣金，以限制上访者自由并押送返乡，甚至以暴力手段向上访者施暴。参见佚名：《媒体揭底京城"黑狱"安元鼎》，http：//www.jcrb.com/yyjc/201010/t20101018_455300.html，2016年10月18日访问。

平黑监狱事件"①等主要关押访民的"黑监狱"事件。

针对实践中的各种乱象,人们更加重视思考信访制度改革问题,努力探求信访领域的法治化之路,形成了诸多有益共识。不过,也不能否认,基于对信访的错误或者片面认识也形成了某些错误观点,诸如将信访制度运行过程中出现的问题等同于信访制度本身,提出了取消或者废止信访的主张等。有的观点虽然对所要取消的"信访"进行了限制,主张取消"人治的信访"②,这看起来似乎并没有错。但是,由于其将整个信访定位于"人治"范畴,在强调和推进信访的法治化或者法治的信访之前,将信访和信法、信访和法治完全对立起来,与信访废止论没有本质上的区别。很显然,持这种观点者需要转变观念。

(二)信访的法治之维

诚然,"人治的信访"应当改革。但是,绝不应当因为信访制度运行中出现的诸多乱象而否定信访制度本身所具有的极为重要和极为独特的作用,更不应当因此而将其划入取消或者废止之列。更何况,信访的法治化或者法治的信访并不能完全排除信访中的政策裁量。毋宁说,以法治思维和法治方式来推进信访制度的改革完善,应当建立在对信访制度自身规律性的充分、准确认识和把握的基础之上,在法的理念和法的框架下充分赋予并尊重信访中的政策裁量,在形式上和实质上夯实该制度的民主化、法治化和科学化基础。

有观点认为:"信访并不是社会纠纷解决的主渠道,甚至还带有'拦车陈情告御状,击鼓鸣冤盼青天'的封建色彩。在法治社会,应当将民众的诉求及各类争议的解决引导到法治轨道上来。"③这种观点也是值得商榷的。这是因

---

① 参见佚名:《7·12北京昌平查抄黑监狱事件》,http://baike.so.com/doc/1505892-1592231.html,2016年10月18日访问。2011年7月12日,北京昌平警方接到报案后,将位于北七家镇南七家庄村的"黑监狱"查抄,当场解救13名被关押人员。据统计,仅从7月1日到7月12日,该处就非法关押过超过50名来京办事者。他们的自由受到严密的控制。就连吃饭时,也都有五个"打手"守在门口。

② 参见高武平著:《信访制度存废辨——兼谈中国信访制度的变革之道》,http://www.law-lib.com/lw/lw_view.asp?no=4628,2016年10月18日访问。

③ 论者甚至认为:"从解决纠纷的渠道上看,当前最重要的国情就是'信访不信法',信访制度不仅成为纠纷解决主渠道,而且业已构成对诉讼等主渠道的挑战。长此以往,必将冲击法治的统一与权威,增加社会成本,影响行政秩序和效率,值得高度警惕。"马怀德著:《"信访不信法"的现象值得高度警惕》,载《学习时报》2010年1月25日。

为其将信访和信法对立起来,将信访和法治对立起来,认为信访是法制不健全时期的过渡性产物或者特殊现象,是法治社会不应存在的,甚至是带有封建色彩的,故而要"彻底解决信访不信法的问题",并为此而设想了诸多选择路径,展开了所谓信访法治化的研究。

(三) 信访的救济功能

"桥梁和纽带"的定位和作用是信访制度不变的最重要的特征,这并不排斥信访具有重要的纠纷解决和权利救济功能。

如前所述,纠纷解决和权益救济是该制度创设的初始目的之一,而且该制度是也应当是现代救济法体系中的重要环节和组成部分。至于其是否社会纠纷解决的主渠道,这是个观念问题,也是政策选择问题。不能否认的是,目前还没有找到其他的替代方案或者制度,能够以更小的成本或者代价来实现信访所承载的那些值得珍视的正面价值。所以,我们目前应当致力于信访制度的确认、承继和发展,而不是其他。这与完善复议、诉讼等其他权利救济制度并不相悖。

(四) 信访的多元功能

主张信访法治化并没有错,错的是其对信访的认识存在以偏概全之嫌,不加区分地将其定性为"带有'拦车陈情告御状,击鼓鸣冤盼青天'的封建色彩"。例如,来自国家信访局的数据显示,信访并不都是"喊冤告状"的,其中还有15%左右的是意见建议,有10%左右的是检举揭发方面的。[①] 从行政法的角度来看,更不能把信访全部归于"喊冤告状"类。除了作为救济法体系的重要组成部分外,信访还是行政调查、信息管理过程中的重要环节和组成部分,也是行政过程中体现和实现参与型行政理念的重要形态。

(五) 让信访在法治轨道上运行

主张将民众的诉求及各类争议的解决引导到法治轨道上来并没有错,错的

---

① 佚名:《国家信访局:上访不都是"喊冤告状"约一成是检举》,载《中国新闻网》2015年5月13日, http://read.haosou.com/article/? id = cc701910785201b567a1edd4a8a2be7e& mediaId =4000542, 2015年5月13日访问。

是其将信访排除在这里所说的"法治轨道"之外。其实,信访本身应当是实际上也是法治轨道上的制度。若在制度运行中出现脱轨的现象,我们就应当以法治思维和法治方式予以纠正,并致力于相关制度机制的建构和完善,而不是将整个信访归类于"法治轨道"之外。例如,《信访条例》就是信访的法依据;依据该条例而进行信访,无论从信访人的角度,还是从接受信访事项的机关和人员的角度,都是对信访法治的履践。

(六) 信访的比较法之维

从比较法的角度来看,在法治发达的日本有所谓"苦情处理"制度,是指行政机关在政府部门设置窗口,以听取市民的不平或不满等各种意见,并在行政内部采取相应的措施,以求得行政事务改善的程序,其范围广泛涉及妨碍日照、公害、消费者保护、生活保护、环境卫生等几乎所有领域。

苦情处理程序类似于中国的信访,包括日本政府为市民提供咨询、解决与切身利益有关问题的一系列程序。① 苦情处理不是正式的行政程序,而是行政机关基于申请而任意地、自主地作出处理的程序。苦情处理的任务并非归某特定行政机关承担,而是所有行政机关都在进行,并且,以诚意对待有关自己事务的苦情,被认为是行政机关的责任和义务。②

尤其值得关注的是,苦情处理制度长期处于没有统一立法的状态,而是分散在《总务省设置法》《国家行政组织法》等法律规范之中,却一直发挥着极其重要也极其独特的作用。后来制定了《行政咨询委员法》③ 和《行政苦情斡旋处理要领》④ 等,对苦情处理作出相对集中的规定,使该制度更趋向法制

---

① 参见杨建顺著:《日本行政法通论》,中国法制出版社1998年版,第582—583页。
② 参见〔日〕盐野宏著:《行政救济法》,杨建顺译,北京大学出版社2008年版,第40—41页。
③ 日文原名为:《行政相談委員法》,昭和41年6月30日法律第99号。平成11年12月22日法律第160号修改(平成13年1月6日施行)。该法第1条规定:"本法律的目的是,为有助于促进解决国民对行政的苦情,就与苦情的咨询相关业务的委托规定必要的事项,以期推动行政的民主性运营。"
④ 日文原名为:《行政苦情あっせん取扱要領》,平成13年1月6日总务省训令第65号。该要领第1条规定:"根据《总务省设置法》(平成11年法律第91号)第四条第21号的规定进行苦情的斡旋,目的是针对各行政机关等的业务(以下称为"对象业务")的苦情申述,或者根据行政咨询委员(以下称为"委员")的通知,进行必要的斡旋并促其解决,以推动行政的民主化、效率化。"

化，但是，这依然没有改变其非正式程序的定位和作用。我们不能因此而说苦情处理不在法治轨道上，毋宁说，存在制度内与制度外、正式与非正式、静态与动态等多种多样的行为方式，这本应是能动法治主义和实质法治主义的内在要求。

整合制度资源，充分发挥信访的正面作用，实现和谐共治

信访制度须改革，敢问路在何方？

路，就在于法治原理的贯彻，在于法治实践的推进，在于常规化、制度化、规范化的"规则"之治，在于做到有法则依法，无法则辅之以情以理，运用法的原理和法解释的手段，为了公共利益及公民、法人和其他组织的合法权益而作为或者不作为。

推进信访制度的完善和发展，须从观念上确认、承继和发展信访之值得珍视的正面价值。

无论作为"纽带和桥梁"的定位和作用，还是作为行政调查、信息收集等行政过程中的重要环节和组成部分，乃至作为权利救济法体系中的重要环节和组成部分，信访的正面作用都不应当被孤立地理解和把握，也不宜将某类信访的作用不加区别地扩展为全部信访的作用，而应当既分门别类地进行制度设计，又强调各种制度资源的整合，注重多元维度、过程论、动态发展论和利益衡量论的视角，尤其要处理好与其他救济途径之间的关系。唯有如此，才能正确认识信访的定位和作用，为追求信访制度完善、达至和谐共治提供基本前提条件。

（2015年10月9日，于北京海淀世纪城寓所）

（2016年10月18日修订）

畅通信访渠道，保障权益救济和权力监督*

从2013年7月1日开始，国家信访局门户网站全面放开受理网上的投诉。国务院副秘书长、国家信访局局长舒晓琴强调说，要"认真办理网上信访诉求、意见和建议，做到'事事有着落、件件有回音'"。① 这可谓一语中的，道出了信访的应然定位，揭示了政府应有的责任。正如毛泽东曾在《为人民服务》中所指出："因为我们是为人民服务的，所以，我们如果有缺点，就不怕别人批评指出。不管是什么人，谁向我们指出都行。只要你说得对，我们就改正。你说的办法对人民有好处，我们就照你的办。"② 这应当是信访工作的逻辑起点和价值归宿。

《中共中央关于加强党的执政能力建设的决定》③ 提出："健全正确处理人民内部矛盾的工作机制，完善信访工作责任制，综合运用政策、法律、经济、行政等手段和教育、协商、调解等方法，依法及时合理地处理群众反映的问题。"要使信访发挥其应有的作用，就应当注重整合制度资源，确保信访渠道畅通。

国务院于2005年重新颁布的《信访条例》明确规定了网络信访途径，为畅通信访渠道，完善人民群众通过信访途径寻求权益救济和监督权力提供了制度保障。国家信访局门户网站全面放开受理网上的投诉，正是对该规定的贯彻落实。

---

* 参见杨建顺著：《畅通信访渠道回归信访价值本位》，载《检察日报》2013年7月3日第7版"建顺微思"。

① 赵超、隋笑飞著：《信息化时代需要拓宽畅通民意诉求表达渠道——解读国家信访局门户网站网上投诉全面放开受理内容新举措》，http://news.xinhuanet.com/politics/2013/07/01/c_116360709.htm，2017年3月12日访问。

② 毛泽东著：《为人民服务》，载《毛泽东选集》（第三卷），人民出版社1966年版，第954页。

③ 2004年9月19日中国共产党第十六届中央委员会第四次全体会议通过。

《信访条例》所规范的信访,是指公民、法人或者其他组织采用书信、电子邮件、传真、电话、走访等形式,向各级人民政府、县级以上人民政府工作部门反映情况,提出建议、意见或者投诉请求,依法由有关行政机关处理的活动。① 这里所说的信访是行政系统的信访,亦可称为行政信访。行政信访应当是行政救济法的一个重要组成部分,也是行政过程中由行政机关采取监督、审查等非诉讼方式解决行政争议,化解各种矛盾、纠纷的一种重要途径。同时,信访也是实现《宪法》第 41 条所确立的申诉、控告或者检举权利的重要途径。②

畅通信访渠道,应当切实建立和完善《信访条例》所规定的各种制度保障。

首先,应当做到便民与实效挂钩,以制度来支撑权益救济和权力监督,切实推进信访渠道多元化,信访方式多样化,信访事项具体化,信访事项处理实效化,充分活用包括电子邮件乃至网上互动在内的信访方式和路径,"逐步解决好网上信访过程和结果可查询、可跟踪、可督办、可评价等问题,使信访工作的全过程接受群众监督,以此提升信访部门的公信力"。③

其次,应当做到效率性、便民性和责任性相结合,注重创新信访工作机制。《信访条例》要求建立全国信访信息系统,为信访人在当地提出信访事项、查询信访事项办理情况提供便利。④ 全面放开受理网上的投诉,重视发挥信息网络资源,须明确受理、交办、转送、承办、协调、督促检查及指导等责任制度和程序规则,并致力于行政机关负责人信访接待日制度、领导下访制度、信访工作责任制度、领导阅信制度和领导接待制度等一系列保障机制。

再次,应当正确认识信访的定位和功能,建立和完善多元的纠纷解决工作

---

① 参见《信访条例》第 2 条第 1 款。
② 《宪法》第 41 条第 1 款规定:"中华人民共和国公民对于任何国家机关和国家工作人员,有提出批评和建议的权利;对于任何国家机关和国家工作人员的违法失职行为,有向有关国家机关提出申诉、控告或者检举的权利,但是不得捏造或者歪曲事实进行诬告陷害。"
③ 赵超、隋笑飞著:《信息化时代需要拓宽畅通民意诉求表达渠道——解读国家信访局门户网站网上投诉全面放开受理内容新举措》,http://news.xinhuanet.com/politics/2013/07/01/c_116360709.htm,2017 年 3 月 12 日访问。
④ 参见《信访条例》第 11 条第 1 款。

机制。在确认并切实行使信访机构的建议权、交办权和督办权等相关权力的同时,应当注重建立政府主导、社会参与、有利于迅速解决纠纷的工作机制;组织相关社会团体、法律援助机构、相关专业人员、社会志愿者等共同参与,运用咨询、教育、协商、调解、听证等方法,依法、及时、合理处理信访人的投诉请求,为信访人的知情权、参与权、监督权和救济权提供切实保障。

最后,应当注重从源头上减少信访事项的发生,将信访作为了解社情民意的重要路径,及时完善相关政策和措施,切实解决相关问题。相关问题应当尽量解决于基层,无论从经济原则考虑,还是从政治原则出发,抑或用和谐社会的目的价值来衡量,这都是无可置疑的。但是,要实现问题解决于基层的目标,不能靠一味阻拦、压制上访的方法。① 只有认真疏导,切实解决相关问题和矛盾,才能消除不安定因素,实现政民协治的目的。

(2013年7月2日,于中国人民大学明德法学楼研究室)

---

① 例如,李蕊蕊案、安元鼎事件、昌平黑监狱事件等等。

从"缠访入县志"谈完善信访实效性保障机制*

陕西省旬阳县在1个月前作出"缠访者进入县志留'恶名'"的举措,以官方通稿的形式在当地多家媒体发布,但当时并未引起外界关注。7月25日,《陕西旬阳称要将"无理缠访"者写入县志留"恶名"》的报道,使这条"旧闻"被重新聚焦,引来热议——既有《县志不是治理缠访的武器》①、《缠访入县志,这是要写本"辱林外史"?》②等批判否定的主张,亦有《不妨一分为二看待缠访者写入县志》③、《别急着给"缠访者入县志"泼冷水》④等支持肯定的观点。旬阳县人民政府新闻办公室及时采取应对措施,于7月26日发布《关于"陕西旬阳:将无理缠访者写入县志"一文的说明》⑤(以下简称《说明》),就有关情况对"广大网民朋友"进行了说明,为我们深入思考完善信访制度的实效性保障机制问题提供了重要参考素材。

据《说明》,旬阳县政府网站于6月29日作了题为《"无理缠访"将写入县志"有理越级访"责任倒查》的宣传报道,"部分网民朋友"以《陕西旬

---

* 参见杨建顺著:《从"缠访入县志"谈完善信访实效性保障机制》,载《检察日报》2015年7月29日第7版"建顺微思";杨建顺著:《如此看待"无理缠访",是有偏颇的》,载《北京日报》2015年8月24日第18版。(后者是前者的转载)

① 佚名:《评论:县志不是治理缠访的武器》,http://www.weshequ.com/wangyoufenxi/201507/562255.html,2015年7月27日访问。

② 知风著:《缠访入县志,这是要写本"辱林外史"?》,红网,http://news.163.com/15/0727/00/AVG8HFOG00014AEE.html,2015年7月27日访问。

③ 梁子叙著:《不妨一分为二看待缠访者写入县志》,荆楚网,http://news.163.com/15/0726/11/AVER1VHB00014AEE.html?dgsrf,2015年7月27日访问。

④ 刘均伟著:《别急着给"缠访者入县志"泼冷水》,荆楚网,http://comment.workercn.cn/470/201507/27/150727142210063.shtml,2015年7月27日访问。

⑤ 旬阳县人民政府新闻办公室:《关于"陕西旬阳:将无理缠访者写入县志"一文的说明》,http://union.china.com.cn/zfgl/2015-07/27/content_8105462.htm,2015年7月27日访问。

阳：将无理缠访者写入县志 钉在耻辱柱上》为标题进行载发和转载，引起各界关注。《说明》并没有针对"缠访入县志"作进一步说明，而是介绍了相关制度建设情况。这样处理本身有助于淡化争议，使人们将该县"缠访入县志"与"有理越级访"责任倒查等举措一并置于分析视野，进行较为全面的评析，从而避免片面的抨击。如此处理，体现了该县在网络舆情应对和危机管理方面的能力，亦可期待其在信访处理方面做得更好。尤其是《说明》所阐述的信访工作4项机制，若能在实务层面真正贯彻落实，则是健全信访制度、确保信访实效性的重要举措：信访办理评判核查机制（主要核查群众的合理诉求是否解决到位）；有理越级上访责任倒查机制（主要对没有及时解决群众合理诉求的干部实行问责）；信访事项办理书面结论机制（要求各级各部门和干部，要及时受理群众反映的问题，并及时将办理结果书面答复信访群众，确保及时受理、及时办理、及时答复）；重大信访事项人民公开听证制度。有如此机制作为支撑，何愁信访实效性得不到保障？如果还有人"缠访"，就应该适用行政法上的私人权利界限论了。①

众所周知，信访的首要功能是信息传递，其作用在于表达民意、联系民情、解决民需，为相关部门决策和展开工作提供信息，在一定程度上对公权力起着监督制约作用。信访是联接党和政府与人民群众的桥梁和纽带。这座桥梁、这条纽带，必须始终保持牢固、可靠、具有实效，不能容许梗阻，更不能允许断裂。所以，无论是在事务管辖上，还是在地域管辖上，乃至在时效适用上，信访都应当是无禁区的，是全方位、全时空开放的。在这层意义上，"缠访""无理缠访"等概念自然是不成立的。

另一方面，信访具有直接或者间接解决纠纷、化解矛盾、维护秩序、实现和救济权利利益的功能，它是我国解决纠纷和救济权益制度体系的重要组成部分和重要环节，有其自身的领域范围，不是万能的。在由指导、裁决、调解、

---

① 和公权力需要有法律授权一样，私权利亦有其自身的界限，即"自由是做法律所允许的一切事情的权利；如果一个公民能够做法律所禁止的事情，他就不再有自由了，因为其他的人也同样会有这个权利"。〔法〕孟德斯鸠著：《论法的精神》（上册），张雁深译，商务印书馆1997年版，第154页。

仲裁、信访、复议和诉讼等构成的行政救济法体系中，信访应当与其他制度和机制相协调，对各种制度具有补充的作用。试图通过信访来解决所有问题的观念和做法，尤其是"无理缠访"，是不可取的。

《信访条例》规定，凡是依法应当通过诉讼、仲裁、行政复议等法定途径解决的投诉请求，应当依照有关法律、行政法规规定的程序向有关机关提出。"对已经或者依法应当通过诉讼、仲裁、行政复议等法定途径解决的"，当事人依然坚持通过信访的方式解决的话，则不会被受理。① 但是，公民、法人或者其他组织因不了解相关制度安排而选择了信访这种途径的话，信访部门就应当作出必要的应对——告知信访人依法定程序向有关机关提出。② 与整个纠纷解决和救济机制的设置和运作相协调，对相关问题的解决处理出具相应的建议，信访也发挥着整合各种已有制度资源、间接解决纠纷的功能。

在做好上述四项机制建设的基础上，在"积极解决信访群众的具体困难和依法规范信访工作秩序"的基础上，在依法履行了告知义务的前提下，若当事人对依法不予受理或者已经依法处理过的事项依然坚持信访的话，就可能构成"无理缠访"；对"无理缠访"应该有一定的约束或者制裁措施；以"入县志"的措施来应对"无理缠访"，这种价值取向和路径选择似乎具有可支持性。不过，从《信访条例》关于维护信访秩序的相应措施中找不到与之对应的法依据。相关治理手段的创新，应当以法治思维和法治方式推进。

(2013年7月28日，于中国人民大学明德法学楼研究室)

---

① 参见《信访条例》第14条第2款。
② 参见《信访条例》第21条第1款第1项。

从奶粉限购看政府的责任[*]

香港《2013年进出口（一般）（修订）规例》规定，"除非获工业贸易署署长发出许可证，否则禁止从香港输出供36个月以下婴幼儿食用的配方粉。""任何人若违反修订规例，即属犯罪，一经定罪，可处罚款50万元及监禁两年。"修订规例自2013年3月1日起生效，据报道，各关口严密截查离境旅客，刚过数日，已有数十人因超限带奶粉而被拘捕。①

香港限购奶粉，有人认为这种做法的初衷可以理解，其目的在于"打击水货客将大批奶粉从香港供应链中带走"，保护本地婴儿吃奶粉，"这是一个很正常的决定"②，"是没有办法的办法"③；也有人认为，这一举措是市场规则的一种倒退，有违自由港原则，给内地许多人带来巨大影响，甚至导致人们对域外品牌奶粉被全部阻隔的恐慌，对于向来慷慨支援香港的内地人民来说，显得很不厚道。④

我国《行政许可法》规定，设定和实施行政许可，应当遵循公开、公平、公正的原则。⑤ 地方性法规和地方政府规章所设定的行政许可，不得限制其他地区的个人或者企业到本地区从事生产经营和提供服务，不得限制其他地区的商品进入本地区市场。⑥《全面推进依法行政实施纲要》规定，要打破地区封

---

* 参见杨建顺著：《从香港奶粉限购看政府的责任》，载《检察日报》2013年3月6日第7版"建顺微思"。

① 参见祝新华著：《带奶粉被抓让我们汗颜》，载《中国青年报》2013年3月4日第7版。

② 全国政协委员、香港太平绅士陈红天语。雷辉著：《来自香港的全国政协委员冯丹藜——香港奶粉限购是暂时之举》，载《南方日报》2013年3月4日第A04版。

③ 全国政协委员、香港圣约翰爵士儿童弱视基金会会长冯丹藜语。出处同上注。

④ 参见翁晓莹著：《一场斗智斗勇的奶粉争夺战》，载新浪财经，http://finance.sina.com.cn/column/international/20130304/001314702839.shtml?from=hao123_news_index_paihang_finance，2013年3月4日访问。

⑤ 参见《行政许可法》第5条。

⑥ 参见《行政许可法》第15条第2款。

锁，建设统一、开放、竞争、有序的现代市场体系。① 香港特别行政区依照《香港特别行政区基本法》的规定实行高度自治，其社会、经济制度，行政管理方面的制度，均以基本法为依据，全国性法律不在香港特别行政区实施。② 但是，毋庸讳言，其限制本地区商品流出的奶粉限购的做法，不符合《行政许可法》的精神，与建设统一、开放、竞争、有序的现代市场体系的要求是相悖的。

"打铁还得自身硬"。与其批判香港的奶粉限购措施，倒不如深刻反思内地的乳制品行业乱象，并以此为契机，切实解决内地食品安全问题，构筑起乳制品产业的良好运作和监管机制，为内地婴幼儿提供优质、放心的配方奶粉。

据统计，来自香港的奶粉数量对内地的婴幼儿奶粉市场来说占比很低，人们大可不必因为香港奶粉限购而感到恐慌和焦虑。但是，中国的婴幼儿配方奶粉市场总额是全球第一，而中国的奶粉市场上洋奶粉成为主力。对于内地乳制品企业来说，人们对其提供的乳制品失去信心，这既是其经济利益的巨大损失，也是其社会责任严重欠缺所酿制的苦果。眼睁睁地看着如此广阔的市场被洋奶粉占领，这不能不说是中国乳制品企业的莫大悲哀！提供优质、放心乳制品，乳制品企业负有第一责任。

对于内地政府来说，面对食品安全问题，仅表示"很不好意思"是远远不够的，仅宣称"国家质检总局称奶粉合格率是99%"③ 是欠缺说服力的。要真正解决人们对国产奶粉的信心问题，除了强调并切实落实企业责任外，政府监管是其中的重要环节，政府应当切实负起监管的责任。④

---

① 参见《全面推进依法行政实施纲要》"四、转变政府职能，深化行政管理体制改革"之"6. 依法界定和规范经济调节、市场监管、社会管理和公共服务的职能"。
② 《香港特别行政区基本法》第18条第2款规定："全国性法律除列于本法附件三者外，不在香港特别行政区实施。凡列于本法附件三之法律，由香港特别行政区在当地公布或立法实施。"
③ 佚名：《政协发言人：内地奶粉99%符合质量标准》，刊发于 http://news.qq.com/a/20130302/001065.htm，2013年3月3日访问。
④ "面对国产奶粉节节败退、尤其是婴幼儿奶粉近乎被洋奶粉完全垄断的局面，政府通过拨付大额资金支持奶企加大婴幼儿奶粉研发，既可以为婴幼儿奶粉的研发创造更好的资金条件，又可以一定程度上提振消费者对国产奶粉的信心，以此而论，会有一定正向激励作用。""但是，结合近年来我国对奶业历年加大的政策扶持，我们仍不禁会产生疑问，如果仅靠政府支持奶粉研发，其究竟能产生多大的成效？""对提高奶粉安全而言，强化监管远比财政助力研发更重要，财政助力婴幼儿奶粉研发、良种母牛繁育、规模化牧场建设等，充其量仅是提高奶粉安全的必要条件，而强化监管才是切实提高奶粉安全的绝对充分条件。"杨国英著：《政府拨款企业研发奶粉，成效存疑》，载《新京报》2014年5月6日。

针对人们对国产乳制品没有足够信心的现状，政府应当采取多种措施、利用多种方式，为提供优质、放心奶粉提供保障，而其前提是相关指导、引导和监管到位，确保所提供的奶粉等食品真正安全，让民众可以放心。政府应当大力宣传和普及母乳喂养的好处，同时应当深刻反思奶粉等食品生产、运输和销售过程中存在的监管问题，制定和完善相应的标准规范，切实落实过程监管，注重事前许可、事中监督检查、事后惩处和奖励机制的建构和切实运行，各相关部门须严格把关，并将监管流程和相关数据予以公开，让消费者看得清楚、买得明白、吃得放心。

《行政许可法》确立了"有限政府原则"，公民、法人或者其他组织能够自主决定的，市场竞争机制能够有效调节的，行业组织或者中介机构能够自律管理的，以及行政机关采用事后监督等其他行政管理方式能够解决的，都可以不设行政许可。[1] 但是，从目前中国乳制品市场状况来看，没有政府的科学规制，人们对乳制品企业的自律能力已经失去信心，这种状况也会导致人们对政府失去信心。要重建人们对国产奶粉等食品的安全性乃至对政府的信心，政府规制有待进一步加强和完善，这是一个毋庸置疑的事实。而如何落实和完善政府对乳制品等食品的监管方式，切实建立起政企通力合作、提供优质放心奶粉的良好运作机制，则是理论界和实务界共同面临的重大课题。[2]

（2013年3月5日，于中国人民大学明德法学楼研究室）

---

[1] 参见《行政许可法》第13条。
[2] 参见杨建顺著：《论食品安全风险交流与生产经营者合法规范运营》，载《法学家》2014年第1期，第55页。

从富力海口马拉松现象谈企业的社会责任[*]

近日来，有关马拉松的两则信息值得特别关注。一方面是 2015 富力海口马拉松赛事举行，由于在滨海大道、世纪大桥、人民大道等城市主干道实行封路，导致了"瘫痪式的严重交通拥堵"，引来微博、微信上一片质疑声："企业有钱也不能这么任性。""一个企业有钱，就可以买下一个城市的交通吗？"[①]……这些观点既有可供反思的作用，也难免存在偏激的倾向，需要以正确的价值观来加以引导。另一方面是在厦门举行的中国马拉松年会传来消息，称我国将全面取消马拉松赛事审批，放宽赛事的准入条件，简化注册程序。[②] 这就需要在强调政府监管责任的同时，正确认识和完善企业的社会责任。

其一，无论是企业的经营活动，还是企业的社会公益活动，都应当符合法规范的规定。我国《宪法》明确规定："任何组织或者个人都不得有超越宪法和法律的特权。"[③] 作为法治国家和法治社会的组成部分，企业必须在宪法和法律范围内活动。企业举办马拉松等社会公益活动，也要符合宪法和法律的规定，按照相关法规范的规定履行法定程序，并获得相关方面的许可。在"全面取消马拉松赛事审批"的情况下，则应当强调完善企业的社会责任。

其二，企业的社会责任，应当统合于包括中小企业在内的一般企业的核心业务推行之中，而不应仅限于那些实力雄厚的大企业附带实施的慈善性或者社会公益性的活动。虽然企业的社会责任不具有法的拘束力，其内容及程度也会因为企业的规模及性质的不同而不同，但是，能否切实承担社会责任，不仅可

---

[*] 参见杨建顺著：《从富力海口马拉松现象谈企业的社会责任》，载《检察日报》2015 年 1 月 14 日第 7 版"建顺微思"。

[①] 海新平著：《今日海口，一场马拉松瘫痪一座城》，载《海南日报》2015 年 1 月 11 日。

[②] 参见吴俊宽、刘旸著：《杜兆才：中国田协将全面取消马拉松赛事审批》，http://news.xinhuanet.com/sports/2015-01/04/c_127355081.htm，2016 年 12 月 12 日访问。

[③] 《宪法》第 5 条第 5 款。

能对企业活动产生极大的影响，而且也会对社会发展产生极大影响，故而应当将其作为一般企业活动的本质性要素，从企业的组织上、内部机制的完善上予以强调和重视。

其三，企业应当高度重视并积极承担社会责任，并通过内部统制体制，自主地、自立地确保其社会责任的实效性。企业的社会责任既可能成为企业无法回避的风险，亦可能成为企业全面发展的机遇。公司法等法规范已对经营者赋课了构筑内部统制机制等法定义务，而确保公司法等法规范得以实施的重要支撑，便是企业的社会责任之实效性得以保障。企业的社会责任不应当仅被用于扩展经营者的裁量空间，而且应当受到相应的制约。

其四，企业的社会责任应当在确保企业相关活动合法的同时，尽可能地做到合情合理。"马拉松是一项低门槛的大众体育运动，作为房地产企业的富力来举办这么一次比赛尽点社会责任，交警出于安全的考虑实施封路"①，本来是值得提倡和支持的。但是，无论是政府主导型马拉松，还是企业主办的马拉松，都应当与法治社会的要求相符合，做到不缺位、不越位、不扰民。② 应当充分听取各有关方面的意见，在充分进行利益衡量的基础上作出判断取舍，并制定科学合理的实施方案，尽量减少因为对城市主干道实行封路而给市民带来的负面影响。

其五，确保企业的社会责任之实效性，应当推进企业内部统制机制的完善。在企业活动呈现出全球化、大规模化的背景下，凭借信息技术和传播手段的发展，企业的所作、所为、甚至所想，不仅会与其周边的市民及社会团体形成利害关系，而且还会在更广泛的范围内产生影响，故而要求对企业进行统制，以确保其能够真正承担社会责任。另一方面，"全面取消马拉松赛事审批"等所谓审批制度改革次第展开，政府部门应当如何规制甚至应否规制本身亦成为问题。在这种背景下，企业的社会责任最终取决于各企业的自主性举措，需要由各企业基于其自身的意思决定而制定一系列行动规范来加以保障。

---

① 海新平著：《今日海口，一场马拉松瘫痪一座城》，载《海南日报》2015年3月11日。
② 关于政府的职能定位，参见杨建顺著：《行政规制与权利保障》，中国人民大学出版社2007年版，第342页以下。

其六，确保企业的社会责任之实效性，应当切实建立企业内部统制的公开机制，提升企业的协治理念。企业的社会责任如果只能靠企业内部的统制来保障的话，其实效性往往是靠不住的。所以，起码应当建立企业承担社会责任状况的公开和评价机制。

(2015年1月13日，于中国人民大学明德法学楼研究室)

广场舞者的权利和自由的边界*

现代国家中，任何人的任何权利和自由，都有其界限。正如孟德斯鸠所指出的："自由是做法律所许可的一切事情的权利；如果一个公民能够做法律所禁止的事情，他就不再有自由了，因为其他的人也同样会有这个权利。"① 相关法规范的规定、他人的权利和自由，便是广场舞者的权利和自由的边界。正如法谚所云："行使自己权利者不得伤害任何人。"

广场舞者有跳舞的权利和自由，但不得违反相关法规范，不得侵害他人的权利和自由。当广场舞者热衷于跳舞，只顾主张自己的权利，实现自己的自由，却无视周边居民对静谧生活环境的需求时，尤其是对再三交涉置若罔闻时，其权利的行使和自由的实现便难免遭遇对方的阻碍，构成违法、造成损害的，应当承担相应的法律责任。

周边居民为消除广场舞者给自己生活带来的侵害，可以采取协商的方式谋求问题的解决，协商不成的，则应当要求行政机关介入，由公安机关合法地行使行政权（行政介入请求权②）来排除相关违法行为，而不应当诉诸泼粪、鸣枪、放狗等过激的自力救济方式。③ 当周边居民忘却应有的忍受义务，采取过激行为方式来主张自己权利和自由时，不仅无助于从根本上解决相关问题，其权利和利益难以得到充分维护，而且，构成违法、造成损害的，同样应当承担

---

* 参见杨建顺著：《广场舞者的权利和自由的边界》，载《检察日报》2013年11月27日第7版"建顺微思"；杨建顺著：《学会在规则下享受自由》，载《人民日报》2013年11月14日第11版。

① 〔法〕孟德斯鸠著：《论法的精神》（上册），张雁深译，商务印书馆1997年版，第154页。

② 参见杨建顺著：《日本行政法通论》，中国法制出版社1998年版，第203—204页。

③ 参见胡洪江、杨宁、杨文明、廖冬妮著：《泼粪、放狗、鸣枪，"喜闻乐见"的健身活动惹来极端反应——广场舞纠纷 折射社区治理难题》，载《人民日报》2013年11月14日第11版。

相应的法律责任。①

《环境噪声污染防治法》第 45 条规定："禁止任何单位、个人在城市市区噪声敏感建筑物集中区域内使用高音广播喇叭。""在城市市区街道、广场、公园等公共场所组织娱乐、集会等活动，使用音响器材可能产生干扰周围生活环境的过大音量的，必须遵守当地公安机关的规定。"该法第 65 条规定："'噪声敏感建筑物集中区域'是指医疗区、文教科研区和以机关或者居民住宅为主的区域。""必须遵守当地公安机关的规定"，这既是为公安机关授权，也是对其赋课义务，即公安机关应当对相关活动实行音量规制，而《城市区域环境噪声标准》便是其实施规制的直接依据。

《环境噪声污染防治法》第 58 条规定："违反本法规定，有下列行为之一的，由公安机关给予警告，可以并处罚款：（一）在城市市区噪声敏感建筑物集中区域内使用高音广播喇叭；（二）违反当地公安机关的规定，在城市市区街道、广场、公园等公共场所组织娱乐、集会等活动，使用音响器材，产生干扰周围生活环境的过大音量的……"《治安管理处罚法》第 58 条进一步规定："违反关于社会生活噪声污染防治的法律规定，制造噪声干扰他人正常生活的，处警告；警告后不改正的，处 200 元以上 500 元以下罚款。"

公安机关应当切实履行法定职责，运用法治思维、法治方式来处理纠纷、化解矛盾，将上述法规范关于条件、程序和法律后果的规定适用于广场舞纠纷。应当以法规范为基础，法规范不足时，再辅之以理、以情，使行政权的行使既合法亦合理；而明确的标准规定，完善的操作规程，人人通晓的公开机制，则是实现该目标的重要条件。这必将逐步形成更加明晰且具有实效的规则和秩序，更有助于相关问题的解决。

要从根本上解决广场舞纠纷，须切实做好如下几个方面的工作。首先，需要强调依法行使权利，依法保障自由，对于违反相关法规范，侵犯他人权利和自由的，依法予以惩处。其次，需要考虑为居民跳舞、健身、休闲等提供更为

---

① 参见孙思娅著：《鸣枪抗议广场舞 嫌吵醉汉获刑——因非法持有枪支罪被判 6 个月》，载《京华时报》2014 年 4 月 27 日第 08 版"北京·社会"。"施某被昌平法院以犯非法持有枪支罪判刑 6 个月。"

便利的活动场所,引导居民在远离住宅区的场所组织活动。再次,应当对既有规则进行全面调查,深刻反思,对其中不合理的部分加以修正,在时间、设备、场所和分贝等细节上进行更为科学的规制,使其更致合理化,对欠缺的内容加以补充完善,使其更加全面、系统而具有实效性。最后,对既有的或者新形成的规则和秩序,应当尊重和遵守,摒弃"法不责众"的错误观念,坚持"在规则下享受自由,在秩序下追求幸福"的正确观念。

(2013年11月26日,于北京海淀世纪城寓所)

从北医三院产妇死亡事件谈医疗过程风险管理*

近日,"北医三院产妇死亡事件"不断发酵,使得"医闹"这个备受关注的持续性难题再度成为人们议论的热点。产妇杨某母子双亡。① 对于这一结果,其家属一时间难以接受,也是情有可原,值得同情。不过,"死者家属数十人聚集并滞留医院产科病房,打砸物品,追打医务人员,严重扰乱医院正常医疗秩序"②,如果北医三院官网所发声明的上述内容属实,那么,无论是基于何种理由,"医闹"都是不应当得到支持的,而且要依法追究其民事的、行政的乃至刑事的责任。③ 而要从根本上解决此类问题,在强调依法惩处"医闹"的同时,还必须深化医疗体制改革,完善医疗过程中的风险管理,改善医疗环境和医患关系,既切实保障医护人员的合法权益,又为患者及其家属依法维权提供具有实效性的制度保障。

---

* 参见杨建顺著:《建立医疗过程风险管理机制》,载《法制日报》2016年1月23日第07版"法律人语"。此文刊发后,受到社会广泛关注,搜狐网、全球资讯网、中国普法网、内蒙管理资讯网等各大网站以及许多个人博客相继全文转载。

① 参见舒圣祥著:《"公函施压"是另类的"医闹"》,载《济南日报》2016年1月18日第A14版"今日评论";苑广阔著:《"公函施压"是另一种形式的"医闹"》,载光明网《时评频道》,http://guancha.gmw.cn/2016-01/18/content_18548869.htm,2017年3月14日访问。

② 李馨、林斐然、李禹潼著:《产妇北医三院死亡 家属否认医闹》,载《新京报》2016年1月18日第A13版"城事"。

③ 关于民事责任,例如,《民法通则》第134条规定了承担民事责任的主要方式。关于行政责任,例如,《治安管理处罚法》第2条规定:"扰乱公共秩序,……尚不够刑事处罚的,由公安机关依照本法给予治安管理处罚。"该法第23条第1项规定:"扰乱机关、团体、企业、事业单位秩序,致使工作、生产、营业、医疗、教学、科研不能正常进行,尚未造成严重损失的","处警告或者二百元以下罚款;情节较重的,处五日以上十日以下拘留,可以并处五百元以下罚款"。关于刑事责任,例如,《刑法修正案(九)》将《刑法》第290条第1款修改为:"聚众扰乱社会秩序,情节严重,致使工作、生产、营业和教学、科研、医疗无法进行,造成严重损失的,对首要分子,处三年以上七年以下有期徒刑;对其他积极参加的,处三年以下有期徒刑、拘役、管制或者剥夺政治权利。"

换言之，要构筑良好医患关系，提升病有所医的品质，不能仅靠某一方或者某个人的能力、技术和觉悟，还要靠风险管理机制，包括医疗安全管理和与患者及其家属的交流沟通，既要重视结果，亦要注重过程，有时候还需要强调将相关环节尽可能前移。

第一，应当注重把握每个患者的情况，重视团队协作，在充分研究、周到探讨的基础上，确定具有专业性和技术性因而具有可信赖性的治疗或者救助方针。北医三院官网发声明称，产妇有十余年的高血压病史、胆囊结石等，经抢救无效死亡。掌握了产妇的既有病史，就应当事先编制与之相适应的治疗或者救助方针，基于专业性和技术性作出最佳选择。

第二，治疗或者救助往往需要强调医患协力，事前应当由医生向患者及其家属介绍医疗或者救助的方针、内容及疗效，除了情况危急需要紧急施救等情形外，应当充分说明通过治疗可能获得的效果（正面效应）及风险（危险性），确保患者（家属）的知情权和自我决定权，在患者（家属）选择的基础上确定治疗的目标、方针和手段，在征得同意后才能进入治疗阶段。医患的协议，应当对双方权利和义务作出约定，任何一方都应当遵守，做到诚实信义。①

第三，在治疗、手术实施阶段应当抓好基本的风险管理，排查、发现风险并及时采取适当措施，通过流程化的图表手册等做好每个步骤，排除误认患者、误认手术部位、残留异物等失误，做好口头指示，维护管理好手术相关医疗器械等。

第四，将各种风险和并发症的处置、手术的风险管理予以图表化、手册化，按照程序要求，对每个步骤、各个阶段的风险、并发症等予以尽可能明确列举，并明文规定针对各种风险、并发症的预防方法和应对方法，让每个参与者共享共用。

第五，总结经验，吸取教训，完善无过失救济制度。医生不是神仙，也不是超人，即使医护人员竭尽全力进行治疗或者救助，也难免某些情况下的悲剧发生。为从根本上构筑良好医患关系，国家应当积极完善无过失救济制度，比

---

① 《民法通则》第4条规定："民事活动应当遵循……诚实信用的原则。"《合同法》第6条规定："当事人行使权利、履行义务应当遵循诚实信用原则。"该法第8条第1款规定："依法成立的合同，对当事人具有法律约束力。当事人应当按照约定履行自己的义务，不得擅自变更或者解除合同。"

如说建立相关保险制度,或者建立相关基金制度,无论医疗方面是否存在过失,只要与医疗行为相关的活动产生了不利,均以诚意进行救济。落实这种国家责任,是从根本上解决"医闹"问题,提升病有所医之品质的保障。

第六,患者及其家属应当科学理性地对待经自己认可的治疗方案所带来的后果。只要有治愈的概率,哪怕是非常低微的概率,医者也应当积极施救。但是,既然是治愈概率,就有不治的可能性。更何况,"医学不是万能的,也要容许失误,不可能拯救所有危难,生离死别因此总是难免"。① 针对医患之间围绕过失、因果关系等事实关系的争议,应当建立由医师、律师等构成的独立机构,对其进行认定和甄别。充分发挥医师、律师等专业特长,确立认定和甄别基准,也为解决其他类似医疗纠纷提供参考。

第七,由中立的第三方组成调解机构,通过医患间的对话来解决纷争,有助于客观公正地认定事实,抚平患者及其家属的怨愤和苦楚,避免那些本来不具有对立、激化之必然性的事件因为处理不当而激化甚至上升为群体性事件的倾向。在各医疗机构内,作为事故和怨愤发生时的初期应对技术,应当完善医护人员与患者及其家属的交流机制,并进一步扩展开来,不断普及下去。

第八,为全面促进医患关系良性循环,乃至促进医疗安全,提升病有所医的品质,除了前述医疗过程中的风险管理、医患交流机制和医疗纠纷解决的各类 ADR 机制②之外,还应当畅通诉讼救济渠道,确保诉讼救济的实效性,"保障合理合法诉求依照法律规定和程序就能得到合理合法的结果"。③

(2016 年 1 月 19 日,于北京海淀世纪城寓所)

---

① 舒圣祥著:《"公函施压"是另类的"医闹"》,载《济南日报》2016 年 1 月 18 日第 A14 版"今日评论"。

② ADR,是取 Alternative Dispute Resolution 的第一个字母排列而成的缩略语,被翻译成"替代性纷争解决"。所谓"替代性",意味着代替诉讼程序(裁判外的)。关于 ADR 的类型及其发展情况,参见〔日〕南博方著:《行政法》(第六版),杨建顺译,中国人民大学出版社 2009 年版,第 152—153 页。

③ 正如《中共中央关于全面推进依法治国若干重大问题的决定》所指出的:要"构建对维护群众利益具有重大作用的制度体系,建立健全社会矛盾预警机制、利益表达机制、协商沟通机制、救济救助机制,畅通群众利益协调、权益保障法律渠道。把信访纳入法治化轨道,保障合理合法诉求依照法律规定和程序就能得到合理合法的结果。""健全社会矛盾纠纷预防化解机制,完善调解、仲裁、行政裁决、行政复议、诉讼等有机衔接、相互协调的多元化纠纷解决机制。"

依法拆除违建不应承担
建筑材料的赔偿责任*

最高人民法院在 2016 年 3 月 29 日的一份再审行政裁定书〔(2016)最高法行申 6 号〕(以下简称"再审行政裁定书")中指出:"违法建筑物、构筑物中的建筑材料,属于当事人的合法财产。行政机关对违法建筑物、构筑物实施强制拆除,手段、方式必须科学、适中,不得以野蛮方式实施强制拆除。因强制拆除手段、方式不当,造成当事人建筑材料合法权益损失的,行政机关应当依法予以赔偿。"

我认为,若是仅针对个案,在对其适用要件进行严格限定,对具体案情进行缜密确认分析,在分类、分层的基础上限定性地作出上述判断,那么,该论点存在成立的可能性;而在本案中,再审行政裁定书是作为引出"本案由本院提审"之裁定的一般前提和基本理论指引,作出上述排他性的一义性判断的,故而该论点存在值得商榷的地方,甚至是不能成立的。

为了较好解决违法的建筑物、构筑物、设施等(以下简称"违建")中的建筑材料应当如何定性以及在拆违中是否应当予以赔偿和应当如何赔偿的问题,首选的路径是通过相应的立法予以明确规定;在相关立法缺位的情况下,应当基于既有的实定法规定,从法政策学的角度提供科学的基础理论,进行合目的的法解释。

第一,关于违建中的建筑材料的属性问题。《物权法》第 66 条规定:"私人的合法财产受法律保护,禁止任何单位和个人侵占、哄抢、破坏。"是否将违建中的建筑材料定性为"合法财产",对于其赔偿的必要性具有绝然不同的

---

* 参见杨建顺著:《违建中建筑材料都属"合法财产"吗》,载《检察日报》2016 年 5 月 18 日第 7 版"建顺微思"。

基础支撑。在实务层面，违建中的建筑材料是否为当事人的合法财产，往往难以一概而论。除了可以判定其为"属于当事人的合法财产"之外，还存在是非法财物、违法所得的情形，也有当事人声明予以放弃的情形，甚至存在所谓"无主违建"的情形，等等。所以，笼统地作出违建中的建筑材料"属于当事人的合法财产"这种总括性判断，不仅与实践中的复杂情形不符，而且也与司法审判追求个案正义的理念和定位相悖。

第二，关于拆违的手段和比例原则的问题。无论违建中的建筑材料的属性如何，拆违工作都应当坚持目的和手段的比例原则，拆违主体应当做到拆违手段、方式科学、适中，做到珍惜物品，节约资源，物尽其用。不仅对当事人的合法财产，而且对"无主违建"等的强制拆除，也不得以野蛮方式实施。为行政主体赋课审慎拆除义务，要求其文明执法，坚持行政强制适当原则，依法全面履行政府职能，是法治政府手段论所必然内含的基本内容，也是现代行政法治理念所追求的重要目标。应当修改《行政强制法》，将制定相关手段、方式的选择基准，设定为行政主体的义务，为文明执法提供明确、系统而具有实效性的法规范支持。

第三，关于审慎拆除义务与赔偿责任的不当链接问题。如果不进行分层、分类，不加相应的条件限制，便笼统地以赔偿责任将审慎拆除义务跟建筑材料损失进行不正当链接，其后果不堪设想。再审行政裁定书先是强调强拆"手段、方式必须科学、适中，不得以野蛮方式实施"（的确应当如此），进而将"手段、方式不当"作为"应当依法予以赔偿"的要件来架构，难免有偷换概念之嫌。由于其是在违建的"建筑材料，属于当事人的合法财产"这一总括性命题之下，等于确立了只要有损失就应当赔偿的命题。这是不当链接，它不仅容易导致义务和责任的脱节，而且会造成行政主体过重的审慎拆除义务和赔偿责任，进而间接助长违建者逍遥法外，严重阻碍合法拆除这一行政目的的实现。

第四，关于"强制拆除"制度的特殊性与赔偿构成要件的理解。拆违可分解为如下几个层次：(1) 违建，是当事人本来就无权建设的；(2) 既然是违建，当事人便负有拆除义务；(3) 当事人不履行拆除义务，由行政主体予以公告,限期当事人自行拆除;(4)行政主体作出强制执行决定前,应当事先催告当事人履行义务;(5)法定期限过了,当事人还不拆除,可以申请行政复议或者提起行政诉讼,却自愿放弃之;(6)行政主体采取强制拆除,需要"依法"进行。

依法强制拆除,是在履行了正当程序的基础上架构的一种法定制度,而其对当事人的义务赋课、责任承担以及赋权和维权都有相应法律依据,而不是对当事人额外附加义务。故而,对于拆违是否应当对建筑材料等承担赔偿责任,应当区分行政主体是否依法给予了相对人自行拆除机会(充分告知、依法催告等),并依法告知其负有的义务和享有的权利,并基于确实的举证,分别不同情况作出是否应当承担赔偿责任的判断。对于本应自行拆除涉案建筑物却不拆除的,应酌减或者免除行政主体的赔偿责任。

(2016年5月17日,于中国人民大学明德法学楼研究室)

父母晚退休，不如子女早上岗[*]

为什么要延迟退休？这是一个很重要的问题。恰如2012年6月人力资源和社会保障部（以下简称"人社部"）的强硬表态所指出，"延迟退休"的大势已不可阻挡，何时推行，只是个时间问题。然而，如此势不可挡的延迟退休改革却遭到人们强烈反对而一再被延迟！

2015年10月14日，人社部部长尹蔚民表示，经中央批准后，人社部将向社会公开延迟退休改革方案，通过小步慢走，每年推迟几个月，逐步推迟到合理的退休年龄。公开方案、小步慢走、合理年龄，按理说，仅这三个关键词就可以赢得人们的广泛支持。然而，无论是对该消息本身，还是对各界提出的诸多方案，相关网评中反对延迟退休的呼声依然有增无减。

或许是为了回应这种尴尬局面，人社部曾多次明确，2016年将拿出延迟退休政策方案。2016年7月22日新闻发布会透露，目前尚在政策研究设计过程中，经过一些必要程序之后会把这个方案向社会公布，广泛地听取大家的意见，尽可能地汇集民智，凝聚共识。在公开方案的基础上，增加了广泛听取意见的程序安排。这种做法值得肯定。或许是作为对这种政策安排的先期解读吧，7月25日至27日，人社部官网罕见地连续3天转载了12篇文章，文章主题均聚焦延迟退休，认为"提高法定退休年龄是必然趋势"，是"社会发展新形势下的正确选择"，提出了"先女后男"和"兼顾特殊"的政策建议，并强调"延迟退休对青年就业影响有限"，还建议提高延迟退休者的养老金待遇。

人社部官网密集转载发布解读文章，可能意在增信释疑，为其政策的制定

---

[*] 参见杨建顺著：《父母晚退休，不如子女早上岗》，载《检察日报》2016年8月3日第7版"建顺微思"。该文刊发后受到各方面的高度关注，例如，经搜狐网转发后，该文阅读量已达190189次。http://mt.sohu.com/20160809/n463286969.shtml，2017年2月5日访问。借此机会表心感谢读者朋友的关注和支持！

和实施进行铺垫。然而，一边倒的"权威专家谈延退必要性"，反而会损信增疑。比如说，为强调对青年就业影响有限，相关专家给出的解释是，在劳动力市场上并不是绝对的一对一关系，实际情况是，儿子可能看不上老子干的活儿，青年的就业机会主要还是取决于经济发展和转型升级，年轻人更愿意去的岗位是以互联网为代表的新兴产业、新型服务业。这种解释就很难服众。

有些道理，在主管部门及专家们看来似乎是明摆着的，但是，要让广大公民理解，得到其支持，就需要掰开了、揉碎了，耐心作说明，切实承担起说明理由的责任。退休的问题毕竟是人生中屈指可数的几件大事之一，也难怪人们对这个问题表现出持续的、超乎寻常的关心。更何况，为什么要延迟退休？因为平均退休年龄较低，进入了少子老龄化社会，延迟退休可以为养老金卸下重担，等等，这些都可以成为延迟退休政策的必要性支持。问题的关键在于要真正让人们了解、理解、信服。

其实，让父母晚退休，不如让子女早上岗。这个道理是不应当被政策制定者所忽略的。无论子女是否看得上父母的岗位，从全国范围来看，传统产业也好，新兴产业也罢，都是需要正常新陈代谢的。既然有关专家已经论述了延迟退休的好处，那么，在此谈一谈其不利之处吧。延迟退休不仅会影响就业，而且还会影响人们的生活。如果既有岗位上的人员延退，则会导致如下困境：其一，原定上岗人员无岗可上，结果是闲置待岗，或者与既有在岗人员重叠上岗；其二，预期晋升的人员无职位可升，士气难免受到影响；其三，原本可退的人延退，体力脑力大不如前，可能影响工作效率和品质，故而伤及自尊；其四，延退甚至将会严重影响公民展开丰富多彩、魅力无限的老年生活。如果说前三点都可能形成人浮于事、成本增加、效率低下等对局部工作影响的话，那么，第四点则是对公民个人、家庭乃至整个社会幸福生活的影响。不要仅盯着为养老金卸下重担，而要拓宽视野，以发展的眼光进行利益衡量。要充分认识到，如果每个公民在退休后都能够尽享退下工作岗位后的成就感，做一些力所能及的或者以前由于工作缠身想做而未能做的事情，让生活真正富裕、充实和悠闲，而年轻人获得更多展示自己、实现理想的机会和空间，对于公民个人来说是幸福的，对于国家和社会来说亦是莫大收益。

要使"对青年就业影响有限"的命题成立,应当以扎实的数据分析作为支撑,并且从正反两个方面展开分析。事情都是一分为二的。任何一种政策也不能例外,既有好的一面,也有坏的一面。所以,论证一种政策的必要性,亦应当论证其不必要性;论证政策的可行性,还要论证其不可行性。只有在充分论证和利益衡量的基础上,得出必要性大于不必要性,可行性大于不可行性的结论时,该政策才应当被付诸实施,并且,实施后评估制度也不能落下。

2016年8月2日,于中国人民大学明德法学楼研究室)

Part 3

公务员和公物法制，依法行政的手段支撑

"处长现象"的治理之道

应当确保公务员获得相应工资福利待遇

公务员工资应当如何调整?

公务员任用应尽量减少破格提拔

全面履行警察职能应当遵循五大原则

过程论视角下的警察执法规范化

从"草原天路"取消收费谈完善公共用物使用关系

应将楼堂馆所的建设管理纳入法治轨道

公车改革应当注重合法性和合理性

"处长现象"的治理之道*

李克强总理批评一些部委和地方政府文件运转流程繁冗、拖沓,揭示了"处长把关""处长做主"乃至"处长治国"等奇怪现象的负面效应——部长们参加的国务院常务会议已经讨论通过的一些政策,参会的部长们在会上都没有不同意见,却因为"几个处长来'把关'",导致严重的政策梗阻,"卡"在那儿了。① 这种被扭曲了的"处长现象"已引起各有关方面的关注和重视。除了口诛笔伐外,还应当从制度层面探寻治理之道,让各领域各层次的相关人员参与到行政决策过程中来,推进合法合理的科学决策制度建设,并完善政策执行和评价机制。

所谓"处长现象",是指处级干部们在执行政策时滥用权力,以权谋私,推诿扯皮,敷衍塞责,甚至受贿索贿,导致上级定了的事儿打了折扣甚至根本无法落实等奇怪状况。② 这种奇怪的"处长现象"愈演愈烈,使国务院的政策落实受阻,引起总理强烈关注,这的确发人深省。

治理"处长现象",应当强调行政决定和命令等政策的规范力和执行力,确保政令畅通。在法治行政原理下,以国务院为顶点的行政系统本应政令畅通。国务院经全体会议或者常务会议形成的政策,以决定和命令形式作出的意思表示,都应当在全国各相关领域和层面得以贯彻落实;部长们来开会,有意见就应当提出来,经会议讨论决定取舍;既然会上没有不同意见,或者有不同意见经讨论有了取舍,形成了决议,那么,就应当不折不扣地贯彻落实。地方

---

* 参见杨建顺著:《"处长现象"的治理之道》,载《检察日报》2015 年 5 月 13 日第 7 版"建顺微思"。
① 参见佚名:《"处长现象"到底是一种怎样的怪现状》,载《和讯新闻》2015 年 4 月 22 日。
② 参见刘庆传著:《谨防机关"处长现象"》,载《新华日报》2015 年 4 月 20 日;罗容海著:《"处长现象"的根源在哪》,载《光明日报》2015 年 4 月 29 日。

各级政府或者政府部门也一样，其依法制定的法规范和政策，规定的措施，发布的决定和命令，都是行使国家行政权的重要组成部分，都应当得到尊重、服从和执行。

当然，行政系统内部存在领导关系、指导关系、协作关系等各种不同关系，故而不应当一概强调不折不扣地执行某决定和命令。更何况，上级的决定和命令也存在不当甚至违法的可能性，需要设置予以纠正的相关机制。正如《公务员法》所规定的，认为上级的决定或者命令有错误的，可以向上级提出改正或者撤销该决定或者命令的意见；上级不改变该决定或者命令，或者要求立即执行的，应当执行该决定或者命令，执行的后果由上级负责，执行者不承担责任；但是，执行明显违法的决定或者命令的，应当依法承担相应的责任。① 在整个行政系统内部亦须确立这样的有效程序：在行政决定和命令形成之前，有意见或者建议可以也应当提出；形成了的决定和命令，即使被认为存在违法或者不当之处，在经法定程序予以修改、废止或者撤销之前，具有规范力和执行力；贯彻落实该决定和命令，应当有科学合理的评价机制和责任机制作为支撑。绝不能允许行政决定和命令"打了折扣，落实不了"等"处长现象"存在，更不能允许诋诲"国家规定是狗屁"②的任长春们肆意妄为。

要从根本上治理被扭曲了的"处长现象"，应当从确保行政决定和命令的合法性及合理性上狠下工夫。处长"把关"的负面效应不可小觑，但另一方面，处级县级干部在国家治理体系中的正面效应同样应当受到重视。为了避免不合法、不合理的行政决定和命令，处长把关也可能是必要举措；某些"国家规定"也难免存在不当甚至违法等情形，相关监督制约和救济机制成为必需。所以，有必要将"处长现象"作为对决定、命令或者规定的形成过程进行反思的契机，将广泛而切实听取基层意见和建议设定为"顶层设计"的法定程序，以充分汇集包括处级干部在内的各级各类公务员的智慧。应当努力健

---

① 《公务员法》第54条。
② 杨锋、李骁晋著：《称"国家规定是狗屁" 山西一干部被停职》，载《新京报》2015年5月12日第A17版；杨于泽著：《别把"国家规定是狗屁"当笑话》，载《新京报》2015年5月12日第A03版。

全依法决策机制,在整个行政过程中贯彻参与型行政理念,把公众参与、专家论证、风险评估、合法性审查、集体讨论决定等确定为行政决策的法定程序[1],并完善信息收集、分析和处理制度,充分活用行政调查制度,重视政策科学的研究,完善监督制约机制和确保专业知识支持机制,由程序化、规范化、法制化、民主化和法治化等来保障政策制定的科学性。[2]

(2015年5月12日,于中国人民大学明德法学楼研究室)

---

[1] 参见《中共中央关于全面推进依法治国若干重大问题的决定》关于"健全依法决策机制"的阐述。
[2] 参见杨建顺著:《重大行政决策的民主化和法治化》,载中共北京市委组织部、北京市人力资源和社会保障局、北京市科学技术委员会组织编写:《推进依法行政建设法治政府》,中国人事出版社、中国劳动社会保障出版社2015年版,第87—122页。

应当确保公务员获得相应工资福利待遇[*]

我国《公务员法》规定,公务员的工资水平应当与国民经济发展相协调、与社会进步相适应。[①] 国家实行工资调查制度,定期进行公务员和企业相当人员工资水平的调查比较,并将工资调查比较结果作为调整公务员工资水平的依据。[②] 所以,不宜笼统地主张应该或者不应该给公务员涨工资,更不应当仅以某个群体的"收入水平增幅更低"作为阻却公务员涨工资的理由。

总体而言,在"公开、平等、竞争、择优的原则"[③] 之下成长起来的公务员队伍,是一个非常优秀的群体。具有符合职位要求的文化程度和工作能力,具有正常履行职责的身体条件,且具有良好的品行的优秀人才[④],通过"国考"的激烈竞争而成为公务员,为这个"凡进必考"的群体提供了源源不断的新鲜血液,承担起依法履行公职的光荣而艰巨的使命。公务员的工作讲究付出、打拼、奉献,且富有创造性,应当得到相应的工资福利待遇。可是,据报道,中国目前大部分公务员工资收入确实偏低,应该涨工资。既然这样,就不应当以"普通民众收入水平增幅更低"、公众对公务员优厚福利的"吐槽"为由,而消减对公务员的相应工资福利待遇。

有人指出,在某些国家,公务员这个职位不很受欢迎,呈现出更优秀的人才大多流向民间企业的倾向,这才是成熟社会的表现。的确,从创新发展的角度考虑,让更多优秀人才流向创业领域,这样配置人力资源或许更有助于科学建构国家、社会的职能分工,更有助于培育创新型人才和组织体系。不过,我

---

[*] 参见杨建顺著:《应确保公务员获得合理报酬》,载《检察日报》2014年6月25日第7版"建顺微思"。全文转载于《今参考·政界》2014年8月号。
① 参见《公务员法》第75条第1款。
② 参见《公务员法》第75条第2款。
③ 《公务员法》第5条。
④ 参见《公务员法》第11条。

国处在"行政国家"① 阶段,恰逢以建设法治政府为目标而进行政府职能转换期,无论是公权力的行使,还是行政指导、行政合同、行政计划乃至行政协治等非权力性作用,尤其是要做到"进一步简政放权,放活不放任"②,都需要懂法守法用法的开拓型人才。不应将试图鼓励优秀人才流向创业等领域的谋划,作为阻碍已经进入政府系统的公务员获得其应得的工资福利待遇的借口。

优秀人才进入政府公务员系统,肩负起各种各样依法履行公职的艰巨任务,是实现法治国家、法治政府和法治社会建设目标的基本支撑。为确保公务员能够较好地发挥其聪明才智,不仅应当整备其履行职责的工作条件,而且还应当确保其获得相应劳动报酬和享受相应福利、保险待遇的权利。正如毛泽东所指出:"你要母鸡多生蛋,又不给它米吃,又要马儿跑得好,又要马儿不吃草。世界上哪有这样的道理!"③

诚然,政府法治实践的状况或许并不是很理想,公务员个人的聪明才智或许并未得到较好发挥。人们只要稍加注意就会发现,政府制定某些政策,起草法律、法规草案,制定规章和规范性文件,乃至由个体公务员所制作的行政决定等相关文件,还远远未达到"确保能够较好地发挥其聪明才智"的应然状态。搞法治政府建设,本应在组织法层面做到职能定位明确、任务目标科学、权限分工清晰,可是,实践中还存在诸多模糊地带,以至于政府系统不得不自上而下地全面展开梳理权力并实行权力清单的整改活动。无需与日本、德国等发达国家的公务员制度进行比较,仅基于我国公务员这个优秀群体自身的状况来看,也可以得出这样的判断:公务员的聪明才智远没有得到较好发挥。只有从制度、机制和观念上提供保障,使其较好地发挥聪明才智,才能真正实现科学、民主的立法和决策。与其质疑公务员在专业能力方面存在问题,倒不如思

---

① 在行政国家状态下,各种各样的问题都要求通过政府来解决,政府位于社会管理机构的中枢地位,政府机构掌握着社会的中枢管理机能,社会全体的综合性事业由政府推进,社会的进步和发展也是通过政府而得以展开。参见杨建顺著:《行政规制与权利保障》,中国人民大学出版社2007年版,第47页。

② 参见佚名:《李克强再谈简政放权:放活不是放任 管好不是管死》,http://www.gov.cn/2014-06/05/content_ 2695447. htm,2016 年 12 月 12 日访问。

③ 毛泽东著:《论十大关系》,载中共中央文献研究室编:《毛泽东文集》第七卷,人民出版社1999年版,第30页。

考如何为其大展其才提供平台；与其以"普通民众收入水平增幅更低"为由来阻却公务员实现其获得相应报酬，倒不如依法、合理地保障公务员工资福利待遇，确保其对所承担的政策和法规范之制定进行社会费用和社会效益的评价，从而确保立法及公共政策能够在与社会效益相适应的关系中得以推进，让国民负担降至最低，让公务员涨工资成为真正的"物有所值"。

作为"推进法治中国建设"的重要内容，党的十八届三中全会明确指出，要普遍建立法律顾问制度。① 比如说，围绕公务员是否应当涨工资的问题，宜于引进法律顾问制度，让基于工资调查比较结果的专业法律咨询，作为科学决策、民主决策之实效性保障的支撑。

(2014年3月31日，于中国人民大学明德法学楼研究室)

---

① 党的十八届四中全会进一步明确指出："积极推行政府法律顾问制度，建立政府法制机构人员为主体、吸收专家和律师参加的法律顾问队伍，保证法律顾问在制定重大行政决策、推进依法行政中发挥积极作用。"

公务员工资应当如何调整？*

公务员要涨工资了！这是令人欢喜和期待的事情。根据 2015 年 5 月 8 日国务院批转国家发展改革委《关于 2015 年深化经济体制改革重点工作的意见》，本年度重点任务之一就是"完善机关事业单位工作人员工资制度"。更为引人注意的是，年初下发的《机关事业单位工资调整方案》明确提出，要建立公务员基本工资标准正常调整机制，今后公务员基本工资标准将每年或每两年调整一次，主要依据公务员和企业相当人员工资水平的调查比较结果，并综合考虑国民经济发展、财政状况和物价变动等因素，来确定公务员基本工资标准的调整幅度。这是多么值得期待的制度机制建设呀！

其实，此次公务员涨工资以及今后将建立公务员基本工资标准正常调整机制，都只是对 2005 年制定、2006 年 1 月 1 日起施行的《公务员法》所规定的公务员工资调整机制部分内容的初步落实。

根据《公务员法》的规定，作为"由国家财政负担工资福利的工作人员"①，公务员所享有的重要权利之一是"获得工资报酬，享受福利、保险待遇"。②"国家建立公务员工资的正常增长机制。"③"公务员的工资水平应当与国民经济发展相协调、与社会进步相适应。"④ 可是，《公务员法》已制定了 10 年，公务员工资的正常增长机制依然未能建立起来。上一次公务员涨工资是 2003 年的事。打那以后，一晃 12 年了，我国国民经济取得了举世瞩目的发展，成为世界第二大经济体，而公务员工资却未曾调整！

---

* 参见杨建顺著：《公务员工资应当如何调整》，载《检察日报》2015 年 5 月 27 日第 7 版"建顺微思"。
① 《公务员法》第 2 条。
② 《公务员法》第 13 条第 3 项。
③ 《公务员法》第 73 条第 3 款。
④ 《公务员法》第 75 条第 1 款。

诚如中国共产党十八届四中全会《全面依法治国决定》所确认指出的："法律的生命力在于实施，法律的权威也在于实施。"有必要以此次公务员涨工资和相关制度机制建设为契机，对《公务员法》确立的国家作为义务的实施状况进行深刻反思，将该法的规定全部付诸实施，以增强其生命力，提升其权威。

以法治思维建立和推进公务员工资调整机制，应当坚持如下原则：

其一是正常增资原则。国家定期增加公务员的工资，在每年的财政预算中，依法保证必要的经费用于增加公务员工资。由于公务员所从事工作的特殊性，决定了其所提供劳动应有特殊计量标准，其工资水平应与国民经济发展相协调，与社会进步相适应；随着公务员年功的增加，其工资水平也应有所增加。一方面要定期、全面地调整公务员工资标准，另一方面要通过考核定期给公务员增加工资档次。实行正常增资原则，使公务员的工资水平随着国民经济的发展而相应提高，使职务相同而任职年限或工作年限不同的公务员之间，在工资报酬上拉开差距，激励其更好地尽职尽力。

其二是平衡比较原则。机关和事业单位与企业的工作性质不同，劳动特点不同，应实行不同的工资制度，但工资水平要有比较。国家确定公务员的工资水平时，应将企业职工的工资水平作为参照系，以使公务员的工资水平与企业职工的工资水平大体持平。这一原则意在使工资分配中的公平合理原则在各部门、各行业之间得以实现，并吸引优秀人才进入公务员队伍。

其三是物价等补偿原则。国家根据物价指数的变动等因素，适时调整公务员的工资，使工资增长率高于或等于物价上涨率，以保证公务员的实际工资水平不因物价上涨而下降。公务员的工资是经过法定程序调整的，各机关事业单位不得根据物价上涨的情况自发地进行调整，而由国家统一实行物价等补偿制度。如此次调整机关事业单位人员工资，是为了配合已实施的机关事业单位养老保险制度改革。因此，其所调整范围和幅度应当与养老保险制度改革的范围和幅度做到较好衔接。

其四是法规范保障原则。公务员的义务、权利和责任都是法定的。与公务员享有的其他权利一样，领取工资报酬的权利是基于公务员的身份发生并受国家法规范保障的。公务员依法享有领取工资报酬的权利,而且享有领取"与国民经济发展相协调、与社会进步相适应"的工资报酬的权利。该权利应当受到相关法律、法规、规章和政策的保障。另一方面,依法建立健全"公务员工资的正常增长机制",适时调整公务员的工资标准,是国家义不容辞的法定责任。该责任也应当有相关法律、法规、规章和政策保障落实。

(2015年5月26日,于中国人民大学明德法学楼研究室)

公务员任用应尽量减少破格提拔*

"90后女副局长"王茜,"85后副县长"徐韬,"27岁副区长"江中咏,"22岁团县委副书记"常骏生,一个又一个"火箭提拔"的干部,屡屡引发舆论的强烈质疑。相关部门的回应往往难以跳出如出一辙的套路——先是"没有发现人为操作、弄虚作假及其他严重违规问题";后是匆匆收场,免去其职务,"按有关法律规定办理"。①"火箭提拔"受监督、遭质疑,一波未平,又来一波,严重地挑战"干部年轻化"和"破格提拔"的正当合理性。

根据《公务员法》规定,无论是非领导成员职务,还是领导成员职务,"公务员的任用,坚持任人唯贤、德才兼备的原则,注重工作实绩"。②注重工作实绩,就需要在一定的岗位上工作相应的时间,积累一定的经验,需要脚踏实地,干出一定的业绩。这是人才成长规律性所要求的。那种为了满足"破格提拔"所需要的经历、资历或者"才能"要件,而刻意安排任职调动的"合规程序",恰恰是对人才成长规律的无视,也是对法治精神的践踏。例如,2002年7月9日,中共中央组织部根据《中国共产党章程》和有关法律、法规,制定了《党政领导干部选拔任用工作条例》(以下简称《选拔任用条例》),对干部选拔任用作出相应规定。为了使被提拔者符合该《选拔任用条

---

* 参见杨建顺著:《公务员任用应尽量减少破格提拔》,载《检察日报》2013年5月29日第7版"建顺微思"。

① 例如,"湖南湘潭市委常委会7日研究决定,提名免去'火箭提拔'的徐韬湘潭县人民政府副县长职务,按有关法律规定办理,按科级职务安排相应工作。"而"在半个月前,湖南省委宣传部发布调查结果通报称,徐韬提拔过程'没有发现人为操作、弄虚作假及其他严重违规问题',但未严格履行相关程序。"朱昌俊、李英锋著:《"火箭提拔"副县长被免职的未竟之问》,载《检察日报》2013年5月9日。

② 《公务员法》第7条。

例》所规定的条件,"具有在下一级两个以上职位任职的经历"①,相关单位及人员会进行特别安排,使其短期内连续在数个不同岗位之间进行调动。这种单纯为符合程序要求而积累经历的情况,不仅存在于基层,而且在各个层级都存在。一个人到新的岗位就任数月,连熟悉其所在岗位的工作都未必能够做到,更无法指望其做出什么值得称道的业绩了。很多情况下是折腾一番,留下一堆虚功,后来者只能弃之不用,结果是其工作应有的持续性和可信赖性遭到严重影响。而经过这番折腾,"特别优秀的年轻干部或者工作特殊需要的"② 年轻干部则成就了其晋升的形式要件,正常提任也就顺理成章了;即使正常提任受到任职年限等要件的限制,也"可以破格提拔"了。须知,这种"合规程序"很难称其为正当程序,往往正是对"注重工作实绩"标准的践踏。

《选拔任用条例》规定了提拔担任党政领导职务人员的资格,并规定"破格提拔程序另行规定"。③ 为了规范选人用人,避免"火箭提拔"干部貌似合乎规则、实则无视甚至践踏规则的情况继续下去,首先需要强调确认的一种价值取向就是应当尽量减少甚至避免破格提拔,其次则是需要致力于破格提拔程序规定的健全和完善。

从人才成长的规律性来看,提任党政领导职务,和非领导职务公务员的职务晋升一样,应当以"年功序列制"为基调,尽量避免适用所谓"破格提拔程序"。按部就班,从基层做起;脚踏实地,做好每一份工作;恪尽职守,不断累积晋升的阶梯。只要坚持注重工作实绩的选人用人标准,按照法定的程序,那么,这种常规化的制度必能支持一批又一批优秀的人才脱颖而出。

《选拔任用条例》规定:"党政领导干部应当逐级提拔。越级提拔的,应当报经上级组织(人事)部门同意。"④ 这种报批制度非常重要,而"火箭干

---

① 《选拔任用条例》第7条第1款规定:"提拔担任党政领导职务的,应当具备下列资格:……(二)提任县(处)级以上领导职务的,一般应当具有在下一级两个以上职位任职的经历。"这是对《公务员法》相关规定的具体化。该法第43条第1款规定:"公务员晋升职务,应当具备拟任职务所要求的思想政治素质、工作能力、文化程度和任职经历等方面的条件和资格。"

② 《选拔任用条例》第7条第2款第一句规定:"特别优秀的年轻干部或者工作特殊需要的,可以破格提拔。"

③ 《选拔任用条例》第7条第2款。

④ 《选拔任用条例》第8条。

部"的报批每每都能"合规"通过,这暴露出一个致命的问题——"上级组织(人事)部门同意"的标准和程序亟待完善和公开。有人对20世纪80年代以来移交司法机关处理的103个副省部级(或"享受副部级待遇")以上领导干部的腐败案例进行剖析,得出"受火箭提拔易滑向犯罪"的结论。① 为了维护公务员任用的合法性和公正合理性,保护公务员,有必要坚持公开(不仅限于任职前公示)原则,并使说明理由的机制成为选人用人乃至整个公务员任免制度的重要组成部分。

《选拔任用条例》规定了选拔任用条件、民主推荐、考察、酝酿、讨论决定和任职等程序,其中任职程序中明确规定"实行党政领导干部任职前公示制度"。② 公示或者公开机制的完善有助于提升选人用人的公正合理性,这是毋庸置疑的。逐级提拔是对人才成长规律的尊重,越级提拔也是对人才成长规律的尊重。但是,前者应当是常态,后者应当是极个别情况下的应对。对于极个别情况下的越级提拔,须具体列明其构成要件,建构相应的程序规范,对符合了什么样的条件就给予批准,经过了什么样的程序,需要什么样的材料,具备怎样的业绩才能予以批准等尽量规定清楚。唯有如此,才能杜绝、起码最大限度地避免越级提拔、破格提拔等异化为"裙带提拔""亲属提拔"或者"权钱交易提拔",才能确保公务员队伍的高素质和可信赖。

(2013年5月28日,于中国人民大学明德法学楼研究室)

---

① 参见中央党校田国良教授的访谈文章《高官腐败案例的启示》,载《学习时报》2013年5月27日。
② 《选拔任用条例》第38条第1款。

全面履行警察职能应当遵循五大原则[*]

日前,"中美警察科学高层论坛学术周"在中国人民公安大学拉开了序幕。我应邀出席开幕式致辞,并承担了《公共管理的法治思维》授课任务。我认为,以"警察科学"为议题,探讨现代国家发展中的警察问题,不仅有助于深入思考警察法治和警察效率等问题,为警察的舆情应对等治理课题提供相应的对策参考和理论支持,而且将有助于在警察领域贯彻党的十八届四中全会决定关于"法治"以及"依法全面履行政府职能"的要求,助推全面建设小康社会。

鉴于我国公安学或者警察学的相关研究中较少行政法视野,甚至有不少"成果"严重缺乏行政法总论的基本原理指导,在凸显各论特色方面,尤其是在回应各类警察舆情具体案件时,往往呈现出一定程度的碎片化的状况,有必要强调行政法对于警察科学研究的重要意义。以"警察科学"为议题展开学术思考可以有诸多视角和方法,而着力阐明警察学(公安学)与行政法学在原则和目的甚至内容上的一致性或者重合性,强调两者之间具有极其密切的关系,确认更充分导入行政法视野的必要性和可行性,则是一种重要的方法论。

传统的行政法是以秩序行政和规制行政尤其是警察行政为主要对象而确立和发展起来的。实质意义上的警察是指维持社会公共秩序和安全,消除妨碍社会公共秩序和安全的行为及状态的作用。国家的发展,社会的繁荣,人民的安居乐业,都离不开警察作用。制度、秩序和权威构成了传统行政法的三大价值,为警察事业的健康发展提供了支撑,也是现代行政法的价值和理念的重要组成部分。而警察法和警察法学所确立的一系列原则、制度和规范,为行政法

---

[*] 参见杨建顺著:《警察履职应遵循五大原则》,载《检察日报》2016年6月1日第7版"建顺微思"。

和行政法学的不断发展提供了素材和视角，也构成了行政法和行政法学的重要内容。行政法上关于秩序行政、规制行政和保护行政等的基本法理，对于全面履行警察职能具有重要的指导和保障作用。

全面履行警察职能，应当遵循依法行政的原则、消极目的的原则、公共性的原则、违反秩序责任的原则和比例原则。①

1. 依法行政的原则。传统行政法理论认为，警察是规制行政和秩序行政，是以实力进行强制，限制自由和赋课义务的权力作用，具有强烈的侵益性，故而要对其加以严格限制。基于这种认识，警察领域确立了严格的法律保留原则。全面履行警察职能，首先应当具有职权法定性。传统行政法理论强调的依据是狭义的"法律"，而现代行政法理论在"法律"的基础上融进了法规甚至规章。这是与现代国家中行政的扩展相适应的。另外需要特别确认的是，因为警察作用的基础是一般统治权，所以，只要法律上没有特别规定，那么，所有服从一般统治权的人都应当服从警察权。不问其是自然人还是法人，也不论其是本国人还是外国人。简言之，任何人都应当尊重和服从警察权。

2. 消极目的的原则。警察消极目的说认为，警察的目的仅限于维持社会公共秩序。警察积极目的说认为，警察不应限于单纯的维持治安这种消极目的，而且应当以积极地增进社会公共福利为目的。鉴于警察为达到行政目的而行使权力，多采取发布命令，施行强制的方法，传统行政法理论一直坚持警察消极目的的原则。不过，由于现代行政活动的多样化和复杂化，难以简单地以积极目的和消极目的来区分警察作用。例如，从前认为属于警察规制的建筑规制以及公害规制等行政作用，现在被认为同时具有浓厚的福利目的色彩。所不同的是其着眼点发生了变化。总之，现代国家中的警察既具有规制行政、秩序行政的基本属性，又具有保护行政的浓厚色彩，故而，在论述警察行政和法治主义的关系乃至警察的定位时，必须考虑这种警察行政的新变化。

3. 公共性的原则。或者称私生活自由的原则，是指警察的目的在于维持社会公共秩序与安全，故而对不影响一般社会生活正常运行，不危及每个人的

---

① 参见杨建顺著：《日本行政法通论》，中国法制出版社1998年版，第310—321页。

生命、身体、自由及财产等的私人生活，不宜行使命令和强制的权能，而要恪守私生活不可侵的原则、私人住所不可侵的原则和民事上的法律关系不干涉的原则。

4. 违反秩序责任的原则。在行政作用法体系中，警察是以维持公共秩序和安全为目的的命令性和强制性的秩序行政作用，故而，维持秩序和追究秩序违反的责任应当是警察作用的重要任务和内在要求。具体说来，行使警察权力应当有明确而具体的目标，原则上只有在因某人自己或者属于某人自己支配的人的行为造成阻碍社会公共秩序的状态发生时（行为责任），以及因某人自己的财产或者属于其支配的他人的财产成为公共秩序的阻碍时（状态责任），才应当对该人追究秩序违反的责任，对其行使维持秩序行政权。

5. 比例原则。行使作为维持秩序行政权的警察权，目的是为了排除在维持社会公共秩序中所不能容忍的障碍或者产生障碍的直接危险，该权力的行使必须限于实现其目的所必要的最小限度，其条件及其形态必须与因秩序违反而产生的障碍程度相当。在以强制性权力来限制权利和自由时，必须始终尊重这一原则。而现在的问题是，警察的目的不仅在于秩序的消极维持，而且还要在经济、社会、文化等一切领域积极作为，要全面回应各方对警察积极作用的期待和要求，尤其是在面对复杂局面和复效行为时，还要求警察勇于承担、敢于负责，应对规制、保护、指导、诱导、援助、助成、奖励等社会需求，依法及时作出合理裁量判断，予以有效处理和应对。坚持"警察比例的原则"，既有助于防止警察权的滥用，又能克服或者纠正不作为的懒政、怠政。不过，如何确立裁量基准，如何划定合理裁量和规制权限不行使的界限，不仅对全面履行警察职能来说，而且对整个行政领域全面履行职能，建设法治政府来说，都是需要认真面对的重要课题。

(2016年5月31日，于中国人民大学明德法学楼研究室)

过程论视角下的警察执法规范化*

未随身携带身份证违法吗？警察有权随便查验身份证吗？回答"当然不违法"，"当然不可以"，说明对我国《居民身份证法》有关规定有相当程度的了解。但是，如果止于作如此否定性判断，则并不一定正确。在特定情况下，携带、出示身份证是公民的义务。不要以为设问中有"随便"二字，就决定了"当然不可以"的回答必定是正确的，因为"随便"只要在"裁量"范围内，即不存在"违法"的问题，就是"有权"，至于是否合理，则要看"随便"的度是否符合比例原则。当然，不管是基于什么原因，警察在执法过程中辱骂当事人，都是法所不容的，应当在确认事实的基础上，依法予以处理。近期发生"警察以查身份证为由强制传唤两女孩"事件①，虽然其全貌尚待调查确认，但是，围绕该事件所形成的诸多观点有待正本清源，而该事件再次凸显了警察执法规范化的必要性和紧迫性。

警察执法规范化，这是一个总论层面大家都赞成，而在具体实施路径、方式和方法上易陷入众说纷纭的课题。这是由警察事务的广泛性、多样性、过程性和日常性所决定的。人们围绕警察的主张多种多样，往往是其对该领域的某个部分、某个阶段或者某个层面甚至是某个点的认识之反映。这正是现代行政法中行政过程论和参与型行政理念为什么会得到普遍接受，并成为理论界和实务界很多仁人志士为之奋斗的目标之原因所在。

警察执法规范化，应当尊重警察事务自身的规律性，强调过程论视角，坚持正当程序规则，注重利益衡量性的思考。总体而言，无论是一般的执法活

---

* 参见杨建顺著：《过程论视角下的警察执法规范化》，载《检察日报》2016 年 6 月 15 日第 7 版 "建顺微思"。

① 参见佚名：《深圳两女孩称过马路没带身份证被带上警车遭辱骂，警方：正查》，http：//www.thepaper.cn/newsDetail_forward_1481668，2016 年 6 月 10 日访问。

动,还是解决纠纷,抑或是预防、制止和惩治违法犯罪活动,警察执法都应当坚持合法性原则、合理性原则和公开原则。进而,在过程论视角下,警察执法规范化问题还需要分类、分层、分阶段来分别把握。很显然,不同类别、不同层级的警察,其执法规范化要求会存在差异性。共性的问题可以在高位阶的法规范中作统一要求,而对个性化的规范,则需要完善相应的授权规程,由一线的人员在实践中去摸索、完善。至于不同阶段,包括整个社会发展的不同阶段,某种事业发展的不同阶段,某个案件进展的不同阶段,乃至某个人、某个队伍成长的不同阶段,等等,其执法规范要求都应当有所不同。

理解这个问题,可以从"扁鹊论医"(或曰"扁鹊三兄弟")和"扁鹊见蔡桓公"的典故中找到富有哲理的过程论支撑——事前、事中、事后,各阶段的病情都需要治疗;各阶段的治疗所针对的病情不同,故而所用方法和方式亦不同;由于病情和治疗的阶段不同,所用的方法和方式不同,所得到的效果——包括病情治疗效果和人们对医生的评价效果——亦不同。并且,若在各个阶段都不采取相应的措施,那么,后果不堪设想。这恰恰道出了警察规制过程中应当致力加以规范和完善的课题。

其一,应当坚持早介入、早防治,防患于未然的理念。名医扁鹊称其长兄医术最高明,"于病视神,未有形而除之"。正所谓事后规制不如事中规制,事中规制不如事前规制。这是一种具有相当普遍性的观点,它体现了过程论观念,也体现了对阶段和手段的衡量,其价值取舍标准具有正确的价值导向,故而具有很强的值得支持性,可谓解决纠纷、化解矛盾、长治久安的理想目标。但是,这里需要解决的问题是,应当如何与警察消极目的的原则相协调?

其二,应当做到事前、事中和事后的规制相结合。介入节点前移,有助于防患于未然。这个道理可以说大家都清楚,但是,要全部做到,除了对所指范围进行严格限制的情形外,则几乎是不可能的。这一方面是源自规制本身或者规制者的主客观原因,使得事前规制者未能发现纠纷或者矛盾的苗头,无法将其制止于萌芽状态;另一方面是来自被规制者的原因,例如,难免会有蔡桓公一类的人,对指出其"病征"的不理解,坚持"医之好治不病以为功"的偏见。如果事中、事后能够适时采取措施,亡羊补牢,或许可以避免"桓侯遂死"的恶果呢。

其三，坚持以法治思维和法治方式推进规制，是实现长治久安目标的基本保障。事前规制，"于病视神，未有形而除之"；事中规制，"其在毫毛"；事后规制，"镵血脉，投毒药，副肌肤"。前两者因为标准难以把握，要以法的明文加以规定，难；事后规制虽较容易以法规范加以规范，但是，因其手段之重，要获得广泛的一致意见，难。这三难，决定了警察执法规范化首先应当在最初的依据合法上做文章。

其四，应当根据需要为各阶段配备必要的人、财、物，并为各阶段、各环节人员互动交流沟通提供系统平台，为各级各类人员素质提升提供机会和支持。分不同阶段、不同层次需求，分门别类地配置人员，分配任务，才能真正做到对事前、事中、事后进行全过程、有实效的监管。

其五，应当建立相应的科学评价和奖惩机制。这里需要强调的是，要善于用人，得英才而用之，要"把善于运用法治思维和法治方式推动工作的人选拔到领导岗位上来"。亦要坚持功绩主义，注重工作实绩，让真正为警察事业做出贡献者获得应有的评价和奖励。

（2016年6月14日，于中国人民大学明德法学楼研究室）

从"草原天路"取消收费谈完善公共用物使用关系[*]

张北县的"草原天路"收费，在各界广泛而持续的"关注"之下，终于被取消了。有人为之拍手称快，且论据也似乎很充分——纳税人为修建公路做出了贡献，到头来使用公路还要再缴费，缺乏合理性；既然在现行法之下找不到明确而充分的依据，其缺乏合法性是确定无疑的，"属于典型的越权行政"。[①]从形式法治论出发，并根据越权无效原则，取消收费是无可厚非的。然而，从实质法治的理念和法政策学的角度来看，事情并非那么简单，在公共用物使用关系方面尚存在诸多值得充分关注、深入思考和认真应对的问题。

其一，在道路、公园、风景名胜区等公共用物的使用关系中该不该收费，该由谁来收费，乃至该如何收费等一系列问题，是需要因地因事因时制宜的问题，不宜简单化处理。一方面，现实中存在大量乱收费的情形，应当依法予以治理；另一方面，现实中有些收费本来具有合理性甚至具有很强的必要性和迫切性，却由于其运作过程中出了问题，或者是由于人们过于偏好"免费游览"等消费观，导致其最终也被取消了。"草原天路"取消收费，属于后一种情形。其缺乏法治思维和法治方式支撑，被取消具有一定的可支持性。然而，仅限于取消收费，却依然无法应对生态环境遭受破坏的难题，该道路在取消收费后困扰犹存，车流密度大、游客人数多，生态环境遭受破坏的情况一直困扰当

---

[*] 参见杨建顺著：《公共用物使用关系该如何完善》，载《检察日报》2016年6月29日第7版"建顺微思"。

[①] 参见党小学、刘文晖、高扬著：《草原天路收费"合规合法不越权"？》，载《检察日报》2016年5月11日第5版"法治评论"。

地。① 从破解自然风景区的资源利用与保护开发之间矛盾的角度出发，如何为相关措施提供科学立法，"实现立法和改革决策相衔接，做到重大改革于法有据、立法主动适应改革和经济社会发展需要"，是法政策学应当聚力研究的一个重大课题。

其二，自由使用原则是公共用物使用关系的最大特色。该自由使用是"限于对一般人承认使用的自由，而不是设定使用的权利的"。② 在这一原则指导下推进旅游资源的开发和公物法制的建设，将有助于最大限度地实现人们对道路、公园、风景名胜区等公共用物的需求。

其三，应当允许在公共用物的使用关系中根据需要设置相应的限制。由于自由使用权的内容本身并不确定，它是随着场所和时代的变化而变化的。有些情况下，尤其是在资源有限的情况下，如果依然固守自由使用原则，可能会导致无法使用或者无法有效使用的"自由"形态。例如，节假日高速公路免费，于是造就了"移动停车场"。在自由使用以外，可以存在而且也应当存在诸如许可使用和特许使用等形态。有必要对公共用物进行分类、分级、分层管理，以不妨害他人的自由使用为基本前提，并以社会发展、价值多样化为前提，对自由使用的内容进行灵活解释。

其四，应当赋予公共用物管理者以添加附款的形式，对公共用物的使用关系加以限制的权力。为实现公共用物提供于公共之用的最大效用，作为公物管理权内在的裁量作用，允许公共用物管理者根据利用形态的不同，对某些使用者或者使用形态的特殊利益和公众的一般利益进行比较衡量，在公共用物的使用许可中添加期限、占用费和使用费以及许可撤回等行政行为的附款。

其五，确立受益者负担原则或者原因者负担原则，有助于最大限度地实现公共用物的最大效用。按照公物法一般理论，公共用物的管理所需费用原则上由提供公共用物的行政主体承担；根据法规范的规定，针对特殊使用也可以征

---

① 参见佚名：《草原天路取消收费困扰犹存 盘点各国公路景区收费与否》，http://finance.people.com.cn/n1/2016/0611/c1004-28425494.html，2016年6月27日访问。

② 关于公共用物使用关系，参见杨建顺主编：《行政法总论》（第二版），北京大学出版社2016年版，第129—131页。

收负担金、使用费等。换言之，当某种使用超过了一般人正常使用的范围或者限度时，或者由于资源的有限性而导致某些人无法使用时，使用人则应承担公物管理所多付出的费用。基于公共目的的需要，公物管理者依法向获得公物的使用、占用许可的使用人、占用人征收费用，对于擅自使用、占用等违反公物管理法乃至公物管理规则的，赋课制裁性的赔付金等，这些均为公物管理权的重要内容，也是使用关系规制的重要组成部分。

其六，坚持依法推进，尊重客观规律，才能创造各方共赢、可持续发展的局面。无论是对公共用物自由使用原则进行限制，创设公共用物的许可使用和特许使用，还是坚持和推进受益者负担原则，乃至制定和完善具体的收费标准和规则，等等，都应当坚持依法办事，坚持以法治思维和法治方式来推动工作，在借鉴环保领域的相关实践经验和理论研究成果的同时，充分尊重公共用物领域的规律性，切实解决好相关措施的法律依据问题。

（2016年6月28日，于中国人民大学明德法学楼研究室）

应将楼堂馆所的建设管理纳入法治轨道[*]

徐州一局长办公室面积超省长标准，江西一镇举债1300万建豪华办公楼，河南贫困县豪华办公楼多，洛阳被指数亿建政府办公楼，江苏沛县政府办公楼豪华超标，内蒙古乌兰察布市新建的一处规模宏大的类殿堂式办公楼建筑群，被指奢华和浪费……某些地方耗巨资修建楼堂馆所，政府办公楼越建越豪华，领导办公面积严重超标的报道不断，而相关部门和领导却不闻不问，任由"享乐主义和奢靡之风"盛行。

党中央、国务院对党政机关建楼堂馆所早有规定。且不说最近中央有"八项规定"和"四风建设"，强调厉行节约、制止奢侈浪费，反对"享乐主义和奢靡之风"；单说专门针对楼堂馆所问题的发文，已有1999年和2007年的两次通知，2009年的《党政机关办公用房建设标准》，更有2013年7月23日中共中央办公厅、国务院办公厅印发的《关于党政机关停止新建楼堂馆所和清理办公用房的通知》。该通知要求，在未来5年内，各级党政机关一律不得以任何形式和理由新建楼堂馆所；对已批准但尚未开工建设的楼堂馆所项目，一律停建；停止迁建、购置楼堂馆所，即严禁以城市改造、城市规划等理由在他处重新建设楼堂馆所，严禁以任何理由购置楼堂馆所；严禁以"学院""中心"等名义建设楼堂馆所；严禁接受任何形式的赞助建设和捐赠建设；严禁借企业名义搞任何形式的合作建设、集资建设或专项建设。该通知发布以来，各级党政机关纷纷印发、层层贯彻，对停止新建楼堂馆所和清理办公用房作出部署。从2007年的"严格控制"，到现在的"严禁"，呈现出更大的决心和力度，似乎最值得期待其令人满意的结果。然而，楼堂馆所的建设热度并未

---

[*] 参见杨建顺著：《治理楼堂馆所应摆脱"发文"依赖》，载《检察日报》2013年11月13日第7版"建顺微思"。

因此而减弱，可以说形势真的不容乐观。

要切实刹住楼堂馆所建设管理领域的不正之风，除了"发文"之外，更重要的是应当依法切实查处，并践行"任何人不得援用自己的背德"或者"任何人不得从其违法行为中获得利益"的法谚。在相关立法层面，有1988年的《楼堂馆所建设管理暂行条例》，还有2012年《机关事务管理条例》。其实，"发文"所强调的主要内容，在这些法规范中已有相应规定，只要切实贯彻相关法规范，也就没有必要"发文"了。

《机关事务管理条例》第6条规定："机关事务工作应当遵循保障公务、厉行节约、务实高效、公开透明的原则。"可见，保障公务是其首要价值追求。行政主体为实现行政目的，不仅需要人的手段，而且也需要物的手段。其中物的手段主要包括直接提供于政府机关使用的物、各级政府的建筑物及其占地等公用物，所有这些都应当得到保障。并且，根据公物法的一般原理，伴随着经济的发展，政府部门的职能和作用不断增加，其办公条件也应当得到相应改善。关键在于相关条件装备的保障和改善应当合法、合理，体现厉行节约、务实高效、公开透明的原则。尤其是该条例确立了机关运行经费公开制度，办公用房统一调配、统一权属登记、统一建设、统一维修的制度[1]，还针对"采购奢侈品、超标准的服务或者购建豪华办公用房的"规定了相应法律责任[2]，这些都是确保楼堂馆所的建设管理合法合理的制度支撑。

重要的是应当摆脱仅依靠"发文"的形式，尤其应当避免通过"发文"的形式而导致对相关法规范的架空。在"发文"中划定"新"线的做法，除了偶尔用来解决长期堆积的历史遗留问题外，不宜常用。否则，它会助长人们从违法行为中捞好处的投机心理，将会严重伤及社会、政府和国家的诚信。即使采取"发文"的形式，也应当明确将贯彻既有法规范作为其任务或者目标，并注重导入法规范所确立的法律责任等机制，将法规范所规定的原则、规则等予以具体细化。不应当只是严禁所划线时点的"新建楼堂馆所"，而应当以既

---

[1] 参见《机关事务管理条例》第13条、第21条—第23条。
[2] 参见《机关事务管理条例》第14条、第32条。

有法规范所确立的规则和标准，严格执行，一查到底，不断地建构并坚持一种常态运作机制，依法规制那些面积、装修严重超标的政府办公楼。只要将楼堂馆所的建设管理纳入法治轨道，就必定会规范楼堂馆所的建设管理，既能遏制不正之风，又能逐步改善各级党政机关的办公环境。这些与广大人民群众的意愿和利益需求是一致的。

(2013年11月12日，于北京海淀世纪城寓所)

公车改革应当注重合法性和合理性*

据报道，近来湖北省参与车改的 100 余家省级党政机关中，有 20 家单位的正厅级"一把手"主动放弃公车保障，选择参与车改拿车补，补贴标准为每月 1690 元。按湖北省车改政策，省级党政机关厅局级正职主要负责人，允许以适当集中的形式提供工作用车实物保障，但须严格规范管理，不得领取公务交通补贴。这意味着，在公车保障公务出行和参与车改拿补贴两种方式中，可以二选一。①

该报道引起广泛关注。称赞者认为，厅级单位主要领导自愿放弃享受公车保障，是件非常好的事，值得肯定和推广。质疑者指出，放弃公车的"厅官"都来自非要害部门，说明当地的公车改革尚未触及到核心利益，缺乏"啃硬骨头"的决心。还有人以此为契机，主张应当走出"车补即福利"的误区——有的地方车改方案将县级正职领导的车补定为每年 8 万元，有的地方则将车改最高标准定为 8 万余元，有的更甚，这方拿着公车补贴，那方利用职权占用其他单位或者个人的车辆，等等。对以"车改"名义搞福利、把公务用车补贴当"外快"的腐败行为，应当以制度发力，严肃问责，严惩不贷。②

若仅从上述车改新闻来看，除了其车补标准值得商榷外，其他举措不仅符合此次车改的方向，而且符合行政法上的行政受益权原理。③ 只要能够落实到位，保证按标准执行，并做到不因车改而影响政府给付和规制等职能的履行，

---

* 参见杨建顺著：《公车改革应当注重科学合理性》，载《检察日报》2015 年 11 月 11 日第 7 版"建顺微思"。

① 参见江卉、田耘稷著：《1720 辆公车取消之后——四问省级机关车改》，载《湖北日报》2016 年 2 月 29 日第 4 版。

② 参见晏庆盛著：《车补低标准彰显公车改革本义》，载《江苏工人报》2014 年 7 月 24 日。

③ 关于行政受益权和行政优先权，参见杨建顺著：《行政规制与权利保障》，中国人民大学出版社 2007 年版，第 142—143 页。

那么，总体上是值得肯定的。不过，从围绕上述车改新闻而展开的诸类评论来看，我国车改要名副其实地"全面完成"，尚需进一步下大力气推进。

首先，应当制定完善相应的法规范。《中共中央关于全面推进依法治国若干重大问题的决定》指出：要"做到重大改革于法有据"。我国于2012年制定施行《机关事务管理条例》，对公务用车作出相应规定，而在此次公车改革中它却没有发挥应有作用。该《条例》关于"国务院机关事务主管部门会同有关部门拟订公务用车配备使用管理办法"的授权规定似也没能得到落实。为了实现行政目标，应当按照相关组织法规范，为负有实现相应行政目的之任务的行政主体配置相应的保障条件，这是行政手段论的内在要求。我国长期搞车改，违规配使公务用车问题却一直未能得到有效解决。这里有很多复杂原因，而没有相关法规范支撑可以说是重要原因之一。

自1989年9月6日《中共中央办公厅、国务院办公厅关于中央党政机关汽车配备和使用管理的规定》（以下简称《管理规定》）以来，我国的公车改革经历了一次又一次挑战，堪称举步维艰。到2014年7月，为"规范公务用车运行管理，有效降低行政成本"，全面推进公务用车制度改革，中共中央办公厅、国务院办公厅印发《关于全面推进公务用车制度改革的指导意见》（以下简称《指导意见》）和《中央和国家机关公务用车制度改革方案》（上述两个文件简称两个"车改文件"）。两个"车改文件"所揭示的内容本身成为重要的行政目标和政治目标，可以说我国的公车改革由此真正得以"全面推进"。相关改革成果也应当以法规范提供支撑。

其次，应当转变观念。国家为确保行政主体（包括行政机关和法律、法规、规章授权的组织）有效地行使职权，切实地履行职责，圆满地实现公共利益的目的，而以法律、法规、规章等形式赋予行政主体享有各种物质上的优益条件的资格，这称为行政受益权。行政受益权和行政优先权共同构成行政优益权，是行政职权有效行使的保障条件。[1] 对公务用车应当一分为二地看待，不应简单地将其等同于"腐败"等。既然车改方案允许在两种方式中二选一，

---

[1] 参见杨建顺著：《行政规制与权利保障》，中国人民大学出版社2007年版，第143页。

那么，相关单位如何选择都应当得到尊重。①

两个"车改文件"明确了公车改革的时间表和路线图。其中的《指导意见》明确提出："2015年年底前基本完成地方党政机关公务用车制度改革，用2至3年时间全面完成公务用车制度改革。"这就是所谓各地公车改革的"大限"。年底将至，各地公车改革的"大限"将至，公车改革这个堪称历久弥新的课题也正在面临着严峻挑战。需要强调的是，能够按照指导意见要求，做到"年底前基本完成"那当然好，但是，切忌千篇一律、急于求成，要允许按照客观规律办事。

最后，应当在科学性层面下工夫。为确保此次车改的科学性、彻底性和可持续性，不仅应当允许而且应当倡导和推进按照客观规律办事，以科学分类分层分领域为前提，在交通不便的偏远县乡，对职务上离不开车的领域，不应仅奢谈"监管不能少"，而是要确保《公务员法》所规定的"获得履行职责应当具有的工作条件"的权利②，打破一定级别以上的干部一律配备专车、一定级别以下都不得配备专车的所谓铁则。若进行公车改革不将政府职能和行政目的作为核心考虑因素，而是单纯地以级别高低来确定是否"封停"公务用车，甚至连安全生产监察用车也予以"封停"，确定"一刀切"的车补基准，那么，这样的改革即使得以推进，在"大限"到来之前"全面完成"，那也很难说是成功的。

(2015年11月10日，于北京海淀世纪城寓所)

---

① 实质上，从行政目的与手段的辩证统一关系来看，这里的所谓二选一方案须以实现行政目的的手段能够切实得到保障为前提。换言之，如果选择其中一种方式，结果导致相关公务的执行受阻的话，那么，便不能不说这种改革方案是不可取的。

② 《公务员法》第13条第1项。

Part 4

计划和整序,路径手段的实效性保障

科学推进计划行政,完善行政计划规制
加强整序行政,确保经济社会发展与环境保护相协调
从"争路运动"谈行政规划确定程序的完善
从"北京二热"大烟囱存废看《文物保护法》修改课题
关注环境保护中政府责任的评价机制
教师节改日期与尊师重教的价值追求
"不交罚款就不验车"是确保法律实效性的举措
推进规则之治,依法处罚闯红灯

科学推进计划行政，完善行政计划规制^{*}

中共中央政治局 2015 年 10 月 12 日召开会议，听取了《中共中央关于制定国民经济和社会发展第十三个五年规划的建议》稿在党内外一定范围征求意见的情况报告，决定根据这次会议讨论的意见进行修改后将建议稿提请定于 10 月 26 日至 29 日在北京召开的第十八届五中全会审议。① 自 1995 年 9 月的十四届五中全会通过了《中共中央关于制定国民经济和社会发展"九五"计划和 2010 年远景目标的建议》起，由五中全会审议通过制定"五年规划"的建议，成为启动制定国民经济和社会发展计划的基本路径。与历届四中全会惯例是以党建专题为主不同，十八届四中全会首次以依法治国为主题，描绘了"促进国家治理体系和治理能力现代化"的重要路径和目标。十八届五中全会审议通过制定国民经济和社会发展计划的建议，对于以法治思维推进计划行政的完善，实现行政计划的民主化、法治化和科学化，具有更加重要而深远的意义。

行政计划以及基于行政计划而展开的计划行政构成了现代行政的重要特色之一，并构成现代行政法学研究的重要领域。

所谓行政计划，也称行政规划，是指行政主体在实施公共事业及其他活动之前，首先要综合地提示有关行政目标，事前制定出规划蓝图，以作为具体的

---

* 参见杨建顺著：《以法治思维完善计划行政》，载《检察日报》2015 年 10 月 14 日第 7 版"建顺微思"；杨建顺著：《代序：科学推进计划行政，完善行政计划规制》，载《比较行政法研究所 2014 · 2015 年年会暨"比较法视野中的计划行政与法治政府学术研讨会"论文集》，2015 年 10 月 16 日—17 日，第 1 页。

① 参见佚名：《中共中央政治局召开会议》，新华网，http：//news.xinhuanet.com/politics/2015-10/12/c_1116799184.htm，2015 年 10 月 12 日访问。

行政目标,并进一步制定为实现该综合性目标所必需的各项政策性大纲的活动。① 如国民经济和社会发展计划,通常为"五年规划",是对未来五年发展蓝图的描绘,故而对国家、政府、社会和个人都具有重要的指导和指引意义。

所谓计划行政,是指依计划而展开行政活动,各种计划交错重叠而构成各种行政活动的依据,各种行政活动有序展开而成为相应新计划的手段、措施和条件保障,通过政策(决定)的形成(计划)→实施(执行)→评价→改善的不断循环过程,最大限度地实现人民满意行政的一般法构造。② 以国民经济和社会发展计划为例,"十二五"计划是"十三五"计划的条件保障,后者则应当在对前者及其实现状况予以确认、承继的基础上提出新的追求目标,规定新的相应保障手段。

在计划行政视野下,不仅各种行政活动须依照计划展开,而且行政的法规范本身也被置于计划等政策体系之中,作为实现计划目标的手段。计划行政也要坚持法治行政原理,有时候某些总体性行政计划被置于法律的前导,具有引导法律的功能,成为有关领域各项立法工作得以展开的总框架或者准则;各项行政计划都是行政主体履行其管理和服务职责的重要依据;在一定的范围和领域内,行政计划还具有约束社会组织和个人行为的功能。③ 伴随着行政的复杂化和多样化,行政计划和计划行政的地位和作用越来越重要,不仅对于合理性的行政是无可替代的保障,而且对于合法性的行政也是重要的支撑。

为避免行政计划权被滥用,现代行政法学特别注重构筑符合计划特质的裁量统制法体系——从国民主权(人民当家作主)和民主主义的观点进行统制,必须对国民保障充分的参与程序,通过对复杂的利害进行综合的调整来形成合意,保证计划内容具有合理性;从国民权利救济的观点进行统制,在对私人的权利利益带来具体影响的阶段尽可能设置争议机制,以期待对计划裁量适合时

---

① 参见姜明安主编:《行政法与行政诉讼法》(第六版),北京大学出版社、高等教育出版社2015年版,第253—254页(杨建顺执笔)。
② 参见杨建顺著:《计划行政的本质特征与政府职能定位》,载《中国人民大学学报》2007年第3期,第121—124页。关于PDCA(Plan, Do, Check, Action)的循环过程,参见杨建顺著:《行政规制与权利保障》,中国人民大学出版社2007年版,第177—178页。
③ 参见杨建顺著:《日本行政法通论》,中国法制出版社1998年版,第566—568页。

宜的权利救济；从行政效率的观点进行统制，以避免忽略行政的迅速性、效率性而导致计划方案缺乏现实性，强烈要求计划裁量行政程序的迅速化。

行政计划的作用在于"不同种类的复数的行政权限被体系性地组织化，其作为全体而产生出新的行政机能，由此而使一定的行政目的得以能动地达成"。对具体状况的依存性和与多数政策的关联性，是行政计划作为统一行政上的各项政策并付诸实施的基本标准而发挥其作用的基础。2020年实现全面小康，这对于穿越中等收入陷阱是生死攸关的目标。为确保该目标的实现，科学描绘出"十三五"计划蓝图，需要坚持法治思维，运用法治方式，完善计划制定程序，落实好计划制定过程中的民主参与和科学论证，夯实相关权利保障制度机制，为效率性行政提供支持。

(2015年10月13日，于北京海淀世纪城寓所)

加强整序行政，确保经济社会发展与环境保护相协调*

近来，围绕小南海水电站的报道发人深省。1990年国务院批准的《长江流域综合利用规划》中提到："长江干流三峡之上、向家坝之下，应当修建小南海、朱杨溪、石硼等大型电站。"然而，因位于自然保护区内，小南海水电站自规划起就遭到环保组织和生态环境学者的反对。"或许因为反对声音太大"，自从2012年3月29日奠基仪式后就没有动工。2015年1月27日，重庆市市长黄奇帆在政府工作报告中将"启动建设长江小南海水电站"作为当年重庆市政府的工作重点之一；而国家环保部在3月30日《关于金沙江乌东德水电站环境影响报告书的批复》中则明确指出："不得在……自然保护区范围内，再规划和建设小南海水电站、朱杨溪水电站、石硼水电站及其他任何拦河坝（闸）等涉水工程。"有媒体对此发出疑问：环保部和地方政府，究竟谁说了算？① 其实，除了需要解决谁说了算的问题外，更重要的是应当加强整序行政②，完善环境影响评价机制，实现2014年《环境保护法》所追求的"使经济社会发展与环境保护相协调"。③

国务院批准的规划，经过反复博弈，终于被地方政府列为年度重点工作，紧接着就被环保部全面且明确地予以否定。这种现象值得警惕。按照法治行政

---

* 参见杨建顺著：《关于小南海水电站争议的反思》，载《检察日报》2015年4月22日第7版"建顺微思"。全文转载于《今参考·商界》2015年5月号。

① 参见冯军著：《小南海水电站的十年环保博弈：薄熙来曾力推》，http：//finance.qq.com/original/lenjing/xiaonanhai.html? pgv_ ref = aio2015&ptlang = 2052，2015年4月20日访问。

② 所谓整序行政，是指以整备和形成环境、经济和空间等秩序为目的的行政，包括环境整序行政、经济整序行政和空间整序行政等。参见〔日〕南博方著，杨建顺译：《行政法》（第六版），中国人民大学出版社2009年版，第25、29—32页。

③ 《环境保护法》第1条。

原理，规划一旦经国务院批准，就应当得到遵循，付诸实施；而作为最高行政机关的国务院所批准的规划本身，应当确保具有合法性和科学性。1989年《环境保护法》明确将"为保护和改善生活环境与生态环境，防治污染和其他公害，保障人体健康，促进社会主义现代化建设的发展"规定为立法目的，而国务院于翌年批准前述规划，理应体现该法的精神。可是，围绕该规划的争议却长期存续。这提示我们必须强调整序行政作用，重视《环境影响评价法》等法规范的各项要求，切实为规划的批准乃至其他重大决策提供科学、民主及合法的支撑。

尤其是在改革发展过程中，需要强调行政主体之间相互信任和尊重，确保法规范的内容具有明确性、可预测性、连续性、可靠性和稳定性，从而确保各项决策的统一性、连续性和可信赖性。而确保法规范和决策具有这种品质的重要支撑是计划行政。作为计划行政的重要形态，国务院批准的规划其自身的科学性应当得到充分保障。在这种意义上说，为推动小南海水电站项目而努力的组织和个人，不应当被笼统地一概否定。

诚然，有时候规划也难免其历史和技术等方面的局限性，有必要贯彻适应形势发展需要的原则进行政策调整，也有必要根据不断发展的科学技术和发展变化了的环境等进行技术完善，甚至基于诸方面的综合考量而予以废止。在这种意义上说，环保部禁止"再规划和建设小南海水电站"等是值得肯定的，并且，其理由似乎也足够充分：过去10年长江上游珍稀、特有鱼类国家级自然保护区，因为金沙江下游一期工程等进行过2次调整，已经使自然保护区功能受到较大影响，未来该流域的开发必须严格按照主体功能区定位，严守生态红线，切实严格保护长江上游珍稀、特有鱼类国家级自然保护区。但是，在国务院批准的规划未被废止前，环保部作出不得"再规划和建设小南海水电站"等的批复，是不符合组织法原理的。正如张博庭所指出，因为"小南海水电站是国家规划项目，是不能更改的，要改也是国务院来改"[①]。

---

① 参见冯军著：《小南海水电站的十年环保博弈：薄熙来曾力推》，http://finance.qq.com/original/lenjing/xiaonanhai.html? pgv_ ref = aio2015&ptlang = 2052，2015年4月20日访问。

虽然环保部的禁令或许并不意味着"争议多年的重庆小南海水电站项目尘埃落定",但是,经济发展和环境生态保护这两种价值必须得到协调发展。正如 2014 年《环境保护法》所规定的,保护环境是国家的基本国策。① 国家应当采取各种政策和措施,加强整序行政,完善环境影响评价机制,依法运用重点污染物总量控制、区域限批和排污许可管理、不得"再规划和建设"等手段,调整经济秩序,规制开发建设活动,使经济社会发展与环境保护相协调,使环境保护规划的内容与主体功能区规划、土地利用总体规划和城乡规划等相衔接,保全、再生和创造安全且良好的生活及自然环境,实现"经济、社会和生态环境协调发展"。②

(2015 年 4 月 21 日,于中国人民大学明德法学楼研究室)

---

① 参见《环境保护法》第 4 条。
② 《行政许可法》第 11 条规定:"设定行政许可,应当遵循经济和社会发展规律,有利于发挥公民、法人或者其他组织的积极性、主动性,维护公共利益和社会秩序,促进经济、社会和生态环境协调发展。"

从"争路运动"谈行政规划确定程序的完善[*]

一篇题为《湖南十万民众为争高铁施压市长：办不到就下课》的报道，近日在网上被广泛转载。[①] 该文通过记者对各地采访的材料，展示了"争路运动"背后的地方"高铁政治经济学"。从过去"被高铁"，如京沈高铁拟穿越北京，居民区市民抗议"被同意"[②]，到现在"抢高铁"，花样频出，诸如四处公关，广拜菩萨，群众施压，官员"拼命"，乃至出现"十万邵阳群众高喊'争不到高铁，书记、市长下课'"的现象，这反映了人们在不同时期的不同认识，也反映了不同地区、不同阶层的不同利益诉求。正如业内专家所指出的，"争路运动"凸显了高铁建设亟待遵循科学合理原则的重要性。要确保高铁建设遵循科学合理原则，则需要建立健全高铁建设的规划确定程序。

其实，无论是铺设铁路、设置站点，还是修建公路确定线路，抑或是设置PX项目、建设垃圾焚烧场等，所有公共决策都不应当因为哪里争取了或者反对了就要考虑，哪里不争不反对就不管，而是应当尊重相关事项自身的规律性，建立健全科学的决策和规划确定机制，以参与型行政理念为指导，以利益均衡机制为支撑，让各方面各阶层各领域的诉求得以全面、客观、充分表达，让各相关专家进行扎实、专业的论证，为最大限度实现公共利益和各相关方面的利益提供坚实的法治保障。

民主、科学的行政规划确定程序，是决策民主化和科学化的重要组成部

---

[*] 参见杨建顺著：《从"争路运动"谈行政规划确定程序的完善》，载《检察日报》2015年1月28日第7版"建顺微思"。

[①] 阳建、苏晓洲、史卫燕、谢樱著：《湖南十万民众为争高铁施压市长：办不到就下课》，http://news.qq.com/a/20150127/006145.htm?pgv_ref=aio2015&ptlang=2052，2015年1月27日访问。

[②] 陈锋著：《京沈高铁拟穿越北京居民区引沿线居民抗议》，http://news.sina.com.cn/c/sd/2012-12-10/111025773837.shtml，2017年3月12日访问。

分，亦是全面实现政府职能，解决现在及将来的公共问题乃至调整均衡各种利益的重要保障。在实施公共事业及其他活动之前，无论是政府直接进行，还是购买其他组织的服务，或者搞所谓公私合作治理，都应当综合地提示有关行政目标，事前制定出规划蓝图，并尽可能明确具体的行政目标，进一步制定为实现该具体目标和综合性目标所必需的各项政策性大纲。[①] 这种事前决定过程以及该决定过程所产生的结果，都应当体现出鲜明的公共利益价值取向，同时要实现对其他各种利益的充分考虑和调整。

行政规划既要追求以科学性和技术性为基准的经济合理性，"要有科学的分析和选择，寻求最佳平衡点"；又要强调"在法之下，受法的规制"[②]，以法治行政原理为指导，最大限度实现法规范适合性；还要注重以人为本、可持续发展等理念，充分体现各相关方面的广泛参与性和可接受性，允许、欢迎、鼓励那些"外行""社会活动家"通过畅通且具有实效性的路径和方式表达其各自诉求。对于错误的诉求，诸如因为"人脉"的强弱而导致走线设站不科学，民众施压市长、书记，"办不到就下课"等，则应当通过经济合理性和法规范适合性来予以规制。

行政规划的确定过程大多由政治过程、行政过程、经济过程乃至法规范统制过程混合组成。规划确定过程中包含诸种利益的调整均衡，既是政治性决断和国家、社会公共利益的调整均衡过程，亦是个别利益的调整均衡过程。每一个利益调整均衡过程都关乎该规划实施的实效性，关乎该规划的持续性和可接受性，需要政府积极地推进，也依存于政府机关以外的组织体的参与和协力。故而，在现代国家，经济合理性、法规范适合性、广泛的参与性和可接受性，成为对相关活动进行评价乃至解决相关利益冲突与衡平的重要基准。

为了确保铁路、公路的走线设站以及 PX 项目、垃圾焚烧场的建设运营等公共决策的科学性和可接受性，应当建立健全行政规划确定程序。其中，应当

---

① 参见杨建顺著：《日本行政法通论》，中国法制出版社1998年版，第562页。
② 这是田中二郎先生界定"行政"的重要前提。"行政，是指在法之下，受法的规制，现实中为了积极地实现国家目的而进行的、整体上具有统一性的、连续性的形成性国家活动。"〔日〕南博方著：《行政法》（第六版），杨建顺译，中国人民大学出版社2009年版，第4页。

确认和强调政府在行政规划中的主导地位和监督实施作用，确认和强调企业等社会主体的义务和责任，还应当致力于培育公民和公民意识。为了提高公民参与公共决策的实效性，应当充分肯定利益团体的作用，建构相应的决定构造，使其能够及时而准确地发现并反映民众主张，并探讨实现相关主张的行政的乃至政治的途径，为各方利益主体进行选择提供更为理想的手段。总之，为了应对发展所产生的新需求，应当贯彻科学、民主、法治的理念，致力于架构更为多样化且有实效性的行政规划确定程序。

(2015年1月27日，于香港城市大学法律学院)

从"北京二热"大烟囱存废看
《文物保护法》修改课题[*]

随着经济社会快速发展,为了保持同文物工作实际和经济社会发展需要相适应,我国与时俱进地对关于文物保护的法规范进行了并且在进行着修订完善。2015年12月28日,国务院法制办公布了文化部报请国务院审议的《文物保护法修订草案(送审稿)》及其说明,向社会各界征求意见。除了公布《修订草案(送审稿)》《修订前后对照表》和《修订草案(送审稿)起草说明》外,还公布了《保留行政审批论证情况的说明》《取消行政审批论证情况的说明》和《新设行政审批论证情况的说明》,凸显了对相关改革可行性论证的重视,这种做法值得肯定;而从其内容来看,现行法规范和目前的《修订草案(送审稿)》都无法全面涵盖文物保护的实际问题,仍有需要进一步完善之处。

从围绕北京第二热电厂(以下简称"北京二热")大烟囱的存废之争来看,确立"景观"观念,建立健全相关评价机制,是《文物保护法》修改应当着力解决的重要课题之一。尽管国务院法制办征求意见已于2016年1月28日结束,但是,为了避免频繁修法而浪费立法资源且减损法规范的稳定性和权威性,或者因为不能及时修法而无法应对现实需要以至于影响《文物保护法》立法目的的实现,相关方面应当对此类问题予以高度重视,切实展开扎实研究,尽可能在此次修法过程中予以解决。

"北京二热"大烟囱建于1976年,它见证了"北京二热"的发展和历史变迁。天宁寺塔建于1119年,历代虽有修缮,但塔的结构和形制,以及大部

---

[*] 参见杨建顺著:《从"北京二热"大烟囱存废看文物保护法修改》,载《检察日报》2016年4月6日第7版"建顺微思"。

分的雕饰,均为辽代遗物,弥足珍贵,它是该地区及北京历史变迁的实物见证,故而于1957年被列为北京市文物保护单位,1988年又列入全国重点文物保护单位。问题在于二者距离过近(仅144.6米),且大烟囱太高了(180米),而天宁寺塔才57.8米。有人尖锐地指出:"前者以超出三倍的高度,对后者形成压迫之势","带来了严重的景观环境污染","已被公认为文物建筑保护与城市风貌的一大败笔,如何在城市发展中处理这样的问题,值得各方细加思量"。①

这的确是个值得深思的问题。暂不论"北京二热"大烟囱是否"文物建筑保护与城市风貌的一大败笔",单就其与西城区(宣武区)近40年的生活密不可分这一点而论,其应当保留还是应当拆除的问题,似不应当仅以辽代的古塔为唯一的判断基准。但是,文物的确是不能独善其身的,其与周围环境是一个整体。在城市发展过程中如何处理此类问题,需要确立相应的制度机制来支撑。

存废之争的焦点在于"北京二热"大烟囱对于作为全国重点文物保护单位的天宁寺塔是否构成了"夺其景观,破坏其文化氛围","带来了严重的景观环境污染",影响了其"独一无二的价值"。然而,围绕这个问题有诸多不同的看法,专家们的观点也各有不同。主张应该拆除的人认为,唯有拆除大烟囱才能还天宁寺塔应有的历史文化尊严,"悟以往之不谏,识来者之可追";主张应该保留的人则认为,拆除它不仅麻烦,而且还会伤及很多人对它的感情,尽管它并没有太长的历史,但它伴随了我们的生活与成长。②

"北京二热"老厂区改造工程已于2016年1月底启动,新园区拟命名为"天宁1号"文化科技创新园。大烟囱位于园区的核心区域。西城区文化创意产业促进中心相关负责人表示:"'长'在市民眼里30多年的大烟囱不会被拆除,它将成为北京城发展的历史见证。""天宁1号"文化科技创新园提出

---

① 朱祖希、袁家方著:《北京"二热"大烟囱存废之辨》,http://finance.sina.com.cn/roll/2016-03-27/doc-ifxqssxu8322522.shtml,2016年4月4日访问。
② 佚名:《天宁寺pk北京二热大烟囱忽成舆论热点 相煎何太急》,http://www.takefoto.cn/viewnews-700465.html/5,2016年4月4日访问。

"要求保留它的原貌和历史痕迹,在不破坏烟囱本身结构的前提下,以巧妙的设计开发烟囱全新的功能和用途,将其打造成为西二环天宁寺地区的地标性建筑"。

"在不破坏烟囱本身结构的前提下"打造地标性建筑,这种做法应当建立在对古都文物不会造成"严重的景观环境污染"的基础之上。修改《文物保护法》,应当确立"景观"观念,以科学的文物影响评价机制、文物安全评价机制和文物景观评价机制等为支撑,明确相关部门的论证和说明理由义务,探索使古都文物和地标性建筑等相得益彰、相映成趣的文物保护和现代城市发展新路。

(2016年4月5日,于中国人民大学明德法学楼研究室)

关注环境保护中政府责任的评价机制*

广西在 2012 年 1 月龙江河镉污染事件后,召开以环境倒逼机制推动产业转型升级攻坚战动员会,要求加快发展低碳经济和绿色产业,切实防范环境风险、安全生产和食品药品安全事故,从根本上杜绝类似龙江河镉污染事件的发生。然而,2013 年 7 月初,广西又发生贺江铊镉污染事件。① 两次污染事件都起因于企业排污,最早发现"毒水"的都不是当地环保部门和执法人员,而是生活在附近流域的渔民。② 这难免令人质疑龙江河镉污染事件后所谓"地毯式大排查"③ 以及此次贺江铊镉污染事件后"启动应急预案""紧急排查关闭百余家企业"等举措的实效性。如果不从根本上解决环境保护中政府责任的问题,同样的环境悲剧难免还会一再上演。

面对现实中的一幕幕环境悲剧,应当使各级人民政府及其公务员充分认识到环境问题是硬性问题,唯有其正确、及时地行使环境规制权,才能尽可能减少环境悲剧的发生。

要解决政府在环境保护中的规制责任问题,加强和完善相关立法是重要的

---

* 参见杨建顺著:《环境保护需完善政府责任评价机制》,载《检察日报》2013 年 7 月 17 日第 7 版"建顺微思"。

① 谢庆裕、梁文悦、汤凯锋著:《广西贺江铊镉污染事件:污染物将在广东漂流 7 至 15 天》,载《南方日报》2013 年 7 月 8 日。

② "看见死鱼才知道江水受污染",这在一定程度上表明政府部门要适时行使环境规制权,往往存在一定的困难性。参与广西贺江铊镉污染事件调查的环保部专家组组长、环保部华南环科所副所长许振成分析指出:"采矿企业堆放矿产的地方比较隐蔽,有些还堆放在山洞里,受雨水冲刷,污染物是一团一团地下来,当初排出来的水有时候超标,有时候又不超标,这给环保部门判断造成了困难。"出处同上注。

③ 广西开展以环境倒逼机制推动产业转型升级攻坚战动员会在南宁召开。会议要求加快发展低碳经济和绿色产业,切实防范环境风险、安全生产和食品药品安全事故,要集中力量,集中时间开展地毯式大排查,从根本上杜绝类似龙江河镉污染事件的发生。参见张江元、张垒、许大为著:《广西要求排查环境风险杜绝类似龙江河污染事件》,中国广播网,http://news.sina.com.cn/c/2012-02-27/143524010813.shtml,2012 年 2 月 27 日访问。

路径之一。其实，我国已形成了较为完善的环境和资源保护法律体系，相继制定了《海洋环境保护法》《水法》《草原法》《大气污染防治法》《固体废物污染环境防治法》《水污染防治法》《环境噪声污染防治法》《环境影响评价法》《清洁生产促进法》《循环经济促进法》和《节约能源法》等20余部法律。正如《关于〈中华人民共和国环境保护法修正案（草案）〉的说明》所指出的，我国环境保护的相关法律比较完善，修改现行环境保护法应当体现进入新世纪以来国家提出的指导思想，推动法律的实施和行政责任的落实，强化监督，加强责任追究。这不仅应当是环境保护法规范修改完善的指导思想，而且也应当是法治政府建设过程中长期为之努力的任务目标。

在相关法规范比较完善的情况下，环境悲剧依然无法避免，甚至呈现出接踵而至、不断蔓延之势，严重威胁着人民的身体健康和生命安全，这实际上反证了既有法规范的实效性保障严重欠缺，亟待从目的和手段均衡论的视角入手，切实整备环境保护领域中的政府规制体系。"雷声大、雨点小"的所谓"地毯式大排查"之类的作秀，该休矣！

可是，如果政府对排污企业行使规制权"动真格"的，那么，且不说政府面临着如何突破其在解决环境问题能力上存在界限的问题，单说因其实施规制而很有可能导致短期内经济发展受阻甚至停滞、影响人们"吃饭"的问题，因而将影响对其工作业绩的评价，影响其职务升迁。面对如此现实的问题，如果简单强调政府机关及其公务员要依法、合理、准确及时地行使环境规制权，那么，往往也难免流于形式，只是应急、应时、应景而已，很难期待其形成"切实防范环境风险、安全生产和食品药品安全事故"发生的长效机制。

那么，如何解决人民要吃饭、经济要发展和环境保护之间的矛盾，确保政府及其公务员能够切实履行环境规制权，以避免落后的发展方式给环境带来不可挽回的伤害呢？解决这个问题，必须确立对环境问题和环境保护问题的正确认识，建构环境保护领域的科学评价机制，尤其是需要完善环境保护中政府责任的评价机制。正如习近平总书记在2013年6月28日的全国组织工作会议上所强调的，要改进考核方法手段，把民生改善、社会进步、生态效益等指标和实绩作为重要考核内容，再也不能简单以国内生产总值增长率（GDP）来论英雄了。① 这应当成为包括环境保护领域在内的各行各业建构科学评价机制的价值基准。

《环境保护法修正案（草案）》进一步明确了强化环境法治、建立长效机制的一系列举措，明确了企业责任，完善了防治污染和其他公害的制度，也突出了国家及其各部门对环境污染防治实施监督管理的权力和职责。建构和完善环境保护领域中政府责任的科学评价机制，以法律制度和科技来促进产业结构调整、促进经济增长方式转变、保护和改善环境，推动资源节约型、环境友好型社会的建设，那么，经济建设和社会发展与环境保护相协调的目标便完全可以期待。

(2013 年 7 月 16 日，于中国人民大学明德法学楼研究室)

---

① 参见徐京跃、周英峰著：《习近平：再也不能简单以 GDP 增长率来论英雄》，载宏观经济新华网，http://finance.qq.com/a/20130630/001172.htm? pgv_ref = aio2012&ptlang = 2052，2013 年 6 月 30 日访问。

教师节改日期与尊师重教的价值追求[*]

国务院法制办于2013年9月5日公布《教育法律一揽子修订草案（征求意见稿）》，拟对《教育法》《高等教育法》《教师法》和《民办教育促进法》4部法律相关条款进行修订。[①] 为了贯彻落实《国家中长期教育改革和发展规划纲要（2010—2020）》，解决教育改革与发展中存在的问题，教育要改革，教育法律要修订，这是教育法治的内在要求，应当予以肯定。但是，其中也存在值得进一步深入探讨的问题，例如《教师法》修订拟将"教师节"从9月10日改为9月28日，这种做法引起不少争议。

对教育法律进行一揽子修订，应当在切实把握目前教育领域的真问题的基础上，真正地为解决这些问题而提出合法、合理且有效的修正案。就教师节日期的选择而言，应当在确认教师节意义的基础上进行判断。教师节的意义主要在于追求《教育法》所规定的"全社会都应当尊重教师"[②]的状态，实现"尊师重教"的价值追求，以固关系到国家兴亡的教育之本。只要既定的日期无碍于该价值目标的实现，就没有必要修改。

29年，29个教师节。"9月10日"这个日期与"教师节"早已是密不可分。在这个日期的前后数日，学生以各种形式表达着对教师的敬贺感谢；教师从中体味到特别的温馨和幸福；整个社会也在这种师生情深的发展中，形成了

---

[*] 参见杨建顺著：《教师节无须在日期上"做文章"》，载《检察日报》2013年9月11日第7版"建顺微思"。

[①] 参见《关于〈教育法律一揽子修订草案（征求意见稿）〉的说明》，载新华网 http://news.xinhuanet.com/edu/2013-09/06/c_125333789.htm，2017年3月26日访问。该网页一并刊出了《国务院法制办公室关于〈教育法律一揽子修订草案（征求意见稿）〉公开征求意见的通知》以及《教育法律一揽子修订草案（征求意见稿）条文对照表》。这种修法公开征求意见的做法值得肯定并进一步承继和发展。

[②] 《教育法》第4条第3款。

围绕教师节的习俗和文化。可以说,"9月10日为教师节",在全国普遍实施且已形成了广泛认同感。

另一方面,孔子生日是9月28日还是10月9日抑或是其他日期依然存疑,从"修改教师节为培养职业敬意"的立论来说,以"传统节日是世代相传的"主张,难以引导出"权威部门研究测算"的权威性,更不能证成其"很有文化内涵"。① 改与不改,对于培养孔子所倡导的"诲人不倦"的师德,发挥韩愈所揭示的"传道、授业、解惑"的教师作用,并不会产生任何实质性影响。相反,对过去的29年不予尊重,若随"权威部门研究测算"的变化而改变教师节日期的话,势必会产生较大的既有秩序调整成本,而且这种思维和做法本身与论者所主张的传统相传之理念相悖。

所谓教育创新,意味着要对既有模式及与之相应的观念、思想和制度等进行改造、改进和改革。包括教师节日期的选择问题在内的相关改革创新的举措,不应当是"拆了东墙补西墙"式的,而应当建立在对现实问题的全面、准确把握和对改革举措的科学合理论证的基础之上。

很少有什么活动能像教育那样,于"润物细无声"之中,影响、改变着一个人、一个群体,甚至一个民族。《教育法》总则规定:"教育是社会主义现代化建设的基础,国家保障教育事业优先发展。"② 教育改革应当坚持这种基础定位和优先发展的基本原则,从学校的作用、组织、运作法则、内部权力关系,教师的权利、义务和责任,学生的权益保障、人格形成和学业提升等方面去加以构思和完善。教师在教育方面所扮演的重要角色,已经在相关法律规范中得以确定,而教师的法律地位,应有的权利、义务和责任,事实上都有待进一步探讨。

坚持全社会尊师重教的价值理念,应当建立在对教师和教育客观认识的基础之上。用"人类灵魂的工程师"来形容教师,因为教师的谆谆教诲,可以展示出一个个新世界,为学生的理想插上翅膀;用"春蚕"来比喻教师,因

---

① 参见张璐著:《教师节拟改为9月28日》,载《北京晨报》2013年9月6日。
② 《教育法》第4条第1款。

为教师会在学生的不断向前的过程中老去,而正是由于有教师的引导、指导和培育,才有年轻人的探索创新,心思悠远、茁壮成长。另一方面,教师是人,不是神,也不是圣人,也可能犯错误,也可能怕苦、怕累、怕不公正待遇,也有千差万别的性格和喜好。对教师不宜过于理想化、神秘化,更不应因为个别教师出了问题而影响对教师整体的评价和尊重。当教师的权益受到侵害时,不应当因为教师的地位特殊而导致其请求救济的途径受阻。应当建立健全教师的身份保障机制,并不断致力于其法定化和科学化。[①]

全社会尊师重教,教师更应当自尊自强,恪守师德,为人师表,锐意进取,踏实工作。只有始终保持不断进取和求知的渴望,业务上精益求精,不断使教育教学更适合学生发展需要,更适合国家和社会发展需要,才能够真正实现自我价值,得到社会各界的承认和尊重。

(2013年9月10日,于中国人民大学明德法学楼研究室)

---

① 参见杨建顺著:《明确法律定位 建立健全教师奖惩和救济机制》,载《中国高等教育》2003年第17期,第16—17页。

"不交罚款就不验车"是确保法律实效性的举措*

因为有交通违法行为没有接受处理,导致其验车受阻。道理在哪边?据报道,山东东营市东营区法院开庭审理一起行政案件,车主周先生因未处理完违章年审被拒,车辆已检验合格却没领到检字,便以车管所的做法没有法律依据为由,将对方告上了法庭,且胜诉。① 治理道路交通违法是交管部门的职责,又不让在机动车年检时附加条件,那么,还有什么办法能够确保对机动车驾驶人规制的实效性呢?这的确是个值得深思的问题。

其一,车辆驾驶人、行人、乘车人以及与道路交通活动有关的单位和个人,都应当遵守交通法规范,车辆驾驶人若有交通违法行为,应当依法接受处理,履行缴纳罚款的义务。

其二,行政相对人不履行应履行的法定义务,行政主体应当具有强制执行权。到期不缴纳罚款的,每日按罚款数额的百分之三加处罚款②,加处罚款总额不得超出罚款数额③;或者申请人民法院强制执行。④ 而上述法定途径,对于治理道路交通领域的违法行为,几乎不具有实效性。

其三,对登记后上道路行驶的机动车,应当依照法律、行政法规的规定,定期进行安全技术检验。对提供机动车行驶证和机动车第三者责任强制保险单

---

* 参见杨建顺著:《"不交罚款就不验车"必要且正当》,载《检察日报》2014 年 11 月 5 日第 7 版"建顺微思"。

① 参见佚名:《热议"捆绑式车检""先交罚款后车检"合理不合法》,http://wh.newhouse.com.cn/a/2014/11/05/20141105085746388853.shtml,2015 年 11 月 18 日访问。

② 《行政处罚法》第 51 条第 1 项;《行政强制法》第 45 条第 1 款。

③ 《行政强制法》第 45 条第 2 款。

④ 《行政处罚法》第 51 条第 3 款。

的，机动车安全技术检验机构应当予以检验，任何单位不得附加其他条件。对符合机动车国家安全技术标准的，公安机关交通管理部门应当发给检验合格标志。①

其四，既然法律明文规定"任何单位不得附加其他条件"，那么，在法定的"提供机动车行驶证"和提供"机动车第三者责任强制保险单"的要件成就时，经检验合格的，发给检验合格标志便成为公安机关交通管理部门的职责。从形式法治主义的角度来解释，根据公安部《机动车登记规定》② 第49条关于"机动车所有人可以在机动车检验有效期满前三个月内向登记地车辆管理所申请检验合格标志"和"申请前，机动车所有人应当将涉及该车的道路交通安全违法行为和交通事故处理完毕"的规定，车管所以"有未接受处理的道路交通安全违法行为和交通事故"为由而不予年检，或者对检验合格的不发给检验合格标志，则构成违法。

其五，《道路交通安全法》的终极价值在于"保障道路交通有序、安全、畅通"③，对道路交通违法行为的惩处，其目的也是为了促使其以后不再犯，以建构所有道路交通参与者共同遵守的行路秩序，保障畅通，更重要的是保障安全，保障生命。④ 从实质法治主义的角度来看这个问题，通过验车而要求机动车驾驶人首先去履行既有的法定义务，间接地实施强制，迫使义务人履行其应当履行的法定义务，或者达到与履行法定义务相同的状态，这种做法不仅没有可非议性，而且应当说这就是确保法律实施实效性的必要手段，应当成为明文的法律依据。

然而，法律并没有这样规定。不仅没有这样赋权，反而进行了严格的限权。要从本源上解决问题，就应当修改《道路交通安全法》，或者启动释法程序，宣告上述做法合法，支持交管部门对违法行为采取具有实效性的规制措施。

---

① 《道路交通安全法》第13条。
② 2008年5月27日公安部令第102号发布，根据2012年9月12日《公安部关于修改〈机动车登记规定〉的决定》（公安部令第124号）修正。
③ 《道路交通安全法》第3条。
④ 参见《道路交通安全法》第1条。

其六，构成违法也并不一定要予以撤销。法官确认了事实——交管部门附加了其他条件＝没有未接受处理的违法行为，将法规范的规定涵摄于该事实，得出构成违法的结论，作出支持原告诉讼请求的判决，都是可以理解的。但是，从实质法治主义角度考虑，即使确认其非法，也不一定应当撤销。应否予以撤销，取决于所附加的"其他条件"是否属于"减损公民、法人和其他组织合法权益或者增加其义务的"。正如中国共产党十八届四中全会《全面依法治国决定》所指出的："行政机关不得法外设定权力，没有法律法规依据不得作出减损公民、法人和其他组织合法权益或者增加其义务的决定。"

很显然，交管部门所附加的"其他条件"，并未增设车辆驾驶人的义务，也未减损其合法权益，而不过是将其本来应当履行的义务用于间接强制的手段而已。在这层意义上说，交管部门的做法虽然形式上违法，但是实质上是法的宗旨之体现，尤其是实现《道路交通安全法》确定的"有序、安全和畅通"之目的所必需的手段，是值得肯定和支持的。

其七，有道路交通违法行为，却拖延甚至拒绝接受处理，不缴纳罚款，是滥用权利。在法律层面，这种滥用权利应当受到规制；在道德层面，这种滥用权利应当受到谴责，甚至被唾弃。[①]

其八，不应当因为某种行为的目的价值崇高，便忽略对实现该价值所需方式方法和手段的赋予；不应当因为行政执法现实中存在诸多困境，便将明显违反法规范的行为说成是不违法；不应当仅因为行政行为存在违法或者不当，就轻率予以撤销或者撤回。既然认识到交管部门缺乏实效性手段保障的尴尬，既然认识到车辆驾驶人置违法事实于不顾而不履行依法应当履行的义务之恶劣性，就应当通过修改法律的程序予以完善，起码应当通过释法来赋予交管部门以充分的强制执行权力，同时为其切实运用相关权力而设置严格规范。

（2014 年 11 月 4 日，于中国人民大学明德法学楼研究室）

[①] 法谚云："任何人不得援用自己的背德。"或曰："任何人不得从其违法行为中获得利益。"

推进规则之治，依法处罚闯红灯*

刘女士开车闯红灯，被交警处以罚款并扣分。刘女士承认自己闯红灯，但不服交警的行政处罚决定而申请行政复议，要求撤销或者变更该行政处罚决定。刘女士的复议理由很明确——其开车闯红灯不是故意的，而是因为其前面有一辆大型客车遮挡了其视线，导致其未发现交通信号灯是红灯，且没有造成危害后果，故而应当减轻或者不予行政处罚。交警调取了当时的录像，确认了刘女士驾驶的轿车前面确实有一辆大型客车。但是，被申请人交管部门主张：(1)该路口处于下坡路段，车辆的距离足够远，不影响申请人观察交通信号灯；(2)即使申请人跟在大型车后面没有看见红灯，也不能作为对其不予处罚的理由，依据是《道路交通安全法》第43条规定："同车道行驶的机动车，后车应当与前车保持足以采取紧急制动措施的安全距离。"[①]

那么，对于交管部门的行政处罚决定，是应当作出维持决定，还是应当决定予以撤销、变更或者确认违法呢？解决该问题的关键在于跟在大型车后面没有看见红灯的情形能不能作为减轻或者不予处罚的理由。结论是不能。因为其不符合法律规定的减轻或者不予行政处罚的要件。有些闯红灯可以说是违法行为轻微，也没有造成危害后果，却不具备"并及时纠正"的要件。所以说，申请人所主张的理由不能成立；被申请人的主张成立，对其行政处罚决定应予维持。这也是由道路交通领域的特殊性所决定的。

道路交通安全涉及千家万户的切身利益。唯有确立并切实推进严格的规则之治，最大限度地排除对该领域违反规则者承认例外的情形，才能够实现

---

* 参见杨建顺著：《闯红灯，什么理由都不能免罚》，载《检察日报》2015年10月28日第7版"建顺微思"。

① 这是我于2015年10月下旬参与论证的、发生在山东省某市的一宗行政复议案件。

《道路交通安全法》所追求的"保障道路交通有序、安全、畅通"之目的。如交警所确认,车辆之间有足够的距离,作为后车司机的刘女士应当能够观察交通信号却因为疏忽而没有注意到红灯;或者如刘女士所主张,由于前面有大型车遮挡,未能观察到交通信号而误闯红灯。无论原因如何,闯红灯都有可能与横向绿灯放行的车辆或者行人发生碰撞,其后果不堪设想。为预防和减少道路交通悲剧发生,就要坚持严格执法,无论基于何种理由,只要构成闯红灯的违法行为,都应当依法惩处。换言之,道路交通的严格制度可以保障更加有序、更加安全和更加畅通,而培育不闯红灯的规则意识,除了宣传教育外,同样需要严格的制度支撑。

曾有这样的报道:的哥杨师傅载着一名病危女孩一路连闯 6 个红灯,最终赢得 20 分钟的抢救时间,却面临受到扣分、吊销驾照的处罚和失去工作的困境;交管部门特事特办,"采取人性化处理方式,决定不对杨师傅进行处罚"。① 于是引发了"能不能闯红灯""该不该闯红灯"以及"闯红灯该不该罚"的大讨论。

类似的报道还有很多,这里不赘述。需要强调指出的是,在思考"能不能闯红灯"和"该不该闯红灯"之际,不应忘记的是法治思维、规则之治和利益衡量论。为什么做了好人好事还要受处罚呢?因为法律和道义应该各行其是,即法律的交给法律,道义的交给道义。② 也就是说,应当依法、依规则并在利益衡量的基础上作出结论。一方面,杨师傅是见义勇为,应当依法予以表彰和鼓励;另一方面,杨师傅闯红灯违反了交通法规范,应该依法予以惩处,而且其"一路连闯 6 个红灯",具有与横向绿灯放行过来的车辆和行人碰撞的高度危险性,对其自己和其所运送的患者以及其他道路交通参与者的生命和财

---

① 参见李学人著:《见义勇为,"红灯"该闯》,http://news.sohu.com/20070408/n249281372.shtml,2016 年 12 月 12 日访问;李光明著:《的哥救人连闯红灯担忧吊销驾照续 警方称不处罚》,http://www.ce.cn/xwzx/shgj/gdxw/200703/30/t20070330_10873582.shtml,2016 年 12 月 12 日访问。

② 参见盛大林著:《关注"的哥救人闯红灯":法律归法律,道义归道义》,http://news.sohu.com/2004/06/05/95/news220399588.shtml,2016 年 12 月 12 日访问。上海市交巡警部门对司机的救人行为表示赞赏的同时,仍然坚持对其闯红灯的行为依法处理。这种做法得到了作者肯定。

产安全，都具有严重的威胁性，应当严格禁止。与此同时，需要强调急救、消防和交警等相关部门应当致力于完善运送患者、产妇等特殊应对机制。此外，警方的所谓"人性化处理方式"缺乏法律依据，其"特事特办"体现了服务理念，却没有建立起明确的标准及规则，将不利于维护法律的尊严，也不利于培育不闯红灯意识，故而难以消解道路交通领域的无序困境。

《道路交通安全法》明确规定，车辆和行人都应当按照交通信号通行，红灯停，绿灯行。这既是法律为道路交通参与者确立的基本义务，也是法律为保护道路交通参与者而订立的基本规则，是确立和维护道路交通领域一系列规则、程序和秩序的基本保障。闯红灯，无论其理由如何，都是对这种义务的违反，是对这种规则和保障的破坏。依法对违反规则者予以惩处，才能确保道路交通领域坚守"红灯停，绿灯行"的规则之治，有助于实现真正意义上尊重和保障人权。

（2015年10月27日，于北京海淀世纪城寓所）

Part 5
信赖保护原则，法治行政的条理法

工伤认定,行政机关和法院谁说了算?
枪支鉴定标准,法院和行政机关应当一致
坚持信赖保护原则,善待"临时工"
建设诚信社会,让监管部门发挥主导作用
推进诚信旅游应当依法综合治理

工伤认定，行政机关和法院谁说了算？*

王某是湖南某高校政法学院汉语语言文学教师，某日约了学生石某到篮球场指导论文修改，在等待石某期间打了会儿篮球，突然倒在球场，经120救护车送到医院抢救无效死亡。围绕王某是否应当被认定为视同工伤的问题，人社局和法院的观点完全不同。人社局作出《不予认定工伤决定书》，认为王某的死亡不符合《工伤保险条例》（以下简称《条例》）规定的视同工伤的情形。法院经开庭审理，认定事实与人社局认定事实相同无异议，但对不予认定视同工伤结论持不同观点，认为王某的死亡符合《条例》规定的视同工伤的情形，遂判决撤销人社局的不予认定视同工伤决定。人社局不服而提起上诉。二审法院经审查维持原判。人社局收到判决后，再次作出了不予认定为视同工伤的决定，后又被法院两审撤销。两轮诉讼，法院作出四次判决，皆认为王某死亡应当认定为工伤死亡，判处人社局对工伤认定申请重新作出工伤认定决定。[①] 司法权和行政权的博弈似乎陷入了无解僵局。以该案为契机，理顺行政权与司法权关系，将有助于完善《条例》，实现《社会保险法》的立法目的。

首先，应当完善法规范，明确工伤认定构成要件的解释适用标准，并确立解决争议的准据规则。就本案而言，要判断王某是否应当认定为视同工伤，就要分析其情形是否符合《条例》关于"在工作时间和工作岗位，突发疾病死亡或者在48小时之内经抢救无效死亡的"之规定。各方对王某"在48小时之内经抢救无效死亡"这一要件没有异议，所以，争议的焦点在于是否符合"在工作时间和工作岗位"的规定。既然实务中对这一要件存在较大争议，在

---

* 参见杨建顺著：《工伤认定，行政机关和法院谁说了算？》，载《检察日报》2016年7月13日第7版"建顺微思"。

① 参见陈兴王、张蓓、朱美仙著：《湖南一大学教师猝死 人社局拒认工伤法院四判败诉》，载《澎湃新闻》2015年12月20日。

本案中甚至出现人社局和法院的观点截然相反的局面，就应当及时启动《条例》修改或者实施细则制定的程序，严格把握"工作岗位"与"工作场所"立法语言的差别，对该要件予以更加明确规定。尤其是应当致力于完善相关准据规则，针对人社局观点和法院观点应当如何取舍确立基本原则，并尽可能列出例外情形。这是正确处理行政机关和法院关系的关键所在，也是能否依法实现《社会保险法》的立法目的，维护公民参加社会保险和享受社会保险待遇的合法权益，使公民共享发展成果，促进社会和谐稳定的关键所在。

其次，法院判案应当切实做到依据法律法规，坚守司法权的界限，尊重行政自身规律性。法院通过行政诉讼实现对行政机关的统制，这种司法审查制度构成了现代法治行政原理的重要内容。但是，正如任何事物都有其界限一样，司法权对行政权进行统制，其权能的范围和强度自然也有相应的界限。目前相关法律法规并未赋予法院工伤认定权，法院不宜独自扩展权力，作出代替行政机关决定的判决。而实践中，虽然法院一般只能判决撤销工伤认定决定并责令行政机关重作，但是，由于法院和人社行政部门对工伤认定标准的把握呈现出较大差距，难免出现如本案中的尴尬局面：人社局作出工伤认定决定，法院判决撤销；人社局再次作出同样的认定决定，法院再判决撤销。应当坚持以现行法规范为依据，严格按照《社会保险法》和《条例》规定执行，确认并切实保障行政机关对工伤的最终认定权，将法院的审查权能界定在监督行政机关履行法定程序乃至公正程序上，实现司法权和行政权的互相尊重、互相制约和良性发展。

再次，应当强调行政机关接受法院审判并履行法院裁判的法定义务，并不断完善相关保障制度的实效性措施。《行政诉讼法》第94条规定，作为当事人的行政机关必须履行法院发生法律效力的判决、裁定、调解书。这里没有任何附加条件，只要其已发生法律效力，就必须不折不扣地履行。如果认为法院裁判确有错误，则应当依法寻求对法院监督的救济，在未经依法改判之前，应当尊重、执行法院判决，而不应以任何消极或者积极的方式来对抗。对行政机关拒绝履行法院裁判的，《行政诉讼法》第94条规定了一系列措施。应当进一步完善相关保障制度的实效性措施，切实消除行政机关"对司法权的蔑视和不尊重"现象，为建设法治政府提供坚实的基础。

最后，完善工伤认定制度是一项系统工程，要做到既尽可能扩大保护范围，又防止不顾经济承受能力，无视现有法规范的规定，擅自扩大工伤认定的范围，需要进一步深化改革，防止司法与行政之间的冲突。为此，应当重新审视《行政诉讼法》第71条关于"不得以同一的事实和理由作出与原行政行为基本相同的行政行为"的规定，并对《最高人民法院关于执行〈中华人民共和国行政诉讼法〉若干问题的解释》（以下简称《执行行政诉讼法问题的解释》）第54条所列举的原《行政诉讼法》第55条[①]的适用例外情形进行确认，在此基础上，进一步明确司法权对行政权进行统制的强度或者密度，并导入行政行为瑕疵的治愈和违法的转换制度[②]，在充分尊重行政自身规律性的基础上，全面夯实法院裁判的拘束力。

(2016年7月12日，于中国人民大学明德法学楼研究室)

[①] 现行《行政诉讼法》第71条即是对该条的拖用，不同的只是将"具体行政行为"修改为"行政行为"。然而，《最高人民法院关于适用〈中华人民共和国行政诉讼法〉若干问题的解释》（简称《适用行政诉讼法问题的解释》）中并没有针对该条的解释，这使得是否承认例外情形成为了需要予以明确的问题。原《行政诉讼法》修改了，由现行《行政诉讼法》取而代之，而《适用行政诉讼法问题的解释》并未废止《执行行政诉讼法问题的解释》，形成了新旧司法解释共存的局面。所以，对原《行政诉讼法》及其司法解释的相关条款进行梳理和确认，将有助于理解现行《行政诉讼法》及其司法解释框架下的相关问题。

[②] 关于行政行为瑕疵的治愈和违法转换，参见〔日〕南博方著：《行政法》（第六版），杨建顺译，中国人民大学出版社2009年版，第56页。

枪支鉴定标准，法院和行政机关应当一致*

因为从台湾网购仿真枪，刘大蔚被法院以走私武器罪判处无期徒刑。按照《刑法》第151条规定，"走私武器……的，处七年以上有期徒刑，并处罚金或者没收财产；情节特别严重的，处无期徒刑，并处没收财产"。刘大蔚网购24支"仿真枪"，其中有20支被鉴定为真正的枪支。对于这种"情节特别严重的"情形，法院依法判处无期徒刑，似乎并无不妥。可是，刘大蔚在法庭上喊得撕心裂肺："请用我买的枪枪毙我！如果我死了我就承认我有罪！""撕心裂肺"的呼喊或许可以博得同情，其所主张的罪与非罪的判定方式和标准虽然没有被法院采纳，却引发了不少人对此案提出质疑。其中一个重要的质疑点就是枪支鉴定标准是否合理，有人认为将公安部门制定的标准作为定罪量刑的依据是值得商榷的。①

我认为，在枪支鉴定标准上，法院和行政机关应当保持一致。主要理由如下：

其一，从实定法的角度来说，无论相关法规范所确立的标准是否过于严苛，既然是依法规范所确立的，那么，就不能说其背离了法治社会的本意，相反，坚决予以贯彻落实才是法治社会的真谛。这里实质上存在两个问题，人们在讨论时容易将其混淆——公安机关制定的枪支鉴定标准是否合理是一个问题；公安机关制定的枪支鉴定标准是否应当作为法院定罪量刑的依据是另一个问题。既有枪支鉴定标准若被认为不合理，则应当依法予以修改完善，但是，

---

* 参见杨建顺著：《是否属于枪支，鉴定标准只能唯一》，载《检察日报》2016年8月17日第5版"法治评论"。

① 参见李明、周佳琪著：《少年网购仿真枪判无期引争议 "同案不同判"律师呼差距太大》，载《新京报》2016年8月15日；周铭川著：《有一种荒诞叫作"买仿真枪买来无期徒刑，卖玩具枪卖成军火商"》，http：//news.tuxi.com.cn/news/1103219999999012261/2619109.html，2016年8月15日访问。

在此之前，应当得到普遍遵循，包括法院也应当受其拘束。① 这是法秩序统一性的内在要求，也是法治原理的重要内容。

其二，公安机关制定枪支鉴定标准，是全面履行法定职责的体现，受法律保护。根据《枪支管理法》②的规定，国家对枪支的制造、配售实行特别许可制度。未经许可，任何单位或者个人不得制造、买卖枪支。③ 禁止制造、销售仿真枪。④ 该法授权国务院公安部门主管全国的枪支管理工作⑤，制定各类枪支的具体管理办法。⑥ 法院依据公安机关制定的枪支鉴定标准进行是否枪支的判断，是行刑衔接机制的重要体现。

其三，公安机关制定的枪支鉴定标准应当科学合理。为"加强枪支管理，维护社会治安秩序，保障公共安全"⑦，不仅需要有明确的鉴定标准，而且要求该鉴定标准是科学合理的。所以，从立法政策层面看，应当参考其他国家或者地区的做法，并结合本国社会治安需要，因时制宜作出调整，使枪支鉴定标准处于一个动态完善的过程。然而，与随着形势发展而调适的法益相比较，相对稳定的、普适的、具有实操性的这种法益更应当受到保护。更何况，无论是动态还是静态的，枪支鉴定的相关标准都应当由公安机关制定。如果对这里的枪支鉴定标准产生了质疑，则应当展开广泛深入的探讨，针对质疑者所提出的问题，运用现代科学技术，结合当时的社会治安状况，予以充分解释和说明。可以有各种各样的观点和看法，甚至可以提出完全与实定法相悖的理论假设。但是，鉴于目前各种类型的仿真枪不断出现，其外表与杀伤力也越来越接近真枪，使用仿真枪进行犯罪也呈现上升趋势⑧，将"足以致人伤亡或者丧失知觉

---

① 关于行政行为的公定力，参见杨建顺著：《行政规制与权利保障》，中国人民大学出版社2007年版，第308—309页。
② 第八届全国人大常委会第20次会议于1996年7月5日通过，自1996年10月1日起施行。
③ 《枪支管理法》第13条。
④ 《枪支管理法》第22条。
⑤ 《枪支管理法》第4条。
⑥ 《枪支管理法》第5条第3款、第6条第3款、第7条、第21条，等等。
⑦ 《枪支管理法》第1条。
⑧ 参见郭艺辉：《使用仿真枪犯罪渐增 杀伤力逼近真枪须修法规制》，载《法制日报》2011年7月27日；李天宇、何欣欣著：《抢道引发争执 成都一男子掏出玩具枪威胁的哥》，载《华西都市报》2016年7月5日。

的各种枪支"实行严格规制的做法值得肯定，而对仿真枪放松规制的相关主张则不应当被支持。

其四，就本案的法规范适用而言，枪支鉴定标准只能是公安部制定的《枪支致伤力的法庭科学鉴定判据》①，所以，摆出我国香港和台湾地区的枪支鉴定标准，或者搬出2008年以前我国大陆的非制式枪支鉴定标准，等等②，则没有多大意义。因为这些都是应当在立法政策层面考虑的因素，不应当将其导入法适用层面，否则将会导致对于此类仿真枪案件"同案不同判"的现象。法院唯有以公安机关制定的枪支鉴定标准作为是否枪支的判断依据，才能尽量避免个案上的巨大差异，实现全国范围内的适法平等。

其五，公安机关制定的枪支鉴定标准只是法院判断相关枪形物是否属于枪支的依据，而不是法院适用《刑法》第151条进行定罪量刑的依据，故而法院在定罪量刑上可以作出替代公安机关相关判断的结论。

(2016年8月16日，于北京海淀世纪城寓所)

---

① 《中华人民共和国公共安全行业标准GA/T 718-2007 枪支致伤力的法庭科学鉴定判据》，2007年10月29日由公安部发布，2008年3月1日起实施。

② "据检察日报报道，类似的枪支鉴定标准，在香港是7.077焦耳/平方厘米，在台湾则是20焦耳/平方厘米。律师介绍说，2008年以前，这一非制式枪支鉴定标准还是16焦耳/平方厘米。"李明、周佳琪著：《少年网购仿真枪判无期引争议 "同案不同判"律师呼差距太大》，载《新京报》2016年8月15日。

坚持信赖保护原则，善待"临时工"*

作为"深化行政执法体制改革"的一环，党的十八届四中全会《全面依法治国决定》指出，要"严格实行行政执法人员持证上岗和资格管理制度，未经执法资格考试合格，不得授予执法资格，不得从事执法活动"。《全面依法治国决定》所揭示的这种行政执法状态，既符合行政组织法的要求，亦有助于行政行为法的规范完善，还有利于避免和化解行政执法过程中的矛盾和纷争，更好地保障公民、法人和其他组织的合法权益，故而值得予以充分肯定。

但是，试图通过"一次全面清理"，自上而下地将行政执法中的"合同工、临时工、工勤人员"等全部"清退"出去的做法，如果没有与之相关联的配套机制、制度和措施作为支撑，那么，其不仅在方法论上存在问题，而且在价值取向上也是值得商榷的。例如，据报道，河北省法制办从2014年6月1日起对全省持行政执法证件人员共317742名进行了一次全面清理，取消了其中的81720名，占现有持证人员总数的35%。对合同工、临时工、工勤人员等不符合条件和不在岗持证人员一律取消行政执法资格，收回已持有的行政执法证件。①

被取消的竟然高达35%！在不到半年的时间内，进行如此大工作量的"一次全面清理"，反映了其工作效率较高，"清退"的决心很大；另一方面，也反映了该领域的问题非常严重，需要以法治思维和法治方式来认真思考、积极应对。

---

* 参见杨建顺著：《坚持信赖保护原则，善待"临时工"》，载《检察日报》2014年11月19日第7版"建顺微思"。

① 参见张清华著：《河北取消临时工行政执法资格 证件被收回》，载《燕赵都市报》2014年11月15日。其中的"……81720名，占现有持证人员总数的35%"，这种表述方法容易引起误解。请注意，这里所谓"现有持证人员总数"，是指原来的317742名减去取消的81720名后所得的236022名，其精确的占比为34.62%。

其一,从行政组织法的角度来贯彻《全面依法治国决定》,要求坚持行政组织法律主义,依法确定职能和事权;坚持目的和手段的比例原则,根据行政任务来配备足够的具有资格的执法人员,为权力行使提供足够的人的手段。这无疑是非常理想的状态。但是,这需要有编制名额、财政预算等与之配套的制度、机制和措施作为支撑。无论是辅警还是协管,往往都是因为无法解决正式编制,无法解决其需要的预算支持等问题,才不得不退而求其次,以"合同工、临时工、工勤人员"等来"协助"编内的人员。

其二,从行政行为法的角度来贯彻《全面依法治国决定》,要求先取得执法资格,然后才能从事执法活动,强调执法行为实施主体适格;无执法资格,便"不得从事执法活动"。这揭示了规范执法的理想状态。但是,这需要解决行政执法所面临的任务和手段不均衡的困境。例如,在河北省,曾经由那些被清理的 81720 名无证人员承担的事务,接下来该由谁来承担?在北京,各类执法机构采取购买服务的方式聘请的协管、辅警、保安等辅助执法人员有 20 多万,是正式执法人员的 3 倍,如果也全部予以"清退",该怎么办?在这种意义上,政府、相关部门及市民都应当承认并感谢辅助人员长期以来所做出的贡献,而不是简单地予以"清退"。①

其三,从行政程序法的角度来贯彻《全面依法治国决定》,要求遵循正当程序原则。"清退"的法律性质宜根据不同情形作个别分析,但其总的属性是"侵益性"行为,故而其在最终付诸实施之前,应当履行告知、听取陈述和申辩以及听证会等程序。

其四,贯彻《全面依法治国决定》应当坚持诚实信义、信赖保护的原则,对合同工等进行分类,区别对待。对被取消了行政执法证件的人员要给予妥善安排,对其中适合从事执法工作者,应当组织培训,进行考试,对合格的发给资格证,对无法补正程序瑕疵者,亦应当视情况给予相应补偿。尤其是"合

---

① 关于临时工有这样的顺口溜:"他们是犯事儿的,也是扛事儿的;他们是干活的,也是顶雷的;他们有时候是真的,有时候是假的;他们是壁虎的尾巴,也是鸵鸟的屁股;他们是炮灰,他们是盾牌……""这样,清退临时工至少有一样好处,权力部门再粗暴伤人,就没人可以扯了,出了事权力部门得认账。"曾德雄著:《把权力关进笼子比清退临时工更重要》,载《现代快报》2013 年 12 月 1 日第 A3 版"声音·看法"。

同工",在其与相关部门所签订的合同到期之前,若因"清退"而合同被终止的话,应当依法给予补偿。

其五,贯彻《全面依法治国决定》应当确保行政实效性,切实确立并不断完善行政执法人员持证上岗和资格管理制度,包括执法人员培养、培训制度,持证上岗、执法资格认证制度,执法证件和资格等监督检查及评价制度等。

其六,贯彻《全面依法治国决定》应当活用行政过程论,正视"临时工"将在目前阶段乃至今后相当长时期内存在的客观现实,善待临时工。正如《全面依法治国决定》所指出的:"法律是治国之重器,良法是善治之前提。"要"严格实行行政执法人员持证上岗和资格管理制度",应当致力于完善相关法规范,为"临时工"等"辅助人员"的科学定位提供法律和制度支撑。

(2014年11月18日,于中国人民大学明德法学楼研究室)

建设诚信社会，让监管部门发挥主导作用*

有面粉企业昧了良心，将结块、生虫的过期面粉过筛后，换上新的生产日期，卖给加工制作食物的面包店等，这种状况已持续很长时间，已有大量改换了生产日期的过期面粉被运出，被制成食物，被消费者购买、食用；还有大量的过期面粉被源源不断地运来，在厂房中堆积如山，等待改换日期，然后变成人们购买、食用的食物。① 太可怕的画面，令人不忍目睹！若不是电视台予以曝光，看着店铺里摆放的色泽光鲜的面包等食物，有谁会想到，它们竟然是由过期面粉制作而成？

我佩服卧底调查拍摄的记者，心里为其安全捏着一把汗；我佩服精心策划晚会的电视人，更为其设置了各相关部门的"权威发布"叫绝。节目曝光的，除了过期面粉，还有汽车改装、窃取手机用户信息的软件，等等，据说被曝光的事件大多很快就有了处理结果。相关部门采取相应措施的效率之高，着实令人佩服。可是，若不是节目予以曝光，相关监管部门什么时候才能对这种昧良心的缺德营生施以惩处？这样的事情为什么要等到3·15晚会才发布？为什么要等到3·15晚会后才采取整治行动？当"权威发布"失去了其应有的主导权时，也就很难让人感到其权威性，甚至让人感到相关部门职权的行使严重不到位。

其实，监管部门一直在行动，既有例行检查监督，也有专项整治活动。比如说，对于媒体所披露的观光车改装事件，执法部门之前也检查过，并于春节前就发出了责令整改的命令，而违法的观光车改装依然故我。执法人员解释说，是因为法律没有相关明确的规定，无法对其采取进一步的措施。如此说来，通过法律和制度，为相关监管部门赋予足够的权力和手段，应当是保护消

---

* 参见杨建顺著：《让消费者放心，监管部门应发挥主导作用》，载《检察日报》2014年3月19日第7版"建顺微思"。

① 2014年3月15日，某电视台3·15晚会播出的画面。

费者权益、建设诚信社会的内在要求。

在法治行政的原理之下,行政机关的存在是以职能、职权、职责和权限范围法(律)定为基础或者前提的。正如《全面推进依法行政实施纲要》所指出的:"行政机关实施行政管理,应当依照法律、法规、规章的规定进行;没有法律、法规、规章的规定,行政机关不得作出影响公民、法人和其他组织合法权益或者增加公民、法人和其他组织义务的决定。"该规定体现了侵害保留说或曰侵益保留论的法律保留论[1],意味着:(1)唯有法律、法规、规章为行政机关提供了行使行政权力的依据,行政机关才能行使该权力;(2)没有相关法规范提供依据,该行政机关便不得行使一定的权力,主要包括不得作出侵益性的决定。

换言之,相关监管部门要对企业进行监管,无论是进行信息收集、调查取证,还是例行检查监督,采取预防措施,抑或是对不当、违法或者犯罪活动予以纠正和惩处,都需要有相应的法规范依据。除了依照《消费者权益保护法》的规定采取措施外,更要按照各专业领域的相关组织法和行为法来行使权力。所以,要强化相关领域监管部门的职责,首先应当修改完善相关法规范,赋予其充足的权力和手段。其次,在相关法规范赋予监管部门相应监管职责的情况下,若该部门不行使职权,或者不及时、主动、切实地行使职权,而任由无良企业恣意妄为的话,那么,即使其在媒体曝光后采取了所谓快速整治行动,也难免有不当或者违法不作为之嫌,应当被依法追究责任。

要打造消费者放心的诚信社会,媒体监督固然重要,更应当强调监管部门的主导地位和作用。要确保监管部门依法行使其法定职权,在法定职责范围内及时、认真、全面、深入而准确地调查取证,预防、纠正和惩处不当、违法及犯罪活动,就要重新检视各相关监管部门的职能和职权,列出"权力清单",为其提供组织法和行为法层面的依据,配备并不断充实必要的监管手段。

(2014 年 3 月 18 日,于中国人民大学明德法学楼研究室)

---

[1] 关于法律保留论的各种观点,参见杨建顺著:《行政强制法 18 讲》,中国法制出版社 2011 年版,第 125—132 页。

推进诚信旅游应当依法综合治理*

这是一个喜人的景象：2015年关于海南旅游市场的投诉大幅减少，欺客宰客现象基本消失；2016年暂时没有关于海南欺客宰客的报道。海南省委书记罗保铭在十二届全国人大四次会议海南团开放日上透露，这就是"重罚"的结果，"你坑两千，我罚你十万，如果你再坑，我罚得更多，你敢欺客宰客，就让你倾家荡产"。而且海南还将进一步加大打击力度，规范旅游市场。①如此，游客满意的诚信旅游状态似乎已可期待。

诚然，欺客宰客者该罚；进一步加大打击力度，也是规范旅游市场的重要手段和路径选择之一。既然"重罚"行之有效，那么，"你敢欺客宰客，就让你倾家荡产"。虽然这种"重罚"思维在目前有不少支持者，说起来朗朗上口，听起来铿锵有力，掷地有声，或许也能取得"欺客宰客现象基本消失"甚至没有相关负面报道的短期效应，但是，一旦形成如此思维模式，若没有法治思维和法治方式作为支撑，便可能模糊了政府及其部门应当承担的"完善旅游公共服务"②，进行事前、事中指导、引导和监管的义务，有些"重罚"甚至会有阻碍诚信旅游状态的真正形成之效。这是应当引起人们尤其是领导者高度重视的一个观念论和方法论的问题。

"保障旅游者和旅游经营者的合法权益，规范旅游市场秩序，保护和合理利用旅游资源，促进旅游业持续健康发展"，这是《旅游法》明确规定的立法

---

* 参见杨建顺著：《推进诚信旅游应当依法综合治理》，载《检察日报》2016年3月9日第7版"建顺微思"。

① 参见李洪鹏著：《海南省委书记罗保铭：你敢欺客宰客就叫你倾家荡产》，载《法制晚报》2016年3月7日。

② 《旅游法》（第十二届全国人大常委会第2次会议于2013年4月25日通过，自2013年10月1日起施行）第3条规定："国家发展旅游事业，完善旅游公共服务，依法保护旅游者在旅游活动中的权利。"

目的,也是保障"各类市场主体在有效保护旅游资源的前提下,依法合理利用旅游资源",形成诚信旅游长效机制的基本价值体现。故而不宜将"重罚"手段作为"规范旅游市场"的首选手段甚至唯一手段,更不宜使用"就让你倾家荡产"之类表述。

在某些地方之所以较难形成诚信旅游局面,其原因有很多,而法治思维和法治方式的薄弱甚至缺失,则是其中的重要原因之一。在为实现"法治政府基本建成"的宏伟目标而努力的过程中,为推进健康、文明、环保的旅游业,需要有政府旅游主管部门和有关部门依照法律、法规的规定,在各自职责范围内对旅游市场实施监督管理,也需要有旅游者、旅游经营者、旅游行业组织乃至社会各方面的积极参与和协力,且各方面都应当坚持法治思维,运用法治方式来解决旅游领域的问题,依法、以规则、按合同办事。

诚信旅游,在很大程度上是旅游者、旅游经营者、旅游从业人员以及旅游行业组织之间的自治问题,而旅游规划和促进,以及政府主管部门的监督管理,则是旅游业健康发展的支撑和保障。总体而言,政府及其主管部门应当着力于完善旅游公共服务,建立健全旅游服务标准和市场规则,建立健全旅游综合协调机制,加强对旅游工作的组织和领导,确保旅游行业组织的自律管理合法有效推进。

一是应当注重旅游者教育指导,对旅游者的行为进行规制、调整和助成,引导、指导旅游者掌握相应的旅游知识、相关法规范和辨别旅游产品的技能,做到尽可能远离不诚信的旅游产品,运用好旅游服务合同,依法保护自己的合法权益不被侵害。通过政府相关部门的行政指导和各类社会机构开展的旅游公益宣传,让旅游的相关法规范和知识进学校、进社区、进企业等,培养人们慧眼识优劣的技能。

二是应当着力于旅游经营者、旅游从业人员的服务标准和市场规则的完善,落实《旅游法》规定,做好经营许可和从业许可,夯实对旅游业的全过程监管,尽量在事前规制和事中监管中消除不诚信因素和违法不当行为,推进诚信经营,公平竞争,为旅游者提供安全、健康、卫生、方便的旅游服务。

三是应当正确定位旅游行业组织,明确其权利(权力)和义务(职责),

使其切实地发挥介于政府和旅游经营者之间的"缓冲器"作用,发挥其自律管理的应有作用。

四是应当注重契约精神的培育,落实《旅游法》规定的旅游服务合同制度,使旅游服务合同成为规范旅游经营者和旅游从业人员行为的重要方式以及旅游纷争解决的重要依据。这是诚信旅游长效机制的基本支撑。

五是应当建立公开、科学、系统、合理、有效的评价机制,做到在科学评价的基础上依据《旅游法》及其他法规范进行奖惩,戒除情感化的"重罚"思维,使相关部门的规制和奖惩措施本身体现诚实信义的原则,从而更加具有科学性和可接受性。

(2016年3月8日,于中国人民大学明德法学楼研究室)

Part 6

放心和安心,从给付行政到支援型行政

政府应当对基本养老承担责任
养老保险应当重视公民的个性化需求
确保老有所养是解决"失独"问题的重要举措
转变观念，选择放心、安心的养老方式
住房公积金入市的每个环节都需法治护航
免费救治有助于防治禽流感的实效性
设置"弃婴岛"试点也应当有法律明确授权
用好政府采购机制，助推公共自行车事业发展

政府应当对基本养老承担责任[*]

国务院发布《关于加快发展养老服务业的若干意见》（国发〔2013〕35号，以下简称《养老服务业意见》），其中提出"开展老年人住房反向抵押养老保险试点"，通俗地说就是"以房养老"，引发舆论关注，也令不少人担心政府会不会借此来推卸基本养老责任？针对上述质疑，民政部相关负责人特地进行答问，强调政府不会推卸基本养老责任。[①]

"政府不会推卸基本养老责任"，这本是《养老服务业意见》所阐述的"坚持保障基本"之原则的主要内容，反映了以政府为主导，发挥社会力量作用，着力保障特殊困难老年人的养老服务需求，确保人人享有基本养老服务的崇高理念。可是，如此崇高理念，为什么在《养老服务业意见》发布之初没有被理解，反而被误读，引发人们对养老前景的深度担忧呢？其中的原因较为复杂——既有《养老服务业意见》规定本身不够明晰；亦有相关部门信息公开、理由说明不够及时和充分；还有媒体报道仅聚焦于"以房养老"，却未跟进相关释明；更有对"基本养老"和政府责任的不明确，对养老社会化的不理解，对政府、社会和个人在养老领域的作用分担不清楚、不明白；等等。

正确理解政府对基本养老承担责任的问题，从"以房养老"引发的风波来看，可以有如下5个方面的视角。

第一，政府、社会和个人合理分担养老责任，是世界性发展潮流，政府对基本养老承担责任，体现了给付行政法原理之辅助性原则。[②] 伴随着老龄化的

---

[*] 参见杨建顺著：《政府责任不因"以房养老"而免除》，载《检察日报》2013年9月25日第7版"建顺微思"。

[①] 参见魏铭言著：《民政部回应以房养老质疑：政府不会推卸养老责任》，http://finance.qq.com/a/20130921/000212.htm? pgv_ref = aio2012&ptlang = 2052，2013年9月21日访问。

[②] 关于给付行政的法原理，参见杨建顺著：《论给付行政的法原理及实现手段》，载杨建顺主编：《比较行政法——给付行政的法原理及实证性研究》，中国人民大学出版社2008年版，第11—21页。

推进和养老给付负担的加大,许多国家开始从福祉国家转向福祉社会,或者在维持一定水准的国家给付制度的同时,倡导或者切实推进多元主体参与型的普遍性社会福祉,为不规制或者规制缓和等提供了重要的视角和素材。福祉国家是重视完全雇佣和社会保障的国家,其在量上和质上都存在界限。应对市场失灵,政府作用受到重视;应对政府失灵,家庭、社区、NPO等活性化以及市场复权得以强调。我国在行政审批制度改革和行政许可合理化的过程中也提出了有限政府的理念,从实定法上确立了划分政府、社会和个人作用分担的原则标准。在养老领域,民间企业、NPO、社区、家庭和个人承担重要责任,政府的责任主要是为其制定"公共政策",提供制度保障和在必要的时候提供支援(支援型行政)。

但是,在养老制度建构中,将重点置于"自助"还是"支援",呈现出不同的政府责任定位。需要强调的是,唯有在基本养老金、基本医疗、最低生活保障等坚实的社会保障支撑下,市场和民间的活力才能发挥作用,才能进一步提高养老保障水平。

第二,养老社会化势在必行,《养老服务业意见》旨在积极应对人口老龄化,不断满足老年人持续增长的养老服务需求,这本来是无可厚非的,而且是应当予以充分肯定的。伴随着老龄化和少子化的推进,居家养老逐渐遭遇困境,养老必然走社会化之路。除了基本养老服务项目外,还可以也应当根据财产等消费能力,通过市场机制即民间企业参与来完成。

第三,"以房养老"由当事人自主选择,是多种养老服务方式之一。《养老服务业意见》中明确提出发展居家养老、社区养老、机构养老、医养结合等多种养老服务模式。老年人将名下的房屋产权抵押给银行、保险公司等金融机构,可定期获取一定的养老金直到去世。应对某些子女难以承担繁重的赡养老人义务,无子女或失独老人面临养老困局,实行"以房养老"是确保老年人安享晚年、颐养天年的重要保障之一。需要特别强调的是,实施"以房养老",政府在提供基本养老作为兜底支撑的基础上,还应当制定科学合理的规范,以法律和制度作为针对某些变故的保障。

第四,切实建立和完善"保障基本"的政府责任。对"保障基本"的构成和射程范围等，应当予以尽可能明确的规定。除了生活照料、医疗护理、精神慰藉、紧急救援等，应否附加其他的服务？基本养老服务与国民最小限度生活水准的确立应遵循哪些标准？对《养老服务业意见》关于发挥政府主导作用，着力保障老年人的服务需求等规定，应当在贯彻落实的基础上逐步加以完善，各地公办养老机构要充分发挥"托底"作用。

《养老服务业意见》提出的45项任务中有27项要求民政部限期牵头完成，其中包括多管齐下改善农村养老条件。针对农村老龄化形势比城市更为严峻的现状，民政部称，按照国务院《养老服务业意见》部署，今后要将所有农村"三无"（无劳动能力，无生活来源，无赡养人和扶养人、或者其赡养人和扶养人确无赡养和扶养能力）老人全部纳入五保供养范围，适时提高五保供养标准；同时，各地用于养老服务的财政资金要重点向农村倾斜，改善农村敬老院的功能和设施条件，在集中供养农村五保老人之外，向社会老人开放，重点提供护理型养老服务。

实现可持续的安心社会和放心社会，是改革和发展的基本前提。为此，政府应当承担起相应责任，提供和保障必要的财政支持，为部分高龄者创造适应其意愿和能力的再就业机会。

第五，科学、民主的公共决策，应当遵循正当程序规则，事前实行缜密的可行性或者不可行性论证，过程中切实进行监督检查，事后跟进必要的评估，建立和完善说明理由制度。获得相关方面理解和支持，有助于基本养老和其他类型养老的协调发展。"开展'以房养老'在一些国家已有成熟做法。"那么，他们是如何做的？取得了哪些效果？对我们有哪些启发？更重要的是我们的"以房养老"具有怎样的实操性和可信赖性？这些都有必要进行耐心细致的说明。

（2013年9月24日，于中国人民大学明德法学楼研究室）

养老保险应当重视公民的个性化需求[*]

2013年10月底,国务院总理李克强在中国工会第十六次全国代表大会上表示,我国大概有3亿多人参加了城镇职工养老保险,今年有累计3800万人中断缴保险。人们为我国养老保险的广覆盖而高兴,同时也为抛弃国家提供的社保这种"怪现状"而感到无奈。[①] 社保制度改革必须直面这种弃保的"怪现状"。

一方面,养老保险须致力于规范化、制度化和体系化建设,为建立健全兼顾各类人员的社会保障待遇确定和正常调整机制,提供切实的法律支持和制度支撑;另一方面,养老保险的设置及实施都应当强调合目的性,在切实发现公民的普遍性需求的基础上,重视公民的个性化需求,并为各种需求的充分实现提供社会保障法体系支撑。正如中国共产党十八届三中全会《全面深化改革决定》所指出的:要"建立健全合理兼顾各类人员的社会保障待遇确定和正常调整机制。完善社会保险关系转移接续政策,扩大参保缴费覆盖面,适时适当降低社会保险费率。"

虽然"适时适当降低社会保险费率"的话题也引起社会广泛关注,但是,即便降低社会保险费率,也无法缓解中断社保的现象,因为个人中断社保的主要原因是无法顺利转移。所以,当务之急是如何建立健全合理兼顾各类人员的社会保障待遇确定和正常调整机制,完善社会保险关系转移接续政策,让社会保险充分反映投保者的需求,真正发挥好其应有的作用,确保公民在年老的情

---

[*] 参见杨建顺著:《养老保险应重视个性化需求》,载《检察日报》2013年12月11日第7版"建顺微思"。转载于《广州律师》2013年第6期。

[①] 参见王晓慧著:《3800万人中断缴社保 加大个人账户空账压力》,载《华夏时报》2013年11月28日;王晓慧著:《社保新政个人缴费不变 3800万人中断现状会持续》,载《华夏时报》2013年12月7日。

况下，由政府和社会依法给予物质帮助，以保障公民的基本生活需要。①

养老保险制度相关改革应当在如下几个方面下工夫：

（1）按照各类人员的不同情况，确立科学合理的养老保险机制，分别设定不同待遇的养老保险基准，并对相关基准设置正常调整的程序规则。

（2）根据投保者的具体情况变动而设立必要的动态应对机制，建立规范的且能够应对不同情况而灵活运用的转移接续制度：

其一，对参保已满规定年限（15年）后中断社保，待到退休年龄后直接领取养老金的，尊重其选择，并为其后期办理相关手续提供指导；

其二，对于缴纳未满规定年限（15年），暂时中断或者彻底中断缴纳社保的，则应当根据不同情况采取有效的应对措施：首先是告知、说明和劝告，让当事人知悉个人一旦中断社保，买房买车等将会受到很大的影响，并且，由于中断期间的个人账户未有资金进入，计算养老金时会有亏损，以督促其续缴；其次是对被动中断的下岗失业人员提供适合于其特点的养老保险服务，包括设置灵活的险种、减免缴费等；再次是对为降低成本而不给员工缴纳社保的企业等采取必要的惩处措施，以促其及时缴纳或者续缴；最后是为流动性比较大的务工人员提供养老保险关系顺利转移接续的法规范和制度支持。

（3）养老保险制度改革应当充分反映投保者的需求，建立多样化的给付机制。在社会保障法体系中，针对公民的普遍性需求和个性化需求，应当设置各种不同需求为对象的保障制度，包括生活保障、医疗保障、养老保障等。只要公民有需求，国家、社会或者相关部门就应当提供"同经济发展水平相适应的"服务和保障。尤其是在少子化、老龄化背景下，包括由政府派遣在家养老辅助员等非金钱给付形式在内，养老保险的多样化给付机制或许更有意义。养老保险制度改革应当在对公民的一般性需求和个性化需求进行确认的基础上，设置科学的确定和调整机制，同时设定针对不同需求进行不同给付的多样化的给付机制。

对于公民的特定需求，有必要也有可能通过社会保障法体系来应对。基于

---

① 参见《宪法》第45条，《社会保险法》第2条。

这种认识，为充分实现公民的相关需求，应当提供各种具有实操性和实效性的法技术。在养老保险法领域强调重视公民的个性化需求，需要认真地回答如下3个问题：(1)如何确认个人的需求；(2)如何决定并提供与之相适合的给付；(3)通过怎样的方法来确保给付的财源，由谁、如何决定财源负担的适切的分配。关于国家、社会、家庭和个人的作用分担问题，便成为养老保险制度改革的重要课题。

(2013年12月10日，于北京海淀世纪城寓所)

确保老有所养是解决"失独"问题的重要举措[*]

北京市第五社会福利院将改造成专门接收失独老人的示范性养老机构,接收失独老人筹备工作及机构资源整合工作顺利展开,相关部门已对失独老人的界定、收住条件和供养需求等展开调研和座谈,不久将形成失独老人接收方案。[①] 我认为,北京市推出这项重要举措,不仅是失独家庭的福音,而且是社会福祉发展水平的重要体现,为圆满解决失独家庭问题提供了重要的路径和方向性的借鉴,也为我们进行给付行政的理论研究提供了重要素材。

我国是人口众多的国家,实行计划生育是国家的基本国策。对于响应国家的计划生育政策而实行计划生育的夫妻,国家制定实施了一系列指导、鼓励、扶持、照顾和奖励等政策,对于因为失去其独生子女而陷入人生困境的夫妻,则实行帮助扶持的政策。《人口与计划生育法》[②] 第27条第4款明确规定:"独生子女发生意外伤残、死亡,其父母不再生育和收养子女的,地方人民政府应当给予必要的帮助。"这里的责任主体不是"国家"而是"地方人民政府",至于具体由哪些职能部门承担,如何履行"必要的帮助"之责任,以及标准、程序、形式和路径是什么,等等,均需要有相应的配套制度来支撑。

为将这种"必要的帮助"之政府责任落到实处,我国自2007年以来逐步建立和完善了正式的计划生育家庭特别扶助制度或者称独生子女伤残死亡家庭

---

[*] 参见杨建顺著:《解决"失独"问题 老有所养是底线》,载《检察日报》2015年7月1日第7版"建顺微思"。

[①] 参见陈斯、周超著:《政府设养老院专收失独老人》,载《法制晚报》2015年6月21日;吴为著:《北京将为失独老人设专门养老院》,载《新京报》2015年6月21日。

[②] 第九届全国人大常委会第25次会议于2001年12月29日通过,自2002年9月1日起施行。本文发表后,该法于2015年12月27日修正,不影响本文主题。

扶助制度，对独生子女伤残、病残或者死亡后未再生育或者未收养子女的夫妻，满一定年龄（49岁）后，按规定条件由政府给予每人每月一定额度的扶助金，直至其亡故或者子女康复为止。这种制度设计以一般生育年龄为基准来决定扶助金发放对象，且各地对扶助金额度也随着经济社会的发展而进行相应调整，故而具有一定的可支持性。但是，由于扶助金的额度总体上较低，难以抚平失去了孩子的父母之揪心痛苦和孤立无助感。2014年4月21日，来自全国的240余名失独父母代表再次进京，向国家卫计委递交了行政复议申请，要求得到更多的权利保障。国家卫计委回应失独者诉求：补偿没有法律依据。这一回应本是对现实状况的一种描述，是对法规范的一种客观解释，却一石激起千层浪，引发了失独者群体的强烈不满，也引起各界对"失独"问题的关注，导致各类媒体围绕"失独"和"行政补偿"可否关联问题的热烈讨论。

相关讨论中有些观点是值得商榷的。将计生政策与"失独"之间的因果关系扩大化、普遍化、必然化的观点，不宜；将作为"受益者"的国家和社会的责任扩展至为失独者"养老乃至死亡送葬的义务"的主张，不妥；将"失独"问题的形成视为公权力的政策和行为作用的结果之判断，不公；对"行政补偿"的构成要件缺乏充分、准确把握，对扶助、救助与补偿的异同未展开充分讨论，便径直进行所谓"失独家庭行政补偿制度"构建的方法论，不可取。但是，相关讨论使该领域的问题更加清晰：一方面是对失独家庭的"特别扶助"在国家财政中与其他一般性扶助存在矛盾，故而大幅度提升扶助金额度的改革主张存在较大困难；另一方面是"特别扶助"虽然在一定程度上能够解决失独家庭的经济困难，却难以达到失独者的心理期望值，尤其是无法解决其病有所医、老有所养的忧虑。

"失独"问题的解决，应当针对社会关切，继续下好改革先手棋，进一步推出新的有力举措。这就需要夯实社会保障体系，加大公共财政投入，推进财政专项资金扶持，鼓励和扶持社会力量参与，寻求制度上的创新，并以法治思维和法治方式扎实推进各项改革。2014年，国家卫计委、民政部、财政部、人社部、住建部联合印发《关于进一步做好计划生育特殊困难家庭扶助工作的通知》，对失独家庭的补助作出新规定。北京市卫计委等5部门发布的《关于进一步做好北京市计划生育特殊困难家庭扶助工作的通知》明确要求，对于独生子女伤残、死亡的家庭，失能或者 70 周岁及以上老人可安排入住公办养老机构。这是参照困境家庭保障对象或者优待服务保障对象作出的一项制度安排，既有助于实现养老机构资源合理利用和效益最大化，亦有利于消除失独者对疾病、养老问题的后顾之忧，落实好《人口与计划生育法》确立的"地方人民政府应当给予必要的帮助"之责任，又不会造成与一般性扶助的矛盾，可谓一举多得。

（2015 年 6 月 30 日，于北京海淀世纪城寓所）

转变观念，选择放心、安心的养老方式[*]

据报道，经国务院批准，人力资源和社会保障部、财政部近日印发了《关于2016年调整退休人员基本养老金的通知》，为企业和机关事业单位退休人员提高基本养老金水平。这是我国自2005年以来连续12年调整提高养老金待遇水平，也是20世纪90年代企业养老保险制度改革以来，企业和机关事业单位退休人员首次同步调整养老待遇。[①] 这不仅有助于退休人员完善其自身的养老方案，从微观角度相应改善养老状况，而且也体现了国家从宏观上调控养老政策，为应对老龄化社会的新课题而积极作为，有助于提升在职人员乃至社会全体成员对养老的信心，为人们安享晚年带来一份安心。

近年来，我国养老事业一直面临诸多挑战。有人指出，"一对夫妻一个孩"的计划生育政策导致所谓"80后的养老危机"，夫妻二人要为双方四位老人养老，不难想象其可能遭遇"顾此失彼"的尴尬，"可能是史上最悲剧的一代"。各种养老方案接连传出，延迟退休的论调，退休暂不领取养老金的猜想，以房养老的改革试点方案被普遍化宣传，及至养老金空账等说法，一度导致全社会对所谓"养老危机"备感不安。企业和机关事业单位退休人员首次同步调整养老待遇，这无疑将有助于应对各种挑战，有助于接近"老有所养"的目标。

---

[*] 参见杨建顺著：《转变观念，选择放心、安心的养老方式》，载《检察日报》2016年4月20日第7版"建顺微思"。

[①] 参见《十三五规划建议：建立基本养老金合理调整机制》，载新华网 http://news.qq.com/a/20151103/048756.htm? qqcom_ pgv_ from = aio，2015年11月3日访问。延伸阅读：韩家慧著：《21省份公布上调养老金，快来看看你能领多少》，载新华网 http://news.xinhuanet.com/local/2016-10/13/c_ 129320993.htm，2017年3月26日访问。

我国《老年人权益保障法》① 规定："积极应对人口老龄化是国家的一项长期战略任务。""国家和社会应当采取措施，健全保障老年人权益的各项制度，逐步改善保障老年人生活、健康、安全以及参与社会发展的条件。"国务院《养老服务业意见》（国发〔2013〕35号）曾指出，要"充分发挥市场在资源配置中的基础性作用，逐步使社会力量成为发展养老服务业的主体……提供方便可及、价格合理的各类养老服务和产品，满足养老服务多样化、多层次需求"。要"全面建成以居家为基础、社区为依托、机构为支撑的，功能完善、规模适度、覆盖城乡的养老服务体系"。社会化和市场化是养老领域不可逆转的发展趋势，而养老服务业的社会化、市场化发展，将弥补家庭养老的不足，为养老事业的健康发展注入重要活力，从根本上修正"养儿防老"的传统观念，使人们对养老树立信心，对养老服务业放心、安心。

不过，为了实现该目标，则必须转变人们的养老观念。如果人们依然固守"养儿防老"观念，拘泥于依靠家庭和儿子养老的传统养老方式，将老年人入住养老院视为其儿女不孝，那么，养老服务业的社会化、市场化不可能实现，对于许多人来说，即便上调了养老金水平，或许也很难充分享受获得感，依然会受困于所谓"养老危机"，对养老缺乏足够的信心，很难有安心，无法实现"老有所医、老有所为、老有所学、老有所乐"的目标。

每个公民都应当从根本上转变对老人的认识和养老观念，不再将老人视为包袱，让"老有所为"成为养老事业中的主旋律，并以养老事业的社会化、市场化为背景，积极作为，踊跃参与，有效利用国家和社会提供的相关资源，切实谋划可以期待的、放心和安心的养老方案。

每个公民都应当转变对养老方式的认识，不再对"养儿防老"情有独钟，而是让家庭、社区、社会和政府携手，才能共绘"老有所乐"新篇章。在养老方式上有更多选择，须以养老金制度的完善为支撑，以确保老年人过上正常生活为目标。所谓正常生活，应当是确保老年人根据自身情况选择最适的方

---

① 第八届全国人大常委会第21次会议于1996年8月29日通过，自1996年10月1日起施行；第十一届全国人大常委会第30次会议于2012年12月28日修订通过，自2013年7月1日起施行。

案。既可以选择在自家养老，也可以在社区提供的普通住宅生活，还可以住进国公立的或者私立的养老院。无论选择何处，都应当能够充分享受公共服务及社会提供的服务，能够与家人、朋友、邻居等定期和不定期地交流，能够参加有关团体，进行有益于身心健康的各种活动。

对选择居家养老的，政府和社会应当建立健全家庭护理员制度，完善住房费补助、交通费补助或者减免等保障制度。对于选择社区养老的，政府应当完善购买公共服务的制度，推进政民协治共管。对于选择社会养老的，政府则应当建立健全科学的服务与管理相结合的制度，而相关养老服务机构则应当致力于"温馨之家"的打造。有完善的养老金制度和正确的观念支持，才能使老年人乃至全社会对养老有信心，真正能放心和安心。

(2016年4月19日，于中国人民大学明德法学楼研究室)

住房公积金入市的每个环节都需法治护航[*]

伴随着从计划经济到市场经济的转轨，我国自上个世纪90年代起启动了深化城镇住房制度的改革。当时，政府要推进住房商品化改革没有足够的资金支持，要解决公民居住保障问题，转变之前由国家统一分配和管理的单一住房保障状况，亟需采取新的形式。1991年，首先由上海市进行探索新的住房保障模式的试点，借鉴新加坡中央公积金的制度经验，建立起住房公积金制度。这种模式取得成效，其在筹集资金方面所蕴含的现实和潜在的巨大作用得到肯定。1993年《中共中央关于建立社会主义市场经济体制若干问题的决定》指出，要加快城镇住房制度改革，促进住房商品化和住房建设的发展。1994年国务院《关于深化城镇住房制度改革的决定》明确指出，全面推行住房公积金制度，所有行政和企事业单位及其职工均应按照"个人存储、单位资助、统一管理、专项使用"的原则交纳住房公积金，建立住房公积金制度。住房公积金由在职职工个人及其所在单位按一定比例逐月交纳，归个人所有，存入个人公积金账户，用于购、建、大修住房，职工离退休时，本息余额一次结清，退还职工本人。1996年国务院《关于加强住房公积金管理的意见》进一步明确指出，住房公积金是职工及其所在单位按规定缴存的具有保障性和互助性的职工个人住房基金，归职工个人所有，职工离退休时本息余额一次结清，退还职工本人。住房公积金不作财政预算资金，不纳入财政预算外资金管理，按照"房委会决策、中心运作、银行专户、财政监督"的原则进行管理。

随着住房公积金制度的推行和深入，为了加强对住房公积金的管理，维护

---

[*] 本文是在王心禾女士撰写的采访稿《住房公积金入市前的机制建构分析——专访中国人民大学法学院教授杨建顺》的基础上修改完成的。该采访稿未正式发表，改以杨建顺撰文形式摘录发表。参见杨建顺著：《每个环节都需法治护航》，载《检察日报》2013年4月3日第5版；王心禾：《住房公积金入市三大焦点》，载《检察日报》2013年4月3日第5版。

住房公积金所有者的合法权益,促进城镇住房建设,提高城镇居民的居住水平,国务院于1999年制定并于2002年修订《住房公积金管理条例》(以下简称《公积金条例》),从立法层面将这一制度确定下来。该《公积金条例》第2条规定,住房公积金是指国家机关、国有企业、城镇集体企业、外商投资企业、城镇私营企业及其他城镇企业、事业单位、民办非企业单位、社会团体(以下统称单位)及其在职职工缴存的长期住房储金。第3条明确规定了职工个人缴存的住房公积金和职工所在单位为职工缴存的住房公积金,属于职工个人所有。

从现行制度建构来看,住房公积金具有如下鲜明的特点:住房公积金是住房保障的重要支撑,属于社会保障的组成部分,具有很强的保障性;住房公积金的保障性,决定了其明显的强制性,强制职工个人缴存和职工所在单位为职工缴存;对职工及其单位施加强制,须依据《公积金条例》等法规范来推进,具有法定性;为了使住房公积金这种福利惠及所有城镇居民,《公积金条例》规定了广泛的缴存主体,具有普遍性;住房算是一个职工或者城市家庭最大的财富,是一个需要长期谋划而非一蹴而就或能轻松实现的问题,住房公积金制度具有长期性,从试点到实施,如今已有20多年,今后很长时期依然应当坚持该制度;住房公积金制度的另一个特色是互助性,注重"我为人人,人人为我",与社会保险精髓相通,即分担责任享受阳光;最后一个特点是属地性,即分各地展开。

住房公积金制度建立以来,在很大程度上促进了住房资金的有效需求和有效供给之间的良性循环,为助推城镇住房制度改革发挥了很大作用。但是,在现实运行过程中,这一制度也逐渐暴露出一些问题。例如,《公积金条例》明确规定"住房公积金应当用于职工购买、建造、翻建、大修自住住房,任何单位和个人不得挪作他用"。而现实中存在将部分闲置的住房公积金用于原本应当由财政支出的保障房建设,用于廉租房的补充资金,直接成为政府部门的准财政资金,这都有违"专款专用"的立法规定。由半行政化的机构管理资金也为腐败、挪用、受贿等违法犯罪提供了温床。再如,部分国有企业通过住房公积金变相发放隐形福利,产生了新的不公平;从物权上孳息归属角度看,公积金的收益应当属于其所有人即职工个人享有，而目前的收益享有、支配和运用机制引起诸多争议。

此外，由于房价持续上涨，对于低收入阶层来说，或许倾其毕生所得也无法购买自己所有的住房，因而希望提前提取公积金挪作他用。现行住房公积金制度为人诟病的另一个弊端就是提取困难，要"拿回这笔属于自己的钱"，往往要依赖于"代为提取公积金"的中介公司。于是，进一步引发了人们对现行住房公积金管理机制的质疑。

现行住房公积金制度暴露出的问题，造成的结果使人们认为其加剧了富裕的人越来越富，贫困的人越来越穷的局面，或者认为住房公积金已经完成其历史使命而应当退出历史舞台。现行住房公积金制度存在问题，需要改革和完善，这是毋庸置疑的。但是，因为其存在问题而不加深入分析便否定该制度的主张，则是值得商榷的。我们应当客观地认识和评价这一制度及其存在的问题，从而加以完善，例如在分配制度上加以调整，在运行机制上加以完善。我认为，由国家、单位和职工个人共同协作的住房公积金制度值得坚持，当然，不容否认的是应当对其加以完善。

从 2012 年 6 月开始，不断从证监会传来住房公积金改革具体工作的信息，其中入市是一个重要内容。2013 年 2 月证监会再次发布消息，称住房公积金入市规则正在细化，并日益成熟。曾经计划在 2013 年 6 月前完成《公积金条例》的全部修订工作，并上报国务院法制办，近期的消息则称此项工作将推迟至 2013 年底之前，这也说明了入市的复杂性。解决法律环节的障碍，首先是个大课题。

根据《公积金条例》的规定，住房公积金属于个人所有，应当用于职工购买、建造、翻建、大修自住住房，任何单位和个人不得挪作他用。住房公积金的管理实行住房公积金管理委员会决策、住房公积金管理中心运作、银行专户存储、财政监督的原则。所以，住房公积金入市首先需要修改《公积金条例》，为其提供必要的法律支持。

从立法政策角度来看，要解决住房公积金入市的合法性问题，其前提是解决住房公积金入市自身的合乎目的性问题。众所周知，进入资本市场，进行市场化运营,全无风险是不可能的。然而,考虑到通货膨胀、物价上涨等因素,为了保值增值,须改革目前的存、贷机制,创新管理、运营机制,推进住房公积金的入市,这是理论界和实务界早已达成的共识,是大势所趋。简而言之,入市有利于实现保值增值,具有合乎目的性,因而其正当性可以充分肯定。

市场化的运营机制架构主要有主体和运行两大部分。决定性和支撑性的原则是建立业内公开、竞争、择优的原则。首先应当健全托管运营的竞聘机制,解决由谁来运营的问题。既然走市场化运作之路,就应当改变现行"中心运作"的排他模式,由可信赖、业绩好的部门通过竞争获取运营资质。资质标准的确定很重要,也是技术层面首先应当考虑的事情。其次是考评和监管机制,解决由谁评价和监管的问题,包括专家聘请、专家参与、考评事项、考评标准以及监管程序等一系列机制。再次是技术保障机制,解决如何规避、减少和控制入市的风险,需要一系列配套制度来加以防范。最后是责任分担机制,解决政府、受托管主体和所有人的权利义务的分配问题,建构各方通力协作的多赢系统。

对于公积金入市问题,政府责任重大。从行政法强调行政规制与权利保障的角度来看,规制的前提是必须有规范存在,然后才能要求大家普遍尊重和遵守该规范,实现秩序价值。这就需要政府来推进《公积金条例》修改,确定以上机制,完善相关标准和程序机制,必要时以"细则"同时跟进。入市是大势所趋,但是,入市的抉择须以对现行运作机制的深刻反思以及相关规范和制度的健全完善为前提。有必要确立公开、竞争、择优的原则,并及时跟进托管运营的竞聘机制、考评和监管机制、技术保障机制以及责任分担机制,由技术设计加法律制度架构作为共同保障,为入市安全提供"双保险",否则其正当性将难免受质疑。

(2013年3月31日,于中国人民大学明德法学楼研究室)

免费救治有助于防治禽流感的实效性[*]

国家卫生和计划生育委员会于 2013 年 4 月 22 日发布人感染 H7N9 禽流感疫情。截至目前，全国共报告 104 例确诊病例，其中死亡 21 人，康复 13 人，其余 70 人正在各定点医疗单位接受救治。病例分布于北京（1 例）、上海（33 例，死亡 12 例）、江苏（24 例，死亡 3 例）、浙江（40 例，死亡 5 例）、安徽（3 例，死亡 1 例）、河南（3 例）6 省市。目前病例处于散发状态，尚未发现人传人的证据。[①]

以上数据表明，H7N9 禽流感具有严重的传染性和致死性，其控制的难度和防治成本都非常高，对公众健康和生命构成极大威胁，其影响所及不是单一的个人或者家庭，也不是某一个特定地区，而是呈现出从特定地区向众多地区散发状态，属于公共卫生安全应急事件。为有效控制、减轻和消除此类公共卫生事件引起的严重社会危害，规范应对禽流感的活动，保护人民生命财产安全，维护公共安全和社会秩序，应当启动以政府为主导的禽流感防治应急管理体制。

在此次应对禽流感的过程中，政府针对事态的发展，积极推出各项措施，根据农业部《动物 H7N9 禽流感紧急监测方案》和《动物 H7N9 禽流感应急处置指南（试行）》，实行大范围紧急监测，限制感染群所在场（村）的所有动物移动，果断扑杀感染群，彻底消毒和无害化处理。这些都是防治禽流感和维护公共卫生安全最为有效的方式。政府依法采取防治禽流感的一系列措施，享受公共卫生安全利益的是社会全体，而养殖户等特定的群体却为此作出"特

---

[*] 参见杨建顺著：《禽流感"免费救治"须立法明确》，载《检察日报》2013 年 4 月 24 日第 7 版"建顺微思"。

[①] 参见国家卫生和计划生育委员会办公厅：《关于加强人感染 H7N9 禽流感疫情防控工作的通知》，2013 年 4 月 3 日。

别牺牲"。① 根据行政法上公平负担原则（损失的平均化），应当立足于公平正义的理念给予合理补偿。政府给予合理补偿，兼顾了公共卫生安全的公共利益和个体利益，避免了养殖户不愿意配合政府的防治措施甚至采取有意藏匿等非理性行为，赢得了民众的理解和支持，因而有助于实现最大限度地控制疫情扩散这一公共利益。政府给予合理补偿，符合义务与权利对等的理性原则，也体现了政府重视民情、汇聚民智、尊重民权、保障民利的责任意识和法治理念。

随着人感染 H7N9 禽流感疫情的扩散，死亡人数持续增多，其治疗费用相当高，构成患者的沉重负担，"谁为患者买单"的问题也成为人们关注的焦点。

在风险社会中应当注重利用风险分散机制来解决传染病防治中的经费负担问题。国家卫生和计划生育委员会于 2013 年 4 月 3 日发布《关于加强人感染H7N9 禽流感疫情防控工作的通知》，强调指出："医疗救治费用按照规定渠道解决，严禁因费用问题延误救治或推诿患者"。根据规定，人感染 H7N9 禽流感患者医疗救治费用，通过职工基本医疗保险、城镇居民基本医疗保险、新型农村合作医疗、大病保险制度和疾病应急医疗救助基金等途径解决，这是值得充分肯定的举措。对于尚未参加基本医疗保险制度，或经报销后个人医疗救治费用负担仍然较重的贫困患者，可以通过城乡医疗救助制度解决。

根据《宪法》第 41 条规定的物质帮助权，公民在疾病的情况下有从国家和社会获得物质帮助的权利。《传染病防治法》第 62 条规定："国家对患有特定传染病的困难人群实行医疗救助，减免医疗费用。"无论是城乡医疗救助还是国家医疗救助，将其对象限于"尚未参加基本医疗保险制度，或经报销后个人医疗救治费用负担仍然较重的贫困患者"，作为给付行政法上的辅助性原则之体现，是值得肯定的。然而，鉴于控制禽流感扩散的紧急必要性，仅有这种"医疗救助"还远远不够，无法确保"严禁因费用问题延误救治或推诿患者"之规定的实效性。因此，需要建构相关配套的保障机制。

---

① 这里的"特别牺牲"是从日语中直译过来的行政补偿法上的专业用语，即"特别损失"的意思。

从人感染 H7N9 禽流感疫情发布信息可知，目前尚未发现人传人的证据。基于此，认为不应使用公共财政为患者买单的主张似乎具有可支持性。然而，这种观点值得商榷。因为目前尚未发现人传人的证据，并未排除人传人的可能性。"两利相比取其重，两害相较取其轻"。在传染病防治领域宜贯彻"宁可信其有，不可信其无"的理念，始终不忘忧患意识。须重视"病例处于散发状态"这一事实，强调"免费治疗"不应当是仅针对患病的困难群体实施的一种救助措施，而应当是为避免威胁公共卫生安全事态进一步扩散的、针对所有患者实施的一种特别防治措施。在这种认识的基础上，应当修改《传染病防治法》，明确规定对人感染高致病性禽流感等进行"免费救治"，以确保传染病救治保障体系的实效性。

(2013 年 4 月 23 日，于中国人民大学明德法学楼研究室)

设置"弃婴岛"试点也应当有法律明确授权*

自 2011 年 6 月石家庄儿童福利院首开"弃婴岛"的先例以来,我国已有 10 个省区市建成 25 个"弃婴岛"。民政部曾下发文件,要求各地根据实际情况开展"弃婴岛"试点工作。民政部部长李立国曾指出,设置"弃婴岛"体现儿童利益最高原则,有益于保证保障弃婴的基本救治、生命安全和监护服务等。民政部副部长窦玉沛也强调,设立"弃婴岛"正是基于生命至上、儿童权益优先的原则,与《未成年人保护法》的立法精神是一致的,与《刑法》惩处弃婴犯罪并行不悖。然而,广州市社会福利院的"弃婴岛"从 2014 年 1 月 28 日开始试点,到 3 月 16 日暂停,其间共接收 262 名弃婴,这个数字着实让认为"弃婴岛"变相助长了弃婴行为的观点增强了几分说服力。①

"弃婴岛",也称为"婴儿安全岛"或者"弃婴安全岛",美国称为"Safe Haven"(婴儿避难所),德国称为"Babyklappe 或者 Babywiege"(婴儿箱),而日本则称为"こうのとりのゆりかご"(鹳的摇篮)。我国效仿发达国家的做法,在部分城市进行设置"弃婴岛"的试点,对此人们从起初就存在不同看法,而广州"弃婴岛"的暂停,再度引发了围绕"弃婴岛"的合法性及其存废的热议。

其实,"弃婴岛"的问题,不仅在中国,而且在发达国家也一直备受争

---

* 参见杨建顺著:《设置"弃婴岛"应当有法律明确授权》,载《检察日报》2014 年 4 月 16 日第 7 版"建顺微思"。《人民政坛》2014 年第 5 期,第 47 页,以同题目,摘录刊发。

① 参见赖雨晨著:《广州市暂停试点"婴儿安全岛"已接收 262 名弃婴》,http://news.xinhuanet.com/local/2014-03/16/c_ 119791205.htm,2016 年 3 月 16 日访问。延伸阅读:佚名:《深圳首设"安全岛"接受弃婴 被疑助长弃婴行为》,http://news.xinhuanet.com/local/2013-11/26/c_ 118290314.htm,2016 年 12 月 12 日访问;佚名:《外媒:中国弃婴岛增多引争议 或助长父母弃婴》,http://gongyi.ifeng.com/news/detail_ 2014_ 02/20/34000345_ 0.shtml,2016 年 12 月 12 日访问。

议。德国和日本都是在赞否两论的夹缝中推进的。德国强调仅从"处理已经被遗弃的婴儿"的角度来支持善后工作，在2000年至2010年5月间，共收容了278名弃婴；日本熊本市内医院首设"鹳的摇篮"，得到相关部门的许可，运营6个月收容了8名弃婴。将设置"弃婴岛"本身的合法性搁置起来，基于"生命至上、儿童权益优先"的原则推开试点，其他的法益都可以接下来慢慢讨论。可是，对于一种制度，不解决其合法性，往往也就难以实现其可持续性。从以上数字可以看出，我国广州试点1个多月所接收的弃婴人数，几乎与德国10年所收容弃婴人数持平，而日本6个月才收容8名弃婴，这种巨大差异，或许也是我国"弃婴岛"试点受挫的直接原因。

在设置"弃婴岛"方面，美国所走出的法律规制路径值得借鉴。1999年德克萨斯州首次设置婴儿避难所，便制定《婴儿避难所法》（Safe Haven Law），至2007年夏威夷州成为美国第48个制定该法的州。该法规定，对于将新生儿遗弃在"婴儿避难所"的弃婴行为予以免责，其宗旨在于更加确实地保障新生儿的生命安全和身体健康。这种做法，将应受惩罚的弃婴行为和免责的弃婴行为明确划界，以州为单位次第推开，可以在保护弃婴权益的同时，解决伦理道德方面的诸多争议。

通过设置"弃婴岛"，本可以期待为被遗弃婴儿提供获得救助的机会，保护、延长他（她）们的生命，为其实现《未成年人保护法》所保障的生存权、发展权、受保护权、参与权等权利，提供最大限度的可能性。可是，广州试点的"短命"，恰好为设置"弃婴岛"的反对者提供了论据。诚如论者所言，遗弃生命，是法律不能容忍的犯罪行为；遗弃骨肉，是绝对的人伦悲剧。在现代法治国家，对一般权益的侵犯都必须有法律明确授权（侵益保留论），更何况是对婴儿的遗弃呢！从目前我国相关法规范来看，设置"弃婴岛"，在客观上对可能构成《刑法》所严禁的遗弃罪之结果予以承认、支援，而且对遗弃者免予追责，要得出"与《刑法》惩处弃婴犯罪并行不悖"的结论并得到普遍认可，其实并非易事。

弃婴，既然已经成为一种无法回避的严峻的社会现象，那么，就应当致力于改变遗弃的结果。政府应当正视这种现象，为被遗弃婴儿提供尽可能的救助。一方面要尽可能做好《母婴保健法》所保障的婚前保健、孕产期保健、技术鉴定和相关服务工作，保障母亲和婴儿健康，从源头上预防、抑制弃婴情形发生；另一方面要认识到弃婴原因的复杂多样性，将为此提供最大限度的救助保障确立为政府的法定职责。既然设置"弃婴岛"及其试点均没有明确的法律依据，那么，就应当努力推进相关立法，为其提供充足的法律支撑。

(2014年4月15日，于中国人民大学明德法学楼研究室)

用好政府采购机制，助推
公共自行车事业发展[*]

据报道，北京市大兴区的王女士因租赁的公共自行车遗失被要求赔偿1070元，她表示价格太贵不能接受："这辆车就算卖了也不值这么多钱，也没人买。"而公共自行车服务中心的工作人员解释说："车的采购价就是1070元。"厂家的销售人员也证实，这是特别定制的，"公共自行车价格比休闲类的自行车都要高一些，但耐用很多。"王女士不打算理赔，可能会被列入"黑名单"。[①] 围绕一辆公共自行车的价格，竟然会形成截然不同的判断。到底哪方的观点应当得到支持呢？这件事不仅引发了对完善遗失公共自行车理赔制度的关注，而且也为重新检视政府采购制度的公正性和效益性提供了契机。

首先，借了东西要还，把借来的东西给弄丢了，要赔。这是再浅显不过的道理。法谚所云：契约应当被尊重，合同必须履行。既然是"租借"了公共自行车，那就要归还；由于自己没有尽到注意看管的义务，遗失了，无法归还了，就要填补因此而给对方造成的损失。我国《合同法》第113条所规定："当事人一方不履行合同义务或者履行合同义务不符合约定，给对方造成损失的，损失赔偿额应当相当于因违约所造成的损失"。弄丢了租赁的公共自行车，被要求赔偿车款，这符合法的精神，也符合契约精神，更符合助推公共自行车这项公益事业发展的需要，所以，王女士"并不打算理赔"的做法，不可取。

其次，买卖要公平，交易要自由，价格要合理，各方的权利、义务和责任

---

[*] 参见杨建顺著：《"弄丢公共自行车按采购价赔"的法理考量》，载《检察日报》2016年5月4日第7版"建顺微思"。

[①] 参见周丹、刘玶等著：《丢辆公共自行车为何须赔千元》，载《北京青年报》2016年4月28日第A13版。

都应当在合同中予以明确。法谚云：书面胜过证人。以书面形式约定了权利、义务和责任的，即便经过了一定时间也可查证、落实，有助于确保合同的实效性，助推实现合同目的。我国《合同法》规定："当事人可以约定一方违约时应当根据违约情况向对方支付一定数额的违约金，也可以约定因违约产生的损失赔偿额的计算方法。"租借公共自行车的人弄丢了自行车应当赔偿。至于按照什么标准赔，是赔车的采购价，还是赔车的折旧价，抑或是赔车的市场均价，以及什么时候赔，是确认了丢车后马上赔付，还是留出一定的犹豫期间，为找到车时免赔留下余地，等等，都应当在书面合同中予以约定。实践中各地做法不一，是否需要统一做法的问题可留待日后立法政策来调整，这里需要特别强调的是，对于所约定的内容，在订立合同时务必要做到相互仔细确认，做到意思表示一致、真实。合同中约定了的，只要不违反相关法规范的规定，那么，按"采购价"赔偿的要求就应当得到支持。

再次，要求按照"车的采购价"赔付，这种观点值得支持，但是，其基础和前提是该"采购价"是合法、合理的。法谚云：公正是一种完善的理性。正义不仅应得到实现，而且要以人们看得见的方式加以实现。政府采购是政府公共支出重要的组成部分，政府采购活动"应当遵循公开透明原则、公平竞争原则、公正原则和诚实信用原则"。政府采购看起来是纯粹的民事行为，有关采购合同应视为一般民事合同。但是，"由于政府采购的公共利益性、大规模性及对国民经济、政府财政影响的特殊性，决定了其性质更接近于行政合同，要接受更多的制约"。记得我在1998年访问美国期间，参加了社保相关部门的数场听证会。行政听证会实行全程录音，需要大量卡式磁带。在政府大厅内的橱窗里展示着各式各样的磁带及其性能和价格的说明，其中也包括政府采购厂家的磁带展品和说明材料。所谓货比三家不吃亏。仔细观察可以发现，获政府采购的磁带并不是性能最高的，也不是价格最低的，而是性价比最高的。政府采购价本身应当具有可支持性，在面对使用者认为"不值这么多钱"的质疑时，相关部门应当通过客观、准确、真实的性价比数据以及公开、透明、公平、公正的采购招投标确定程序，认真予以正面说明，切实履行说明理由的责任，而不是仅简单地以"车的采购价就是1070元"作为解释。

最后，应当建立健全信息公开和评价机制，使政府采购能够更加阳光、透明、有效，有助于提高政府采购资金的使用效益，助推公共自行车等公益事业健康发展。如果丢失公共自行车因为"采购价"过高而导致王女士们"并不打算理赔"成为较普遍现象，结果是"车卡用不了，押金也不能退，以后不能再办卡，居民损失会更大"的话，则相关制度的重新检视便成为必要。为切实支持公共自行车等公益事业，就要确保用好《政府采购法》所确立的政府采购制度，并不断完善相关理赔制度。

（2016年5月3日，于中国人民大学明德法学楼研究室）

Part 7

转变政府职能,发挥中介组织的作用

确保消协履行法定职责,推进消费者权益保护
公益法律服务应当坚持标准和规则
治理"黑救护车",路在何方?
让规制行政成为安全生产实效性的保障
让行政法成为善治的保障

确保消协履行法定职责，
推进消费者权益保护[*]

某品牌汽车生产厂商对其问题车辆发布召回方案，主要是采取给车"打补丁"等措施。车主们对厂商的召回方案不满，认为这样并不能消除缺陷，其作为消费者的合法权益受到严重侵害。车主们在采取多种形式维权的同时[①]，要求消费者协会（以下简称"消协"）履行其法定职责。[②]《消费者权益保护法》（以下简称《消法》）对消协的法律性质、职责定位及经费保障等作了明确规定，为消协在消费者权益保护中发挥其应有作用提供了法律制度支撑。然而，要使《消法》所明确规定的"公益性职责"落到实处，从该法的规定来看，似乎只能依靠消协自律。作为消费者的车主们提出请求，能否构成启动消协履行其法定职责的要件？消协应当如何应对？如果消协依然不作为的话，还有哪些手段或者路径能够促使消协履行法定职责？能否以消协为被告，向法院提起诉讼，要求消协履行法定职责？这些问题宜从如下几个方面来理解。

第一，《消法》明确了消协的性质——是社会组织，不是政府部门，亦非企业单位，并明确列出其职责。将其与对消费者合法权益进行保护的"国家"并列，设专章来规定消协等"消费者组织"[③]，体现了该法对保护消费者合法

---

[*] 参见杨建顺著：《确保消协履行法定职责应在何处发力》，载《检察日报》2015年3月25日第7版"建顺微思"。

[①] 参见张亮著：《不满召回方案"打补丁" 近150名新速腾车主维权》，http://sn.ifeng.com/zixun/jinrishanxi/detail_2014_10/27/3068655_0.shtml，2015年3月23日访问；佚名：《一汽大众速腾召回最新消息：车主不满召回方案启动集体维权》，http://www.qianzhan.com/indynews/detail/282/141024-aecf031b_2.html，2015年3月16日访问。

[②] 这是我在海淀区人民法院参加过论证的案件。

[③] 《消法》第五章。

权益之多元主体的重视。将其定位为"依法成立的对商品和服务进行社会监督的保护消费者合法权益的社会组织"①，体现了消协等消费者组织之性质的独特性。对于这种独特地位，各方面应当予以尊重。

第二，《消法》明确了消协承担的是"公益性职责"。② 各级政府对消协履行职责应当给予必要的经费等支持；消协应当认真履行保护消费者合法权益的职责，听取消费者的意见和建议，接受社会监督。在该法上，政府只有经费等支持的义务和职责，却没有对其进行监管的权力；消协听取意见、建议和接受监督，也没有相关保障机制作为支撑。

第三，应当完善消协履职的条件、标准和程序机制，确保其切实履行法定职责。既然是消协的法定职责，便不宜因其"公益性"而完全委任给消协裁量，其履行与否，应当以法定要件是否具备为准。

第四，消协不履行其法定职责的，应当承认消费者的请求权，确立消协依申请有所作为和对申请予以回馈的义务和责任。消费者只能依法向消协提出对消费者和经营者之间的消费者权益争议进行调解的请求，却不具有对消协履行法定职责的直接请求权。为确保法律授权的严肃性，切实保护消费者合法权益，应当对此予以完善。

第五，鉴于消协的法定职责具有不同属性，对其是否依法履行或者是否正确、及时、充分履行了法定职责作出判断，应当遵循分类研究、具体分析的原则。总体来说，应当确立尊重消协专业性、自主性判断的原则，将外部监督限定于督促消协履行法定职责层面，至于该如何履行各项法定职责，则宜保留给消协的裁量。

第六，鉴于消协的特殊地位，难以适用行政救济和司法救济的一般制度来直接启动复议、诉讼等主观争讼机制，应当强调多元纠纷解决机制（ADR）的原则，活用斡旋、建议、协调和劝告等指导方式。

第七，应当确立客观复议制度，让各级政府成为督促消协履职的重要主

---

① 《消法》第36条。
② 《消法》第37条。

体。按照《消法》规定，各级政府对消协履行职责应当予以必要的经费等支持，消协所履行的"公益性职责"也具有类行政或者准行政职能，如参与制定有关法律、法规、规章和强制性标准，参与有关行政部门对商品和服务的监督、检查等。适用授权组织的理论，或者按照准行政职能来处理，宜于确立行政复议制度，让消费者依法可向各级政府复议，要求其督促消协依法履职。

第八，应当坚持司法最终原则，充分发挥法院在定分止争中的独特作用，依法确立客观诉讼制度，承认消费者的原告适格，由其（或者其选定的代表人）以消协为被告，向法院提起诉讼，请求法院判令消协履行法定职责。《消法》增加了消协提起公益诉讼的职责[1]，体现了消费者权益保护中社会监督的重要作用。消协怠于履行法定职责的，确立由消费者提起诉讼的制度，同样可以期待这样的作用。消协是社会组织，可以适用民事诉讼；消协履行准行政职能，可以适用行政诉讼。至于应当提起哪种诉讼，这是立法政策问题，应当遵循客观诉讼由法律设定的原则[2]，在修改完善法律时予以明确规定。

(2015年3月24日，于中国人民大学明德法学楼研究室)

---

[1]《消法》第37条第7项、第47条。
[2] 参见杨建顺著：《〈行政诉讼法〉的修改与行政公益诉讼》，载《法律适用》2012年第11期；《诉讼法学、司法制度》2013年第2期全文转载（第17—26页）。

公益法律服务应当坚持标准和规则*

北京市公益法律服务与研究中心及其专家咨询委员会成立了。① 作为北京市政法委、市委社会工委、市司法局组织第三方社会力量参与涉法涉诉信访工作改革的重要一环，该机构的成立具有重要意义。它是贯彻党的十八大以及十八届三中全会、四中全会精神，落实中办、国办《关于依法处理涉法涉诉信访问题的意见》、中央政法委《关于建立律师参与化解和代理涉法涉诉信访案件制度的意见》的重要举措，有助于探索参与型社会治理的有效方式，亦有助于推进法治多元主体理论研究向纵深发展。

公益法律服务与研究机构及其专家咨询委员会的定位和作用，主要体现为作为第三方社会力量参与涉法涉诉信访工作，作为身份独立于执法办案的政法机关和案件当事人、与双方无利害关系的第三方社会力量，利用专业能力及社会公信力优势，参与涉法涉诉信访的接待、化解、监督、终结等工作，引导信访群众依法反映诉求，劝导信访群众息访服判，维护群众合法权益，提高司法等公权力的公信。根据北京《市委政法委关于第三方社会力量参与涉法涉诉信访工作实施办法（试行）》，第三方人员参与涉法涉诉信访工作，应当坚持依法、客观、中立、公正的原则。确保该机构的第三方性、社会力量性和专业性，从而确保其社会公信力优势，是做好相关工作的基本前提和基础。作为第三方社会力量居中协调，"引导""劝导"等方式方法将成为该机构参与涉法涉诉信访工作的重要手段。

---

* 参见杨建顺著：《公益法律服务应当坚持标准和规则》，载《检察日报》2015年9月9日第7版"建顺微思"。

① 2015年9月1日，北京市公益法律服务与研究中心第一届理事会第一次会议暨专家咨询委员会成立会议在北京会议中心举行。本人参加了会议，受聘为首届专家咨询委员会委员，并在会上发了言。

要做好公益法律服务与研究工作,应当正确理解和把握信访的定位和作用。信访,是连结我们党和政府与人民群众的桥梁和纽带。推进依法治国、依法执政和依法行政,这座桥梁、这条纽带同样必须是牢固的、畅通的。不允许有梗阻,更不允许有断裂。关于"水能载舟,亦能覆舟"的道理,可以为信访制度的意义提供注解。正如毛泽东所指出的:"因为我们是为人民服务的,所以,我们如果有缺点,就不怕别人批评指出。……只要我们为人民的利益坚持好的,为人民的利益改正错的,我们这个队伍就一定会兴旺起来。"① "只有让人民来监督政府,政府才不敢松懈。只有人人起来负责,才不会人亡政息。"② 要正确认识信访,要善待信访人,要确保信访制度的实效性。为将实质正义和形式正义有机统一起来,从源头上实现定分止争、案结事了,不仅要构筑信息传递、诉求处理过程的说明理论,而且还必须确立其过程的民主、合理的处理推进制度。

涉法涉诉信访工作的圆满解决,需要强调法治思维和法治方式,应当坚持标准,崇尚规则。对行政主体是这样,对司法部门是这样,对作为第三方社会力量的公益法律服务与研究机构也是这样,要求在涉法涉诉信访工作的过程中做到有法则依法,无法则辅之以情以理,运用法的原理和法解释的手段,为了公共利益及公民、法人和其他组织的合法权益而作为或者不作为。应当避免至少是尽量减少只顾眼前事态的安抚而放弃既有法规范或者政策所确立标准的做法;应当确立危机管理与合法规范运营的正常转换规则;若没有既定标准,则应当以"勇于负责、敢于担当"的精神,在切实进行事实确认和利益衡量的基础上,积极探索解决纠纷的相关标准。

作为公益法律服务与研究机构,不应满足于个案处理中的正义追求,还应当积极探索形成相关政策建议,敦促相关部门制定标准和规则,为建设法治政府、诚信政府贡献力量。公益法律服务与研究机构设置专家咨询委员会,其目

---

① 毛泽东著:《为人民服务》,载《毛泽东选集》(第三卷),人民出版社 1966 年版,第 954 页。
② 1945 年毛泽东与黄炎培的谈话。黄炎培著:《延安归来》第二篇"延安五日记",转引自 sglljw 著:《"只有民主才不会出现人亡政息",是毛主席的原话原意吗?》,http://bbs.tianya.cn/post-worldlook-644211-1.shtml,2016 年 12 月 14 日访问。

的在于发挥多学科、多专业的综合优势，提供高水平的咨询建议，促进涉法涉诉信访案件依法妥善解决。为保障该制度的实效性，确保咨询建议的科学合理性和可接受性，有必要进一步细化专家委员的权利、义务和责任，进一步明确规定有关方面的专家、学者参与的比例，既照顾到代表性，又注重专业性和合理性，让相关领域真正的专家参与案件讨论和咨询建议形成，筑牢专业能力及社会公信力优势。坚持以制度、机制来形成标准，通过个案来探索、检验标准，并进而形成制度、机制，做到"坚决纠正不作为、乱作为，坚决克服懒政、怠政，坚决惩处失职、渎职"①，维护群众合法权益，提高司法等公权力的公信力。

（2015 年 9 月 8 日，于中国人民大学明德法学楼研究室）

---

① 中国共产党十八届四中全会《全面依法治国决定》"三、深入推进依法行政"之"加快建设法治政府""（一）依法全面履行政府职能"。

治理"黑救护车",路在何方?*

由于医疗风险高且缺乏相关法律法规准入指引,加之运力难及,正规救护车难以满足长途救护转运的需求。需求旺盛的长途救护转运市场出现空缺,"黑救护车"乘势发展起来,曾给需要长途转运的病患及其家属带来希望。可是,"黑救护车"也带来众多隐患。在东莞,普通的金杯面包车贴上红色"十"字和"救护"等标识,车顶装上警灯、警报器后,便在各大医院之间招摇过市地接送病患。这种乱象不仅长期得不到惩处,而且,随着正规医疗机构进入长途救护转运领域,打破了原有"黑救护车"片区垄断的格局,威胁、警告甚至是暴力不断,正规救护车与"黑救护车"之争愈演愈烈。针对"黑救护车"问题,东莞计划向民营市场放开长途救护转运,目前正在制定相关准入规范。① 向民营市场放开长途救护转运,或许是治理"黑救护车"的根本出路。

需要强调指出的是,在对救护车实行专车专管专用制度下,任何单位和个人未经批准不得擅自配置、使用救护车,不得使用"假冒救护车",不得在车辆上喷涂医疗急救标识,不得设置、使用警报器、标志灯具。② 对违反者应当依法予以惩处。在对医疗救护实行规制准入制度下,无论是擅自从事接送入院、出院、长途救护转运等活动,还是擅自从事院前医疗急救服务活动,都应当依法予以制止和惩处。来自"黑救护车"方面的威胁、警告甚至暴力,根本就是无视法纪的做法,理应依法予以制裁。但是,这里所说的"依法",所

---

* 参见杨建顺著:《治理"黑救护车",路在何方》,载《检察日报》2015年9月23日第7版"建顺微思"。

① 参见肖佩佩、唐建丰、何永华、莫晓东、徐章龙著:《黑救护车垄断下的长途转运市场》,载《南方都市报》2015年9月14日第DA01版。

② 参见《北京市救护车管理办法》(自2013年2月1日起施行)第7条、第25条。

依之法应当如何确定？这个问题应当在综合分析利弊得失的基础上作出判断。可以肯定的是，仅靠东莞"正在制定相关的准入规范"，很难从根本上解决相关问题，而是需要从法律、法规的层面对相关主体的权利、义务和责任予以科学规定。

至于惩处主体，应当区分不同情况，依法明确授权由卫生计生行政部门或者公安机关交通行政部门管辖，或者明确规定由公安机关交通管理部门协助，为卫生计生部门的惩处权提供实效性保障。在既有的合法救护车资源无法满足病患及其家属对长途救护转运等需求的情况下，应当允许一切有利于相应服务的形式和活动，包括对私家车的征用等，也包括从立法政策层面向民营市场开放。

长途救护转运服务，政府既可以直接举办，亦可以间接举办，还可以通过一系列制度机制来保障民间力量参与举办。长期以来，长途救护转运服务领域一直缺乏以政府责任承担起来的服务提供，使"黑救护车"在该领域有了发展的可乘之机，不仅出现漫天要价等"太离谱"的乱象，而且"威胁、警告甚至是暴力不断"，令正规救护车司机"有些害怕"。这种违法乱象当然应当依法予以惩处，而治理"黑救护车"问题的根本之路，在于向社会开放。

长途救护转运服务是公益性事业，而公益事业本身具有广泛的参与型行政的色彩，不应当排斥社会力量参与。一定程度上社会力量参与还能提高效率、分担政府压力，具有十分积极的意义。向社会开放长途救护转运服务，并非意味着政府在该领域可以完全转嫁责任。政府应当采取一系列必要措施，以确保相关工作落到实处，并且，还应当坚持退让和补缺原则——在某些民间力量愿意且能够承担相关任务时，政府应当适度退出，为其留出必要的空间；当某些民间力量撤出或者无力继续提供服务，导致某些服务出现缺位时，政府应当能够予以补充，以确保最大限度实现该领域的善治目标。

应当以发展的眼光，切实完善相应立法，对社会力量从事长途救护转运服务的经验予以确认和固化，建立开放的长途救护转运服务制度体系，完善设置规划、规制程序和准入标准，使符合条件、标准且有志于长途救护转运服务的任何单位和个人均能够进入该领域，从事该服务活动。当然，在主体多元化的背景下,存在如何确保长途救护转运服务的设置规划和准入标准合法、合理、可行的问题。在解决了引入社会力量这一前提性问题之后,在另一个层面、主要是立法技术层面,若能够进行分类设置,或许可以增加相关规定的科学性。

(2015年9月22日,于北京海淀世纪城寓所)

让规制行政成为安全生产实效性的保障*

天津港"8·12"瑞海公司危险化学品仓库重特大爆炸事故（以下简称"天津港重特大爆炸事故"）中的遇难者和失联者的人数还在变化着，其后续处理无时无刻不在牵动着人们的心。① 就在天津港重特大爆炸事故刚过去10天之际，又传来山东淄博桓台县果里镇的润兴化工有限公司爆炸事故（以下简称"淄博爆炸事故"）的报道。淄博爆炸事故所造成的直接损害后果，与天津港重特大爆炸事故相比，可以说并不很严重，但是，由于其发生在天津港重特大爆炸事故之后，且是在山东省"督察组前脚刚走，爆炸就发生了"，故而受到社会强烈关注。② 对照这两起爆炸事故，我们应当深刻反思，扎实构建确保安全生产监管和安全生产之实效性的规制行政。

首先，扭曲的发展观或者政绩观为"环评、安评审批等难题"提供方便，大开"绿灯"，是埋下安全生产事故隐患的重要根源。应当确立正确的发展观或者政绩观，建立健全监管制度，真正确保安评等依法独立、科学公正、具有实质约束力，坚决杜绝"换了家安评公司，结果就弄下来了"的事件重演。

瑞海公司在被指出"距离居民楼太近，不符合规定，安评做不下来"的情况下，"换了家安评公司，结果就弄下来了"。发改委、规划局和国土资源管理局、公安消防支队、交通运输和港口管理局、建设工程质量安全监督站等多个部门为其开了"绿灯"。在那里，事前规制形同虚设，事中规制流于形式，事后规制不见踪影，甚至发生了重特大爆炸事故却迟迟找不到负责任者。

---

* 参见杨建顺著：《让规制行政成为安全生产实效性的保障》，载《检察日报》2015年8月26日第7版"建顺微思"。

① 参见徐盈雁著：《天津安监和城市规划部门该不该为爆炸事故负责？》，载《检察日报》2015年8月15日。

② 参见佚名：《淄博化工厂爆炸：项目建设曾有违规》，http：//news.ubetween.com/2015/hotnews_0823/116951.html，2015年8月23日访问。

润兴公司则是"未批先建",虽然仅有"补办环保手续,由市环保局进行了行政处罚"的报道,但是,各相关部门为其大开"绿灯"是以有关领导强调"要积极为企业解决土地、资金、立项、环评、安评审批等难题"为背景的。

为招商引资而"全力支持重点项目建设进度,努力推进新上项目建设",这本来体现了服务型政府应有的使命感和责任心,但是,"特事特办"绝不应当对能评、环评、安评等"难题"视而不见、听而不闻甚至忽略不计;简政放权、政府"瘦身"意味着使政府职能合理定位,做到不缺位、不越位、不扰民,而绝不允许放松甚至放弃对安全生产等实施必要规制。

其次,流于形式的安全监管,是酿成安全生产事故惨祸的帮凶。为切实发挥安全生产督导检查应有的作用,应当切实做好多样化的制度机制建构,做到正式的和非正式的相结合,公开的和非公开的相结合,定期的和非定期的相结合,强制的和任意的相结合,尤其是要突出强调随机抽查的重要作用。第二次世界大战中,美国空军要求降落伞质量的合格率为100%,而厂家主张99.9%已是上限;军方采取每次从降落伞中随机抽出1个让厂家负责人试跳的验货方案。于是,不合格率变为零。① 这个典故很能说明随机抽查的做法对安全生产所具有的规制实效性,宜通过立法予以确立并广泛适用。

在全国各地将天津港重特大爆炸事故引以为鉴,对安全生产隐患进行排查,淄博市业已启动全市范围内化工和危险化学品及医药企业安全生产大检查1周之后,而且是在山东省督察组深入淄博市进行安全生产督导检查,作出"淄博市把安全生产工作放在重中之重位置,高标准严要求,规章制度细化,措施扎实有力,安全工作有效平稳"的评价结论,刚刚离开后的翌日,就发生了淄博爆炸事故。事故原因尚在调查中,不宜武断下结论,但是,这种结果至少说明了督察组的评价结论是错误的或者是不全面的,督察组所采取的督导检查对于安全生产的规制缺乏实效性。

---

① 参见佚名:《制度的力量》(经典故事),http://mt.sohu.com/20150324/n410236573.shtml,2016年12月14日访问。

其实，流于形式的安全监管在1年前的江苏昆山中荣金属制品有限公司粉尘特大爆炸事故（昆山"8·2"特大爆炸事故）中已暴露无遗。时任国务院事故调查组组长杨栋梁曾连续发问："是谁在走形式、走过场？工作不落实？安监、劳动、卫生、商务等相关部门，为什么没有发现问题？"[①] 1年后的今天，杨栋梁的上述发问依然成立，走形式、走过场的安全监管还在持续！不是政府没有派人进行检查，而是"通知来了一箩筐，层层检查也是家常便饭，但来人了做做样子，过后还是老样子，没见企业真正有什么行动。"这就是问题的症结所在。

省督查组为什么没有发现问题？除了其自身不想去发现问题的特殊情形外，在督察组到来之前，可能已经被"做做样子"了。于是，督导检查变成被安排参观甚至是经验展示现场会，督察组的评价结论也只能是"安全工作有效平稳"了，而存在安全生产隐患的部分并没有被安排看到，抑或被极力掩盖，企业安全生产的监管处于"真空"状态，监管流于形式、走过场，检查成了印发通知、提前预告和"过家家"式检查，问题累积、滋生发酵，直至爆炸，带来血的教训。

（2015年8月25日，于中国人民大学明德法学楼研究室）

[①] 参见姜维著：《昆山爆炸事故背后》，http：//www.juece.net.cn/vote/View.asp?id=22，2015年8月23日访问。

让行政法成为善治的保障[*]

在即将过去的 2014 年,中国发生了诸多值得纪念的大事。就法治建设而言,党的十八届四中全会的胜利召开最值得纪念。全会审议通过《全面依法治国决定》,提出了依法治国的总目标——建设中国特色社会主义法治体系,建设社会主义法治国家。以良法求善治,是将《全面依法治国决定》全部内容贯穿起来的一条主线,值得特别强调并用心践履;而要实现良法善治,应当注重行政法的保障和支撑作用。不仅行政组织法、行政行为法、行政程序法和行政监督救济法这种科学的行政法体系可以成为法治体系建设的基础,而且,以法治行政原理为代表的行政法理论可以为良法善治提供切实保障。

亚里士多德指出:"法治应包括两重意义:已成立的法律获得普遍的服从,而大家所服从的法律又应该本身是制定得良好的法律。"[①] 这种法治要义被广泛引用、视为圭臬。不过,现实中的法规范并不一定都是良法。这里所阐述的"应该本身是制定得良好的法律",描绘了一种应然状态;但是对于千变万化的社会需求,往往难以确保各种法规范的良法属性,无法给出相应的判断处理基准。对此,行政法上的法治行政原理、行政行为的公定力理论、异议不停止行政行为执行的原则、利益均衡论、行政裁量论乃至行政过程论等,则可以给出具有实效性的解答,为充分实现形式法治主义和实质法治主义的对话提供重要支撑。

以奥特·玛雅(Otto Mayer)、美浓部达吉、田中二郎等为代表的经典行政

---

[*] 参见杨建顺著:《让行政法成为善治的保障》,载《检察日报》2014 年 12 月 31 日第 7 版"建顺微思"。

[①] 另一种译法:"法治包含两层含义:已成立的法律获得普遍的服从,服从的法律应当是优良的法律。"〔古希腊〕亚里士多德著:《政治学》,颜一、秦典华译,中国人民大学出版社 2003 年版,第 199 页。

法学家所强调的行政主体优越性，承认行政主体的支配权（命令权＋形成权）、行政行为的公定力以及行政主体的自力强制执行权，同时也注重强调法律保留原则、法律优先原则和司法审查原则。这三大原则构成了法治行政原理，与现代行政法上的参与型行政理念相结合，为规范行政权力（而不仅仅是限制）和保障私人的合法权益提供了坚实的秩序、制度和权威支撑。

以行政行为的公定力为例，它是指行政行为一旦成立，除了其作出时具有重大且明显的瑕疵因而被认为绝对无效的情形以外，原则上被推定为合法有效，且在有权的行政主体或者法院予以撤销、废止或者变更之前，相对人、行政主体以及其他国家机关和组织等都应当将其作为合法有效的行政行为加以尊重和服从，而不能否认其效力。①

这种合法有效的法律效力之推定，在立法部门所制定的法规范可能被认为不是良法的情况下，为解决价值追求的困惑提供了重要启示——"已经成立的法律"，无论是良法还是"恶法"，都应当姑且推定其是合法有效的，都应当"获得普遍的服从"。② 对自己认为其是"恶法"的法规范，则应当依照现行法规范的规定，推动"立改废释"程序的启动；在有权部门予以撤销、废止或者变更之前，尊重并遵守相关法规范。唯有如此，才能最终形成善治之良法。

诚如《全面依法治国决定》所指出的："法律的权威源自人民的内心拥护和真诚信仰。人民权益要靠法律保障，法律权威要靠人民维护。"高压反腐败，重拳出击，取得有目共睹的成就，得到人民拥护；伴随着各种重大案件得以披露，贪腐的严重性和普遍性也使人们发出无力回天的感慨，甚至使不少人形成了较为明显的受害者意识（责任回避意识）。可以说，法治建设是机遇和挑战并存。为避免这种状况持续蔓延而影响对法治的信心，应当把行政法贯彻到依法治国、依法执政和依法行政的全过程之中，积极倡导和推进参与型行政，普及法治行政原理，培育公民的主权者意识，让行政法成为善治的坚实保障。

---

① 关于行政行为的公定力，参见杨建顺著：《行政规制与权利保障》，中国人民大学出版社2007年版，第308页。

② 法谚云："恶法亦法。"

回顾 2014 年，在中国共产党领导下，中国已经迈向具有中国特色社会主义宪政时期。① 而要真正实现宪政理念下的善治，则需要建立健全常态化行政监督制约制度及合法规范运营机制，使行政不得违法不作为、乱作为，要"勇于负责、敢于担当"，做到有法则依法，无法则辅之以情以理，运用法的原理和法解释的手段，为了公共利益及公民、法人和其他组织的合法权益而作为或者不作为。

(2014 年 12 月 30 日，于中国人民大学明德法学楼研究室)

---

① 参见杨建顺著：《2014 中国迈向特色社会主义宪政之路——从四中全会〈决定〉看 2014 年度宪政思潮》，载《人民论坛》2015 年 1 月（下）。

Part 8

规制行政,政府治理的
实效性保障

完善授权法制，用好法律法规保留原则
依法强制拆除，维护法律权威
应当着力完善行政许可过程的法律规制
推进参与型行政，实现有效的政府治理
建立政府法律顾问制度重在"用"功
完善过渡性措施，确保法规范的实效性
以政民协治确保道路交通安全法规范的实效性
原中央苏区振兴发展须有法治和参与

完善授权法制，用好法律法规保留原则*

据报道，提请十二届全国人大三次会议审议的《立法法修正案（草案）》增加了一个规定：国务院部门和地方政府制定任何规章，没有上位法律、法规依据的，不能减损公民权利，也不能随意增加公民的义务。有专家介绍说，上述规定将约束政府的行为，意味着一些限行、限购、限贷等地方限制性行政手段，今后将不能再"任性"。① 其实，为切实规范限制行政手段的"任性"，真正实现善治，确立法律法规保留原则应当以完善的授权法制为支撑。

其一，应当在理论和实务两个层面明确法律事项、法规事项，而要对上述事项进行明确划界，其前提是明确各机关各部门各层级的职能定位。在各级各地政府职能定位尚处于转轨期，权力清单、负面清单、责任清单制度次第展开的阶段，理论研究面临诸多挑战，实务探索不乏困惑阻碍，不宜笼统固化狭义的法律保留原则②，法规保留原则同样有待深入研究。

其二，应当针对法律事项和法规事项制定并不断完善相应的法律、法规，这是法治原理的内在要求。要完成此项任务，既需要确立发展阶段论，又需要坚持过程论，而且还不得不承认法律法规调整社会关系的界限，坚持"立改

---

* 参见杨建顺著：《完善授权法制，用好法律法规保留原则》，载《检察日报》2015 年 3 月 11 日第 7 版"建顺微思"。

① 参见佚名：《立法法修正案草案三审 系实施 15 年来首次修改》，http://read.haosou.com/article/? id＝773cdc306d54dcc9bc96a83761294324&mediaId＝10447，2015 年 3 月 8 日访问。作为《立法法》修订的亮点来列举的有：政府如何收税须人大立法决定；限行限购行政手段不能"任性"；各种机动车限号、限购政策，今后有望得到规范；等等。其实，关于授权，历来存在不同的观点，而中国行政法实践中主要分为法律法规章授权说和法律法规授权说。前者如《全面推进依法行政实施纲要》《执行行政诉讼法问题的解释》、新《行政诉讼法》；后者如旧《行政诉讼法》《立法法》《全面依法治国决定》。换言之，要真正实现对权利的规范，尚须在立法的科学性和法制统一性上狠下工夫。

② 关于法律保留原则的各种观点，参见杨建顺著：《行政强制法 18 讲》，中国法制出版社 2011 年版，第 125—132 页。

废释并举"的观念论和方法论。

其三,应当完善授权法制,注重发挥下位阶法规范的作用。在现代行政国家①,权力机关通过大量的原则性授权规定赋予行政机关以广泛裁量权。试图通过修改《立法法》来增强该法的可操作性,这种理解本身无可非议,但是,如果运用不当或者过度强调对下位阶法规范的限权,则是值得商榷的。法律法规自身的特质决定了扩充和规范授权立法的无比重要性。包括法律授权和法规授权乃至规章授权②在内的广泛授权势在必行。问题的关键在于要通过制度设计,完善相关标准和程序规定,将相关权力运行置于阳光之下和正当程序之上,以避免权力滥用。

其四,应当注重法规范依据的层级性,科学配置权力,避免情绪化的限权悖论。行政权力源于宪法、法律和地方性法规;而对那些基于宪法、法律和地方性法规的授权而存在的行政权力,在行政系统内部的分配和行使依据又分为行政法规、部门规章和地方政府规章,甚至还包括所谓其他规范性文件。人们往往着眼于某些"红头文件""通知"等其他规范性文件乃至规章的滥用权力现象,故而支持对其进行彻底限制。而其之所以容易出现滥权现象,许多场合是由于上位法规范只规定了目标和任务,却没有赋予其具有针对性和实操性的手段、方法和路径。应当反思这种忽略法规范依据层级性的笼统限权论,为将相关法规范适用于行政活动提供科学性支撑。这就要求科学划分规章事项乃至

---

① 参见杨建顺著:《行政规制与权利保障》,中国人民大学出版社 2007 年版,第 45 页以下。

② 关于规章能否授权的问题,理论界长期以来存在争议,而在实务中早已存在法律法规规章授权说。例如,2000 年最高人民法院《执行行政诉讼法问题的解释》第 20 条第 2 款规定:"行政机关的内设机构或者派出机构在没有法律、法规或者规章授权的情况下,以自己的名义作出具体行政行为,当事人不服提起诉讼的,应当以该行政机关为被告。"该条第 3 款规定:"法律、法规或者规章授权行使行政职权的行政机关内设机构、派出机构或者其他组织,超出法定授权范围实施行政行为,当事人不服提起诉讼的,应当以实施该行为的机构或组织为被告。"第 86 条规定:"行政机关根据行政诉讼法第六十六条的规定申请执行其具体行政行为,应当具备以下条件:……(三)申请人是作出该具体行政行为的行政机关或者法律、法规、规章授权的组织"。2004 年国务院《全面推进依法行政实施纲要》在阐述作为"依法行政的基本要求"的"合法行政"时指出:"行政机关实施行政管理,应当依照法律、法规、规章的规定进行;没有法律、法规、规章的规定,行政机关不得作出影响公民、法人和其他组织合法权益或者增加公民、法人和其他组织义务的决定。"新《行政诉讼法》确认、承继了这种观点,其第 2 条第 2 款明确规定:"前款所称行政行为,包括法律、法规、规章授权的组织作出的行政行为。"但是,原《行政诉讼法》《全面依法治国决定》和《立法法》则采取了法律法规授权说。

其他规范性文件事项，甚至应当明确一线人员随机应变采取措施的事项，完善行使行政裁量权的标准和程序机制。

其五，应当以现代行政的特殊性质和法的关系为前提，确立利益衡量论，"建立健全行政裁量权基准制度，细化、量化行政裁量标准，规范裁量范围、种类、幅度"，而不应当将视野局限于侵害保留说或者权力保留说。对一些人是减损权益的行为，而对另外一些人可能是实现权益或者增加权益的行为；对一些人是增加义务或者负担的行为，而对另外一些人可能是减轻或者消除义务或者负担的行为。① 无视现代行政的特殊性质，无视复效性（二重效果的）行政行为论以及各种行政救济论，则不能实现充实行政责任以保障公民权利的目的。

其六，应当建立并不断完善立法评价机制，强调合理性与必要性原则，完善说明理由制度，坚持正当程序理念，充分发挥规章乃至规范性文件的作用。不应当笼统地将减损权利或者增加义务作为是否授权规章等法规范对相关事项进行规定的唯一判断标准。应当对限行、限购、限贷等地方限制性行政手段进行全面评定，具有合理性和必要性的，启动相应立法机制，为其提供必要的法规范依据；不具有合理性和必要性的，应当予以明确废止，并对"任性"做法予以规制。

(2015 年 3 月 10 日，于中国人民大学明德法学楼研究室)

---

① 关于行政行为的复效性和过程论视角，参见杨建顺著：《行政强制法 18 讲》，中国法制出版社 2011 年版，第 281 页和封底题记。

依法强制拆除，维护法律权威*

2013年4月3日起施行的《最高人民法院关于违法的建筑物、构筑物、设施等强制拆除问题的批复》（以下简称《强制拆除问题的批复》）指出，根据《行政强制法》和《城乡规划法》有关规定精神，对涉及违反《城乡规划法》的违法建筑物、构筑物、设施等的强制拆除，法律已经授予行政机关强制执行权，人民法院不受理行政机关提出的非诉行政执行申请。该《强制拆除问题的批复》是对法律有关强制拆除权力配置规定的确认和落实，必将有助于法律权威的树立和维护。

2008年起施行的《城乡规划法》规定，在乡、村庄规划区内未依法取得乡村建设规划许可证或者未按照乡村建设规划许可证的规定进行建设的，由乡、镇人民政府责令停止建设、限期改正；逾期不改正的，可以拆除。（第65条）城乡规划主管部门作出责令停止建设或者限期拆除的决定后，当事人不停止建设或者逾期不拆除的，建设工程所在地县级以上地方人民政府可以责成有关部门采取查封施工现场、强制拆除等措施。（第68条）上述规定将"可以拆除"及"采取……强制拆除等措施"的权力授予行政机关，行政机关因此而获得强制拆除的主体资格，不必申请人民法院强制拆除。这样才能体现对法律授权的尊重，节约司法资源，更好地维护公共利益。可是，实务中该授权规定并未得以贯彻落实，多选择申请人民法院强制执行的路径。① 这与我国行政强制执行权力配置的传统有关。

---

* 参见杨建顺著：《拆除违章建筑法院从此不"代劳"》，载《检察日报》2013年4月10日第7版"建顺微思"。

① 《执行行政诉讼法问题的解释》第87条第2款规定："法律、法规规定既可以由行政机关依法强制执行，也可以申请人民法院强制执行，行政机关申请人民法院强制执行的，人民法院可以依法受理。"

1990年起施行的《行政诉讼法》第66条规定,公民、法人或者其他组织对具体行政行为在法定期间不提起诉讼又不履行的,行政机关可以申请人民法院强制执行,或者依法强制执行。该法律确立了行政机关申请人民法院强制执行和行政机关自行依法强制执行的选择机制。但是,在其后的理论和实践中形成了所谓"申请人民法院强制执行为主、行政机关自行强制执行为辅"的定势。[1] 这种权力配置规则被导入2000年起施行的《执行行政诉讼法问题的解释》——法律、法规规定既可以由行政机关依法强制执行,也可以申请人民法院强制执行,行政机关申请人民法院强制执行的,人民法院可以依法受理。[2] 该"依法受理"的规定解决了法定选择执行情况下的司法审查问题,但是,对于法律授予行政机关强制执行权,行政机关不依法自行强制执行,而申请人民法院强制执行的情况,尚须进一步明确。

根据大陆法系经典行政法学理论,为了确保行政实效性,维护和实现公共利益,应当赋予并保障行政机关拥有3种手段:对违反义务实行处罚和制裁;对义务不履行实行强制执行;为排除紧急障碍等而实行即时强制。[3] 其中,行政自行强制权是以存在相对人应当履行的义务为前提的。相对人不履行其应当履行的义务,构成对他人利益和公共利益的侵害,行政机关有权也有责任强制其履行该义务。

在我国,起初的制度设计,考虑到行政执法水平较低,规定了申请人民法院强制执行,以期发挥法院的"安全阀"功能。鉴于行政机关依法行政水平不断提高,基于对法院居间裁断地位认识的深化,《城乡规划法》将诸如违建强拆等行政强制执行权归还行政机关,行政机关应当自行强制执行,不必也不应当再申请人民法院强制执行。

2012年起施行的《行政强制法》,总体上体现出将行政强制执行权归还行

---

[1] 《关于行政强制法(征求意见稿)的说明》作出如此总结,并对这一制度予以充分肯定的评价。这反映出,在行政执行权力的配置问题上,学界和实务界普遍存在过于强调制约行政权,而主张将行政执行权力全面赋予法院的倾向。参见杨建顺著:《关于行政执行权力配置的思考》,载《人民法院报》2002年8月12日。

[2] 参见《执行行政诉讼法问题的解释》第87条第2款。

[3] 参见杨建顺著:《日本行政法通论》,中国法制出版社1998年版,第479页以下。

政机关的趋势，明确规定，对违法的建筑物、构筑物、设施等需要强制拆除的，应当由行政机关予以公告，限期当事人自行拆除。当事人在法定期限内不申请行政复议或者提起行政诉讼，又不拆除的，行政机关可以依法强制拆除。[①] 根据该法律关于强制执行权力配置的精神，人民法院不应当介入违建的强制拆除。

《强制拆除问题的批复》确认了法律关于行政强制执行权归还行政机关的立法宗旨和制度理念，有助于消解一些地方围绕如何确定拆违主体而出现的分歧，对于改变法律赋权而得不到落实的状况，必将发挥重要的助推和支撑作用。而严格遵循《行政强制法》规定的强制执行程序，并全面完善与行政强制执行相关的实定法支撑，完善违建的认定标准，为乡镇人民政府"可以拆除"权力行使提供必要且充分的条件保障，明确县级以上地方人民政府责成有关部门采取查封施工现场、强制拆除等措施的权责分配，才能真正消解法律授权得不到落实的制度悖论。

(2013年4月9日，于中国人民大学明德法学楼研究室)

---

① 参见《行政强制法》第44条。

应当着力完善行政许可过程的法律规制*

2015年11月15日,位于西安市繁华路段的"环球西安中心"高楼被爆破拆除。该建筑高118米,曾计划作为金花制药厂的办公大楼,共26层,总建筑面积37,000多平方米,于1996年施工,1999年初步落成,只完成了主体和外立面建设。2014年1月24日,该楼土地性质由工业用地变更为商业服务设施用地。相关方面称,因闲置时间较长,该大楼已不具备改造使用条件,未来将在其原址建造一个新的商业综合体。①

建了3年,闲置了16年,然后,仅用15秒钟,便"成功"制造了所谓"全国第一爆"的新闻。②该过程太离奇,怎能不令人对该建筑项目的审批制度以及该项目本身的可行性论证产生质疑?该过程太任性,用地许可、建筑许可乃至过程中的监管等一系列法律规制,在这里似乎一点儿都没有发挥作用。为了确保未来建造新的商业综合体等不重蹈覆辙,应当强化相关法律规制。

党的十八届三中全会《全面深化改革决定》指出,要"进一步简政放权,深化行政审批制度改革"。这是毋庸置疑的改革大方向,是"全面正确履行政府职能"的重要保障性举措。推进简政放权,强调大道至简,有权也不得任性,就应当果敢地简化办事程序,削减甚至废止所谓"奇葩证明"之类的繁文缛节。至于"证明精简了,办事咋还不省心"等所谓关注改革"最后一公里"的问题,则需要完善对相关保险公司、银行、公证部门等机构的法律规制,政府相关部门的行政指导亦必不可少。

---

* 参见杨建顺著:《简政放权,并不意味着放松规制》,载《检察日报》2015年11月25日第7版"建顺微思"。

① 参见梁萌摄:《西安高新区118米大楼成功爆破拆除》(图片新闻),http://news.iygw.cn/2015/xw_benwyc_1115/224683.html,2015年11月15日访问。

② 参见陶明摄:《西安一118米高烂尾楼被爆破拆除 场面壮观》(图片新闻),http://news.qingdaonews.com/content/2015-11/15/content_11355363_all.htm,2015年11月15日访问。

在这里，需要确认和强调的是，简政放权，简化办事程序，绝不意味着可以放松甚至废止建筑许可、用地许可等必要的法律规制。对于像所谓"全国第一爆"之类建筑工程项目长达近20年的"任性"来说，强调"深化行政审批制度改革"，不应当意味着放松规制，而必定是要强化和夯实规制，并且要切实完善许可后的过程监管机制。对于那些以所谓建筑项目的形式图谋变相"圈地"之实质的，则应当依法予以惩处。法律规制手段不足的话，则应当先修改完善或者制定相应的法规范，做到以良法求善治。正如中国共产党十八届四中全会《全面依法治国决定》所指出的，要"依法全面履行政府职能。完善行政组织和行政程序法律制度"，还要完善行政行为和行政救济法律制度，做到不缺位（该政府管的一定要管好）；不越位（不该政府管的一定不要管）；不扰民（该政府管的，一定要通过最为科学合理且简便易行的方法和方式来进行管理）。① 也就是说，强化对某些领域某些事项的法律规制，与简政放权的改革大方向是一致的。国务院正在组织制定《行政执法程序条例》等行政法规，可以期待其将为行政主体和行政相对人依法办事提供一定的法规范支持。

围绕"全国第一爆"事件，我们需要进行深刻反思。闲置16年，然后是爆破拆除，这项巨大损失由谁承担？这不是制药厂自己的事情。可以推断，轰然倒塌的该建筑项目根本不曾具有什么必要性和可行性。那么，当时的建筑许可和用地许可是如何申请下来的？在其中，决定过程的说明理论是如何发挥作用的？一系列的建筑许可制度又是如何发挥其规制作用的？

我不想在这里就追究责任展开讨论，而是想强调行政许可过程规制中"参与"的重要意义和作用——既能够满足规制过程的民主性要求，又能够在一定程度上确保其科学性。因此，行政许可过程规制应当做到让相关各个层次、各个领域的个人或者组织都能够参与进来。规制整个过程都应该注重公众参与，提高公众学习、认识和交流能力，使公众成为"有见识的公众"，确保

---

① 参见杨建顺著：《行政规制与权利保障》，中国人民大学出版社2007年版，第342—343、363—364页。

参与的实效性。要构筑规制决定过程的说明理论,也要确立民主、合理的决定推进制度。对行政主体是这样,对行政相对人尤其是作为许可申请人的企业也是这样。完善全过程的法律规制,依法强化企业履践行政许可的义务和责任,以法治思维和法治方式来保障这种决定推进制度的实效性,才能确保相关规制的科学性和实效性,从而根绝至少在很大程度上减少浪费,亦可期待避免或者减少其中的寻租等腐败,逐步实现合法规范运营的理想状态。

(2015年11月24日,于北京海淀世纪城寓所)

推进参与型行政,实现有效的政府治理*

和朋友谈及"两会"期间代表和委员们积极提案,回应了公众的诸多殷切诉求这件事情,大家都觉得值得充分肯定,但同时也感到有些美中不足。从两会的会期、代表(委员)的人数和结构上来看,面对那么多国家大事,怎么能够仔细、认真、负责且专业到位地进行提案、审议、裁量、均衡和判断取舍呢?既然不能(起码是难以确保),便难免影响其发挥应有的作用。思考如何完善两会的构成及其运作制度,让我想起参与型行政,或许在另一个层面可以从过程的角度来弥补"两会"的不足。

所谓参与型行政,亦称互动型行政,是指行政机关及其他组织在行使国家行政权,从事国家事务和社会公共事务管理的过程中,广泛吸收私人参与行政决策、行政计划、行政立法、行政决定、行政执行的过程,充分尊重私人的自主性、自立性和创造性,承认私人在行政管理中的一定程度的主体性,明确私人参与行政的权利以及行政机关的责任和义务,共同创造互动、协调、协商和对话行政的程序和制度。①

党的十八届三中全会《全面深化改革决定》共用了24个"治理",提出了"推进国家治理体系和治理能力现代化"的总目标。其中,作为"治理"体系的重要组成部分之一,强调要实现"有效的政府治理","必须切实转变政府职能,深化行政体制改革,创新行政管理方式,增强政府公信力和执行力,建设法治政府和服务型政府"。其实,推进参与型行政,正是这种"治

---

* 参见杨建顺著:《人民监督政府,参与型行政是个好办法》,载《检察日报》2014年3月5日第7版"建顺微思"。

① 杨建顺著:《行政规制与权利保障》,中国人民大学出版社2007年版,第171页。

理"理念的体现,也是实现《全面深化改革决定》所提出的"有效的政府治理"这一目标的重要路径支撑。

1. 参与型行政体现了我国《宪法》所确立的参政理念和依法治国基本原则的要求,是"有效的政府治理"本身所追求的目标,亦是"创新行政管理方式"的重要体现。《宪法》第2条第3款规定:"人民依照法律规定,通过各种途径和形式,管理国家事务,管理经济和文化事业,管理社会事务。"通过法律保证人民对行政的广泛参与和监督,来规范公务人员的行为方式,强化公务人员的奉献精神、服务意识和爱岗敬业的价值观,有助于政风淳化、服务优化、效能提高以及执政能力增强,创造一种政民协治的新秩序。

2. 参与型行政强调广泛吸收私人参与行政过程,承认其一定的主体性而非完全的主体适格,这种新理念有助于确立政府的责任,同时防止"民主政治原则的腐化"。① 对人民负责任,是政府合法性的体现。推进经常性、规范化的制度建设,保障私人积极而有序的参与,有助于促使政府认真对待权利,认真履行其职责,实现依法执政。

3. 参与型行政注重私人的权利实现,以参政权为基础,为人民依法参与整个行政过程提供保障。强调和充分尊重私人的参与权利,将参与权作为私人的一项基本权利加以确认和保护,并赋予私人对有关信息的请求权、对有关过程的参与权以及对侵犯其相关权利的司法救济请求权。

4. 参与型行政强调通过参与行政改革,将政府职能的转变与私人参与相结合,注重政、民之间的合作与交流。在行政部门行使行政权与私人参与行政所形成的互动过程中,实现《全面深化改革决定》所指出的"切实转变政府职能",兼顾行政管理的稳定性和有效性与私人利益的全面、合理的保护,更能增进政民之间的信赖关系。既要强调坚持原则的必要性,又要考虑灵活、机动的有用性,重视妥协的价值,实现双赢的目标。

---

① 参见杨建顺著:《行政规制与权利保障》,中国人民大学出版社2007年版,第271页以下"警惕行政立法中的'民主政治原则的腐化'",第178页以下"行政参与局限性的克服"。

5. 参与型行政是依法执政价值追求的体现,倡导私人依照宪法和法律所确立的人民"监督"权,依法、有序和全方位地参与行政的全过程。这既体现民意,又约束政府的行为,有助于推进政风建设和依法执政,提高执政能力。正如毛泽东所指出的:"只有让人民来监督政府,政府才不敢松懈。只有人人起来负责,才不会人亡政息。"① 以法治思维和法治方式来确立并不断夯实这种民主性或曰人民性,便可期待治国理政层面的合法规范运营和长治久安。

6. 参与型行政以法治行政原理为指导,倡导真正的参与和政民协治。《全面深化改革决定》要求"坚持依法治理,加强法治保障,运用法治思维和法治方式化解社会矛盾"。参与型行政中的各方主体都应当以法规范为行为准则,使"创新行政管理方式"成为实现政民协治的手段保障,使参与型行政成为"转变政府职能,深化行政体制改革"的路径和方法支撑。

(2014 年 3 月 4 日,于海口市中级人民法院法官之家)

---

① 1945 年毛泽东与黄炎培的谈话。黄炎培著:《延安归来》第二篇 "延安五日记",转引自 sglljw 著:《"只有民主才不会出现人亡政息",是毛主席的原话原意吗?》,http://bbs.tianya.cn/post-worldlook-644211-1.shtml,2016 年 12 月 14 日访问。

建立政府法律顾问制度重在"用"功[*]

随着法治建设的推进，我国各级政府相继建立起政府法律顾问制度。2016年1月下旬，江苏省政府发布《关于建立政府法律顾问制度的意见》（苏政发[2016]8号），为该省推进政府法律顾问制度建设规定了工作目标和时限要求，提供了相应的政策规范：全省各级政府要完善政府法律顾问服务架构；在2016年底前，县级以上地方政府及其工作部门要全部建立起政府法律顾问制度；乡镇政府、街道办事处应当根据需要形成多种形式的政府法律顾问服务方式。

为了真正推进政府法律顾问制度建设，保证法律顾问在推进依法行政中发挥积极作用，应当着力其运作机制的制度化，做好"建、用、管"等一系列工作，尤其是在"用"方面实现合法规范运营，破解"聘而不用"或者"顾"而不"问"的难题。

从各地实践来看，将政府法律顾问制度仅作为一项业绩、对政府法律顾问"聘而不用"的现象并不少见。有的自政府法律顾问聘任仪式后就再也没有运作，该制度名存实亡；有的只是把政府法律顾问作为事后补救的措施或者临时性的制度来运用，只有出现了行政复议、行政诉讼、上访事件之后，才开始让政府法律顾问介入。其主要原因是没有正确认识和把握政府法律顾问的定位和作用，没有切实的运作机制来支撑。

要确保党的十八届四中全会《全面依法治国决定》要求建立的"以政府法制机构人员为主体、吸收专家和律师参加的法律顾问队伍"能够出色地完成预设的任务，就要使相关任务、实现任务的相关手段和路径，都能够有相应

---

[*] 参见杨建顺著：《破解政府法律顾问"聘而不用"难题》，载《检察日报》2016年2月24日第7版"建顺微思"。

的制度支持,有相应的法规范保障。应当坚持以事前防范与事中控制为主、以事后补救为辅的原则,建立和健全一整套的决策程序、合法性审查程序、法律顾问履行职责的程序等基础性的规章制度,让法律顾问多角度、多层次、多方式、多阶段地参与政府处理的相关事务,对政府的活动进行风险分析和防范。只有通过法规范和制度机制,才能够确保人尽其才、扬长补短,使政府法律顾问发挥其丰富经验和专业特长的应有作用,所提出的意见和建议专业、高效、不流于形式,为政府相关活动的风险防范把好关,当好政府的助手、参谋和顾问。

合法性审查包括重大决策合法性审查和日常行政的合法规范运营审查。事前、事中的合法性审查以及事后的部分合法性审查,本质上是行政机关自我约束机制的内容。让法律顾问队伍参与、承担合法性审查任务,并形成制度化的坚实支撑,保证法律顾问在政策制定、立法审核、过程统制、纠纷解决和矛盾化解中发挥积极作用,有助于从源头上、全局上、全过程地有效预防、堵塞违法行为产生,建立并不断提高政府的公信力,确保推进法治政府建设的实效性。

政府法律顾问在参与合法性审查的同时,应当肩负起正确的法治行政理念的宣传和普及使命,使政府及其职能部门能够在事前尽可能做好相关工作,尽可能减少行政复议和行政诉讼案件的发生;同时,要做到在事后认真应诉,不惧怕行政复议和行政诉讼,不是将行政复议和行政诉讼的案件本身与政府工作不到位挂钩,更不能与对政府的公信力造成极为不良的影响挂钩,也不应当将行政活动所引起的行政补偿和赔偿直接视为公共利益和政府利益的损失等,而是要倡导利益衡量性的思考,建立和不断完善基本的行政规则,面向未来,不断创造出法治政府应当追求的理想状态。

需要强调确认的是,建立政府法律顾问制度不仅要破解"聘而不用"的难题,而且应当保证法律顾问在推进依法行政中发挥积极作用。某领导在听取专家论证后感慨:"依法行政是要的,不过,这些法律规定也值得研究嘛。"[①]

[①] 值得引起注意的是,以此为借口而进行所谓"良性违法"的现象比比皆是。为确保法治事业成功,必须坚持"恶法亦法"的基本立场,并致力于依法推进"恶法"的修改完善,逐步实现"良法善治"。

于是,"改革"论成了不采纳相关论证意见的盾牌,要"做到重大改革于法有据"的底线也就失去了实质拘束力。鉴于此,有人主张应该赋予法律顾问的意见或者建议对政府及其部门的实质拘束力,以免流于形式。不过,我一直认为,法律顾问的意见或者建议,对于政府及其职能部门来说,应当仅是供参考的作用。毕竟,各尽其责、恪尽职守,才是最高的职业道德。当然,为确保这种"参考作用"能够发挥其应有的作用,使政府及其职能部门尤其是相关负责人能够真正予以参考,对于法律顾问提供的法律意见的书面性、公开性、回馈性和互动性等也应当建立并不断完善一系列制度机制。

(2016年2月23日,于北京海淀世纪城寓所)

完善过渡性措施,确保法规范的实效性[*]

据报道,西安的张先生于2008年9月下旬与前妻生了一个女儿,经夫妻商量决定只生一个,就到村上计生办填了一张《放弃生育二孩协议书》,并领取了相应的独生子女奖励。之后两人离婚,张先生和现任妻子结婚。2015年7月,妻子怀孕了,预产期是2016年4月,结果是提前于3月18日生了。这使张先生"真有点措手不及"。而让张先生"一筹莫展"的是迟迟办不下来"准生证",街道计生办让他先退还4000元独生子女费,并缴纳2000元违约金,才给办准生证。[①]

计生办的做法似乎值得非难:孩子出生在放开二孩政策后,计生办却依然要求张先生退还相关款项;2015年12月31日的《华商报》有陕西省卫计委相关领导就全面二孩政策回应的报道,指出:"已经领取《独生子女父母光荣证》后再生育的,不再享受独生子女父母奖励优惠待遇,此前享受的不退还。"而计生办不仅要求退还,还要求缴纳违约金;更何况,孩子是无辜的,不给办准生证是说不过去的。

但是,我认为计生办要求先退款再给办准生证的主张和做法并非完全没有道理,不仅不违法,而且是对《放弃生育二孩协议书》的尊重,体现了契约精神和政策转变过渡期对法规范和政策运用的正确方法论,故而不应当受到责难。问题在于针对国家政策和法规范的转变,相关地方法规范没有及时跟进修改,没有形成统一的应对和判断基准,出现了"政策空档期"。应当在立法层面完善过渡性措施,确立统一基准,为基层工作人员依法行政提供法规范

---

[*] 参见杨建顺著:《二孩政策过渡期 法律不能有"空当"》,载《检察日报》2016年3月23日第7版"建顺微思"。

[①] 参见付启梦著:《二孩生了准生证还没办下来 因没有退还独生子女金》,载《华商报》2016年3月21日。

支持。

中国共产党十八届五中全会公报指出：要"促进人口均衡发展，坚持计划生育的基本国策，完善人口发展战略，全面实施一对夫妇可生育两个孩子政策"。全国人大常委会审议通过的《关于修改〈中华人民共和国人口与计划生育法〉的决定》规定："国家提倡一对夫妻生育两个子女。"由"一对夫妇可生育两个孩子政策"，到"提倡一对夫妻生育两个子女"的法律规定，在政策转化为法律的过程中，对放开二孩的认识发生了变化。但是，"坚持计划生育的基本国策"并没有改变，"符合法律、法规规定条件的，可以要求安排再生育子女。具体办法由省、自治区、直辖市人民代表大会或者其常务委员会规定。"

换言之，放开二孩政策后再生育子女的，依然要符合法律、法规规定的条件和省级人大或者其常委会规定的具体办法。张先生的妻子是2015年7月怀孕的，当时"要颁发'准生证'才能生育二孩"，其没有履行相关程序。对这种情况应当根据法律、法规规定，由省人大或者其常委会规定具体办法予以应对。可是，在"'全面二孩'实施以后，生育二孩如何登记，《陕西省计划生育条例》尚未进行修改，属于政策空档期"，计生办"目前以'服务册'备注二孩的来执行"，这种做法值得肯定。没有及时修改地方性法规，仅有省、市卫计委相关领导关于"之前领取过放弃二孩生育的奖励，不必再退还"的回应或者回复，在法律实施、政策判断和信义支撑上都相对不足。

诚然，作为解决现实问题的路径选择，可以采取补办"准生证"的做法。如街道计生办的工作人员所说："'准生证'是孩子出生前办理的。现在张先生的孩子已出生，属特殊情况，张先生可携带身份证、户口本及结婚证等相关证件，工作时间前往街道办补办'准生证'就可以了。"问题有了解决路径，体现了工作人员针对"特殊情况"予以特殊处理的"服务"理念，将有助于消除张先生"真有点措手不及"的困惑。就该事件来说，这样处理应当是不错的路径选择。

但是，这里牵涉到对放开二孩政策和法规范的认识问题，对既有法秩序的尊重和对相关"特殊情况"的确认和平等对待问题，相关法规范和政策在过渡期的适用问题，以及契约精神在公法领域中的定位和作用的问题。相关部门应当深入研究，扎实论证，适时修改法规范，以形成统一的确认、判断和处理基准，做到既尊重不同观点、不同诉求和不同利益表达，又能够促进以法治思维和法治方式解决问题。尤其要对重大政策和制度调整设置科学的过渡性措施，不至于怂恿人们通过其违法的"特殊情况"获利，切实运用法政策层面的过程论和利益衡量论，实现各方利益均衡及公共利益的最大化。

（2016年3月22日，于中国人民大学明德法学楼研究室）

以政民协治确保道路交通安全法规范的实效性[*]

纪念《道路交通安全法》施行10周年,应当致力于该法的宣传和进一步完善,使以该法为"龙头法"的相关法规范成为人人自觉遵守的准则,确保道路交通安全法规范的实效性,保障道路交通有序、安全、效率乃至畅通。

其一,应当研究和完善相关法规范,尽最大可能保障法规范的科学性和相对稳定性,为道路交通安全奠定坚实的法制支撑。无论是人力、物力、财力的保障,还是高科技手段的运用,乃至规制的设置、运作、变更和废止,都离不开相关法规范支撑。《道路交通安全法》等法规范本身还存在一些不尽科学的规定,某些法规范本身也要经历修改完善的过程。例如,由于对"以人为本、关注弱势群体权益保护"理念的误读,形成了备受争议的该法第76条,曾引发全国性大讨论,导致2007年修法。这里需要强调的是秩序价值至上,应当尽可能避免颠覆性的修法,在法规范框架内采取相应的政策措施,创新工作方式、方法。

其二,查处和整治无牌、遮挡或者污损号牌以及某些特权号牌的机动车。《道路交通安全法》施行以来,机动车大多能够遵循规则行驶,而无牌、遮挡或者污损号牌及某些特权号牌的机动车违法行驶,严重扰乱了交通秩序,降低了道路通行效率,也埋下了安全隐患。为实现该法所揭示的"道路交通有序、安全、畅通"(第3条)的目标,应当坚持法治行政原理,依法查处和整治。

其三,完善对行人和非机动车的管理,有效预防和制止闯红灯、随意横穿

---

[*] 参见杨建顺著:《提高道路交通法实效的八项建议》,载《检察日报》2014年4月30日第7版"建顺微思";杨建顺著:《"十"话道交法的"昨天 今天 明天"》,载《汽车与安全》2014年第5期。

马路、占用道路摆摊等现象,并施以教育和惩处措施。尽管《道路交通安全法》对这方面已有相应规定①,但是,实践中似乎"法不责众"的心理驱使人们无视规则,"中国式的过马路"等现象严重损害了法规范权威和秩序尊严。应当切实贯彻法规范,采取有效对策,消除阻碍道路交通畅通、效率和安全的重大隐患。

其四,疏导和治理机动车违法占道现象。根据《道路交通安全法》的规定②,进行建、限、管相结合的制度创新,这是长远发展的重要保障。在停车场等基础设施尚未配套建成,而机动车急速增加的情况下,尤其是在小区、校区、车站等场所及其周边,机动车占道现象似乎在所难免,严重影响了交通畅通,也成为引发争议和矛盾冲突的源泉。应当在相关领域加大警力投入,进行科学疏导,并配以相应的惩处措施。

其五,加强相关发展规划和改革举措的具体落实,并及时公开、宣传其内容,完善意见征集和信息发布机制,以尽量避免治堵"新政"反成"添堵"契机的怪异现象发生。应当依法、循序地建构和完善公共行政的运作、参与和公开机制,科学合理规划、组织交通,进一步挖掘现有道路潜力,调整交通流向和流量,均衡地分流疏解交通压力。

其六,实施公共交通优先政策,倡导绿色出行理念,合理疏解、引导交通需求,改善交通结构,推进公交站点周边环境优化,提升利用交通配套设施便利性,妥善解决"黑出租"等问题。

其七,强化高科技的运用,实施科技强警战略,注重导入先进的科学管理经验,充分运用行政、经济、法律等综合管理手段,提升道路交通管理水准,展开富有成效的工作。

其八,加强交警队伍自身建设,推进道路交通安全领域的参与型行政和社会治理。正视任务日益繁重而警力严重不足的现实,从"行政的助手"之角

---

① 例如该法第 36 条、第 38 条、第 39 条、第 57 条—第 60 条、第 61 条—第 66 条等。
② 例如该法第 29 条、第 33 条、第 56 条、第 93 条、第 115 条第 1 款第 5 项、第 119 条第 2 项。

度切实解决"辅警"的权利、义务和责任的问题。[①] 注重传统媒体及网络新媒体的传播力和影响力,以多种多样的形式宣传道路交通安全法规范和交警的工作,推进政民(警民)协治,坚持"任何人不得从其违法行为中获利"的原则,形成遵守道路交通安全法规范就是尊重和珍惜生命的共识,使道路交通安全法规范成为人们深入了解、切实掌握、普遍遵循的准则。

(2014年4月28日,于中国人民大学明德法学楼研究室)

[①] 参见杨建顺著:《坚持信赖保护原则,善待"临时工"》,载《检察日报》2014年11月19日第7版"建顺微思"。

原中央苏区振兴发展须有法治和参与[*]

2013年10月25日,我应邀到赣南医学院和江西理工大学作行政法方面的学术讲座,有机会与两校的相关领导、教师和同学以及赣州市的法官和律师进行交流。有教师提出,希望围绕《国务院关于支持赣南等原中央苏区振兴发展的若干意见》(以下简称《原中央苏区振兴发展的若干意见》)展开法学协同研究。我认为,这的确是值得从理论和实践两个层面努力推进的重要课题。

自2012年6月《原中央苏区振兴发展的若干意见》施行以来,赣南等原中央苏区振兴发展成为"国家战略","两步走"的发展目标为其振兴发展提供了方向和路径指导,尤其是执行西部大开发政策、国家部委对口支援和中央财政的财力补助,为其经济社会发展提速提供了保障并已初见成效。然而,发展中也遇到一些问题,诸如不遵循经济和社会发展规律而上项目,对发挥公民、法人或者其他组织的积极性、主动性重视不够,在相关决策上缺乏充分的参与机制保障,对公共利益和社会秩序与诸方面利益进行均衡取舍以及促进经济、社会和生态环境协调发展的制度支撑尚待完善。

为切实保障"特别地位""特殊贡献""特殊困难"的赣南等原中央苏区切实获得"特殊扶持",除了"国家在资金、项目和对口支援等方面进一步加大支持力度"外,还需要有相应的法治和各方参与的支撑。唯有在法治和参与的支撑下,才能做到立足当前,着眼长远,民生优先,全面发展,实现"两步走"的发展目标,在解决突出的民生问题和制约发展的薄弱环节方面取得突破性进展,实现跨越式发展,与全国同步实现全面建设小康社会目标。那么,在赣南等原中央苏区振兴发展的过程中,应当如何确立和保障法治及参与

---

[*] 参见杨建顺著:《原中央苏区振兴发展须法治先行》,载《检察日报》2013年10月30日第7版"建顺微思"。

支撑呢？

从理想的角度来说，应当选择如下路径：广泛参与，充分论证，决策既定，立法先行，制度支撑，手段跟进，权责一致。简而言之，原中央苏区振兴发展，乃至其他自贸区等的设置，都应当做到法制先行。就现实而言，《原中央苏区振兴发展的若干意见》为原中央苏区振兴发展框定了基本路径和制度。《原中央苏区振兴发展的若干意见》是助成性行政指导，亦是大纲性行政计划，具有浓重的柔软性、诱导性、协商参与性和综合调整性，体现了强烈的纲领性和政策性，不具有强制性法约束力，这有助于在进行"特殊扶持"过程中变通，灵活机动地协调配置相关资源。另一方面，正是由于其非强制性法约束力，在"特殊扶持"的切实保障方面往往容易"打水漂"，不利于追究相关方面的责任，难免会影响原中央苏区振兴发展目标的实现。

例如，《原中央苏区振兴发展的若干意见》提出，要加大资金投入，集中力量尽快解决最突出的民生问题，包括加大以土坯房为主的农村危旧房改造力度，加快解决农村饮水安全问题，加强农村电网改造和农村道路建设，提高特殊困难群体生活水平，等等。这是重要的给付行政内容，会带来巨大的投资需求和资源利益配置，涉及土地征用、搬迁安置、招商引资、重点工程建设等，需要贯彻给付行政法原理，亦需要贯彻规制行政法原理，应当以法规范的形式，对基本秩序、规则、标准和程序予以明确化、具体化。2010年《中共中央国务院关于深入实施西部大开发战略的若干意见》确立了一系列财税、投资、金融、产业、土地等政策。"执行西部大开发政策"应当走法治化之路，总结为西部开发营造良好法治环境的经验，立足于"四特"赣南等原中央苏区的具体情况，围绕基础设施建设和投资、生态保护等问题，通过相应的法规范来明确规定相关"政策"的适用对象、范围和条件，起码应当对"援用"或者"准用"作出明确规定，在立法、执行、纠纷解决和权益救济机制的建立和完善上下工夫。

《原中央苏区振兴发展的若干意见》提速或者新增了一系列重大项目，各地也相继采取了各种措施，相应推动了原中央苏区经济社会发展，但是，这远远不够，还需要各相关方面积极参与。在法学教育和法学研究等方面，应当加强与京沪等地高等院校的学术交流与合作，充分利用好对口支援或者协同研究等方式，为原中央苏区法学教育者和科研人员提供更多的机会和资源，并为其参与振兴发展的法治建设提供机会和条件。这些应当是原中央苏区振兴发展的内在要求和坚实的支撑。

（2013年10月29日，于北京海淀世纪城寓所）

Part 9

自我规制,高校法治的基础

高校的自我规制亟待完善
高校招录工作应当遵循信赖保护原则
聘任兼职教授应当遵循正当程序
高校解聘教师应当履行充分说明理由义务
别让评价机制成为大学教师学术自由的羁绊

高校的自我规制亟待完善[*]

山东潍坊科技学院的一位女生与男朋友手牵手在校园内行走时，被学生会成员发现后进行了记录，随后她所在院系便下达了相关处理的《通报》。《通报》称："该生在校园内男女不文明且态度恶劣，违反了学院的规章制度，在同学中造成严重不良影响。"根据《潍坊科技学院学生违纪处罚条例》，"给予严重警告处分，处分期一年，处分期内取消一切评优资格。"该校"不鼓励学生谈恋爱，更不允许男女生之间有过激行为，校园里牵手也算"。这被称为是根据学校和学生的实际情况作出的规定。[①] 如此令人费解的校规，揭示了高校自我规制的课题。

高校，肩负着高等教育的任务，其使命在于进行文化和学术的承继、发展和创造，"培养具有创新精神和实践能力的高级专门人才，发展科学技术文化，促进社会主义现代化建设"[②]，为国家、社会和人类文明的发展进步做出贡献。为实现这种崇高使命，必须切实保障高校在教育、研究中的自由和管理中的自治。学术自由和大学自治的本来宗旨，在于排除学校外部权力和势力的干预，尊重学术研究和教育管理的自身规律性，确立高校的自我规制力，最大限度地培养具有创造性智慧的人才。"高等学校的学生应当遵守法律、法规，遵守学生行为规范和学校的各项管理制度"[③]。换言之，高校制定相应的行为规范和各项管理制度，是高校自我规制的体现，一般而言，应当和法律、法规一起得到尊重和遵循。

维持教育和研究的自由，不可或缺的要件之一是高校内部的秩序和自我规

---

[*] 参见杨建顺著：《从男女生牵手被处分看高校自我规制》，载《检察日报》2015年12月23日第7版"建顺微思"。

[①] 参见张家然著：《山东一高校禁止男女朋友校园内牵手，校方称算过激行为》，http://www.thepaper.cn/newsDetail_forward_1410351，2015年12月21日访问。

[②] 《高等教育法》第5条。

[③] 《高等教育法》第53条第1款。

制的确立。在高校内部,各种学术观点、研究方法和教学方式,都应当受到尊重,并获得基于科学评价基准的合理评价;任何类型的妨害教育和研究自由的行为,都是不能被允许的。为维护高校教育和研究的自由,教职员工和学生的自觉与协力,是不可或缺的要件。教职员工和学生都是学校的主人,都肩负着人民的重托和期望,负有维护教育和研究自由的使命和义务,应当自觉地致力于教育和研究活动。为了确保教职员工和学生都能够较好完成该使命,履行好相关义务,就有必要确立学校内部的秩序,围绕教育和研究活动,明确相关行为准则,赋课相应的忍受义务、作为义务或者不作为义务。教职员工和学生都应当遵守该相关行为准则。

但是,不可忘记的是:"高等学校学生的合法权益,受法律保护。"[1] 高校的自我规制亦应当是在法治之下的自治,坚持法律保留和法律优先的原则,遵守宪法、法律、法规、规章和政策的规定,坚持正当程序理念,推进决策的民主化、法治化和科学化。

换言之,高校的自我规制是有限的自治,有其特定的范围,须遵循其自身的规律,虽然不受外界的非法干涉,但是,其仍要受国家的法律监督,不得排除法治主义的适用。高校的学生享有各项权利,学生的合法权益应当得到尊重。除了在高校"自主开展科学研究、技术开发和社会服务"[2] 的过程中接受常规的课程教育外,还有权自主地加入并致力于相关课外活动、学术研究和文体活动[3],有权接受生活上的优待和其他评优等[4],也相应地享有恋爱、结婚等权利。[5]

基于行政法的部分社会论[6],为了保障教育和研究的自由及发展,高校的

---

[1] 《高等教育法》第 53 条第 2 款。
[2] 《高等教育法》第 35 条第 1 款。
[3] 《高等教育法》第 56 条、第 57 条。
[4] 《高等教育法》第 54 条、第 55 条。
[5] 参见《婚姻法》的相关规定。
[6] 也称为部分秩序论、部分性秩序论或者部分社会说,是用于解释公务员和政府的关系、监狱在押犯人和监狱的关系、国公立大学在校学生和学校的关系等与一般社会不同的部分社会之自律性秩序的理论。该理论是在对传统行政法理论中的特别权力关系论进行批判继承的基础上形成的。参见〔日〕盐野宏著:《行政法总论》,杨建顺译,北京大学出版社 2008 年版,第 25 页;〔日〕盐野宏著:《行政救济法》,杨建顺译,北京大学出版社 2008 年版,第 190 页;〔日〕盐野宏著:《行政组织法》,杨建顺译,北京大学出版社 2008 年版,第 135 页、192 页、213 页。

自治或者自我规制得到广泛尊重和遵循,其对学生的恋爱、结婚等予以限制,也具有其合理性和可支持性。换言之,只要相关限制或者规制是保障教育和研究的自由所必要,就应当得到最大限度尊重和遵循。在这种意义上说,"不鼓励学生谈恋爱"是无可厚非的,但是,男女生手牵手在校园内行走即被定性为"男女不文明且态度恶劣",学生会成员予以记录就成为处分凭证,也不赋予当事人以陈述和申辩的机会,径行取消其评优资格,等等,所有这些做法,与正当程序理念格格不入。①

高校不是治外法权的组织。应当注意防止高校自我规制或者自治被异化为"法外之治""无法之治",从而背离了制度设计的初衷。重要的是要通过相应的制度改革,构筑规制过程的说明理论,确立其过程的民主、合理的决定推进制度,在高校的自我规制过程中,始终坚持正当程序理念,注重专业性和合理性,在充分考虑各种受影响利益的基础上作出决策,并配置相应的救济制度,使每一项规制措施皆能获得充分的合法性和可支持性。

(2015 年 12 月 22 日,于北京海淀世纪城寓所)

---

① 关于正当行政程序,参见杨建顺著:《专利审查中使用公知常识应确立正当行政程序》,载《检察日报》2015 年 6 月 17 日第 7 版 "建顺微思";杨建顺著:《聘任兼职教授应当遵循正当程序》,载《检察日报》2015 年 12 月 9 日第 7 版 "建顺微思"。

高校招录工作应当遵循信赖保护原则*

2015年10月底,鲁迅美术学院(以下简称"鲁美")组织该年新生进行专业测试复查,经过评卷筛选选出初步认定为不合格的新生。这些新生于11月11日参加了二次复试,经鲁美专业复查评委专家组审核并与考生入学考试试卷比对,结果认定其中4人的复查成绩明显低于入学考试成绩。12月14日,"鲁美经慎重研究,最后决定取消这4名新生的入学资格和学籍,退回原地区。"① 根据复试结果来推翻高考结果,这种做法令人深思,高校招录工作亟待完善立法,并确立信赖保护的理念和原则。

行政法上的信赖保护原则有很丰富的内涵,而其本源是民法上的诚信原则。我国《民法通则》明确规定,民事活动应当遵循诚实信用的原则。我在行政法研究和教学中也一直特别重视这个原则,并再三强调,与"诚实信用"相比,"诚实信义"更能体现诚信原则的精髓。例如在日本法上,"信义诚实的原则"大多被简称为"信义则",特别强调其"义"的寓意追求。② 其实,无论称之为"信用"还是"信义",无论是民事活动,还是行政活动,抑或是高校招录工作,都应当以"诚实"为基础,强调不得采取背离相对方信赖的行动。

首先,通过复试取消新生入学资格和学籍不具有合法性。取消入学资格和学籍,事关学生的受教育权,应当遵循法律保留原则。《教育法》规定,违反国家有关规定招收学员的,以及在招收学生工作中徇私舞弊的,由教育行政部

---

* 参见杨建顺著:《高校招录工作应当遵循信赖保护原则》,载《检察日报》2016年1月6日第7版"建顺微思"。

① 参见王炳坤、王莹著:《鲁迅美术学院4名新生入学三月后复查不过关被除名》,http://news.hexun.com/2015-12-31/181533521.html, 2016年1月4日访问。

② 参见〔日〕南博方著:《行政法》(第六版),杨建顺译,中国人民大学出版社2009年版,第10、85、88、145页。

门责令退回招收的人员。除了上述情形外,并没有"退回招收的人员"之规定。虽然高校有权按照章程自主管理,招收学生或者其他受教育者,对受教育者进行学籍管理,实施奖励或者处分,但是,鲁美以复查成绩明显低于入学考试成绩为由取消入学资格和学籍的做法,欠缺法律依据。

其次,教育部门对以复试不达标为由取消入学资格和学籍作出规定亦需要有法律依据。教育部在2015年的一份高校招生文件中提出:"对专业测试复查不达标或通过违规途径录取的学生,不予新生学籍电子注册,并开展倒查追责。"其中对"专业测试复查不达标者"作出规定,根据情况不同,可能构成欠缺法律依据。如果专业测试复查是在高考后不久适当时候进行,尚未对新生形成信赖的利益,便可作为高考的延续部分来定位,不需要专门的法律授权;像鲁美这样在已入学3个月时进行专业复查,则已经形成信赖利益,应当予以保护;若要予以剥夺,便需要有法的依据。

再次,取消入学资格和学籍应当坚持专业优先和程序公正原则。专业测试复查结果优于甚至推翻高考结果,对考生是不利的,须有排除合理怀疑的专业论据,并履行充分说明理由、听取陈述和申辩的程序,赋予具有实效性的救济权利。最起码也要做到对复试的程序要求像高考那样严格规范。如果具备了相应法律依据,高校招生简章便可以成为是否坚持了信赖保护原则的基准。鲁美在2015年的招生简章中有关于新生复查的要求,接下来就是其告知是否充分和明确的问题。如果是在事前充分、明确告知的基础上,对美术复试不合格的新生作出取消入学资格及学籍的决定,便是值得支持的。若事前告知不充分或者不明确甚至根本没有告知,结果给新生带来"天旋地转"般的打击,则是值得非难的。

最后,为更好地体现教育公平和高校招生公正,应当完善相关立法,建立一套完善的入学考试、日常学习评价和毕业生考评机制,为高校善治提供良法,为高校遵循信赖保护的原则提供法律和制度的支撑。高校为了遴选优质考生,打破"严进宽出"的大学生选拔、考核体系,而采取复查或者复试等措施,本是值得肯定的。但是,对于在专业考试中凭突击练习而过关的学生,只要其没有选择找人替考等不正当途径,而是通过正常考试被录取的,那么,这种"诚实"便成就了值得保护的信赖利益。高校严把新生质量关,应当在高考方式、试题内容、判别基准以及遴选裁判者等方面下工夫,而不应当寄希望于"入学后对新生进行专业复试"。事后取消入学资格和学籍,就应当限定在《教育法》所规定的 2 种情形。如果要将其范围扩展至复试不合格的情形,那么,就要完善立法,"做到重大改革于法有据"①,并为相关制度的有效运作提供技术支持,确保复试的专业性、公正公平性及权威性。

(2016 年 1 月 5 日,于山东招远老家)

---

① 中国共产党十八届四中全会《全面依法治国决定》规定:"实现立法和改革决策相衔接,做到重大改革于法有据、立法主动适应改革和经济社会发展需要。实践证明行之有效的,要及时上升为法律。实践条件还不成熟、需要先行先试的,要按照法定程序作出授权。对不适应改革要求的法律法规,要及时修改和废止。"

聘任兼职教授应当遵循正当程序[*]

近日来,多家媒体报道了邓亚萍获聘中国政法大学兼职教授一事,引发社会各界广泛关注和讨论。该校学生徐恒通过其自媒体发表《关于中国政法大学聘请邓亚萍女士任兼职教授一事致石亚军书记的公开信》,要求学校公开聘任邓亚萍为本校兼职教授的决策程序和兼职教授聘任的制度办法,并就该制度办法的制定程序、生效时间等作出说明,同时要求学校就邓亚萍担任兼职教授所从事的工作作出说明。该公开信揭示了当前中国大学普遍存在的追逐"名人效应"的通病,不是以简单的"符合规定"便能够答复得了的。[①] 应当以此为契机推进大学聘任兼职教授的正当程序。

第一,大学教授可以也应当具有多样性,聘任名人为兼职教授,可谓得天下英才而用之,符合大学理念和大学经营的要求。

作为理念,大学应当是追求知性和真理的协动场所,是思想自由的温床,是青春和新锐的领潮流之地。大学不仅要得天下英才而教之,而且须得天下英才而用之。应当让置身于大学之内的人能够获得其应得的位置,实现其所追求的理想,也为大学之外相应的人提供展现其才学、实现其抱负的路径。应当为置身于大学之内的学子和学者持续地追求真理提供契机和场所,也应当注重产学研相结合,活用社会资源,服务社会大众。

作为现实,大学的存在形态也需要不断进行相应调整。例如在德国,从前是古典型的"正教授中心型"大学,20世纪70年代后是"小组型"大学,现在发展成为"经营型"大学。大学需要经营,就如同城市需要经营一样,是

---

[*] 参见杨建顺著:《聘任兼职教授应当遵循正当程序》,载《检察日报》2015年12月9日第7版"建顺微思"。

[①] 参见吴为、沙璐著:《学生致信书记质疑邓亚萍获聘兼职教授 法大称符合规定》,载《新京报》2015年12月6日。

再平常不过的事情，这与作为大学之生命线的学术自由（研究自由和教授自由）及大学自治的理念并不相悖。

第二，聘任名人为兼职教授是经营大学的需要，是建设高水平教师队伍和提供高质量教学产品的必要补充。

大学之所以成为大学，是因为其兼容并包，不搞一刀切，对学生强调因材施教，对教师倡导"不拘一格降人才"。尤其是在打造世界一流大学的大潮中，要不断孕育出名师，不断培养出面向未来的创新型人才，而人才成长的规律性决定了该项工作具有相对的长期性。聘请大学之外相关领域的名人担任兼职教授，使其为教天下英才而贡献聪明才智，又可以为大学、学院或者学科的"名牌"添彩，这件事情本身无可非议。而且，无论是从学校发展的角度考虑，还是从发挥名人才能的作用，实现资源合理利用的角度考虑，抑或是从更有利于培养新人才的角度考虑，都应当大力提倡。甚至可以说，不一定局限于"名人"，而且应当扩展至所有持一技之长的人。作为建设高水平教师队伍的必要补充，其意义勿庸置疑。

第三，大学聘任名人为兼职教授亦要守"章法"，遵循决策程序和制度办法。

俗话说，术业有专攻。人的精力毕竟有限。大学之外的名人既然要做好其现有工作，那么，其一般适合于受聘任"兼职教授"。专职教授聘任有很严格的"章法"，可谓等级森严，在资格、资质和程序上都有很高的要求。兼职教授的聘任也应当符合聘任程序和条件规定，遵循既定的法规范或者办事规则。

第四，大学聘任名人为兼职教授应当是实在的聘任，为其安排教学或者科研工作，而不是玩"空手道"。

纯粹为了"添彩"而进行虚假聘任的，属于歪风邪气，不可取，须惩处。名人既然受聘为大学教授，就应当承担相应的教学和科研工作，履行相应的岗位责任。新时代大学的发展取决于该大学的独特魅力。大学的魅力有很多，最能构成其独特魅力的，莫过于大学教师。名人受聘为兼职教授，如果只是挂名，就难免损害学子对学校和教师的信赖。大学方面和受聘名人都应当高度自律。

第五，大学聘任名人为兼职教授的决策程序、制度办法应当公开，资格条件、工作安排应当明确。

"学校有兼职教授聘任的相关管理办法，大概在2005年专门下过文件，现在官网查不到应该是学校系统更新的问题，但纸质的文件可以找到。"从该答复看，学校作出聘任决定时没有依据相关管理办法，连该文件具体下发时间也不清楚，纸质版放在哪里还要去找寻。这显然与正当行政程序原则相悖。校务公开，应当提到议事日程上来。

第六，大学聘任名人为兼职教授，应当是大学发展的补充，而不是大学发展的路径依赖，大学应当着力于名师培育。

聘请相关领域符合资格资质要求的名人任兼职教授，可以更好地促进产学研相结合，推动大学可持续发展，但是，这种方式毕竟是大学发展的补充，而大学的全面发展要求大学着力于名师培育。为了培养出面向未来的创新型人才，既要有不断丰富、充实教案讲义的教学达人，又要有潜心做学问的大学问家；既要有全才，亦要有专才；既要有专职教师，还要有兼职教师。关键在于相互尊重，而不是嫉贤妒能，互相拆台。"大学的精神和文化应当是简单的、纯洁的，不允许尔虞我诈、奉承迎合，也不应有急功近利、好大喜功。"①

(2015年12月8日，于北京海淀世纪城寓所)

---

① 葛亚寒著：《北大新校长林建华：大学精神不允许尔虞我诈奉承迎合》，载《中国青年报》2015年2月16日第03版。

高校解聘教师应当履行充分说明理由义务*

据报道，某大学"常任轨"教授茆先生被校方拒绝续聘，9名在读的硕博连读生前途未卜。①"常任轨"教授被拒绝续聘，硕博连读生不得不面对"导师的离开"，这种现象的确值得关注。其实，高校既然实行教师聘任制，那么，校方就有权在合同到期之际不再续聘某教师，而且亦有权在合同期内解聘某教师。但是，不再续聘或者解聘教师，必须与其思想政治表现、职业道德、业务水平和工作实绩等考核结果挂钩②，遵循正当程序，履行充分说明理由义务，并切实保护相关学生的信赖利益，绝不允许恣意妄为。茆先生被拒绝续聘，从相关报道来看，似乎缺乏一个令人信服的理由，严重欠缺正当程序理念和机制的支撑。

我国《教育法》《高等教育法》和《教师法》都规定，国家保护教师的合法权益。高等学校应当为教师参加培训、开展科学研究和进行学术交流提供便利条件。③ 实行教师聘任制，引进校内外专家评审相结合的评价机制，有助于建立和完善教师考核、奖惩、续聘、解聘以及不续聘的标准制度，故而对于保护教师的合法权益具有重要意义。可是，茆先生所在大学在不予续聘的理由中引用了"大多数外审同行专家不予支持"，却不给予具体详细说明，则是值得商榷的。

根据行政程序法治原理，行政主体作出不利的决定，应当告知并赋予相对

---

* 参见杨建顺著：《解聘教师应当说明理由》，载《检察日报》2016年9月7日第7版"建顺微思"。

① 参见张淑玲著：《上海财大拒绝续聘海归教授引质疑 9硕博连读生赴教育部保茆长喧》，载《京华时报》2016年9月2日第12版。

② 参见《高等教育法》第51条第2款。

③ 参见《教育法》第29条第3项、第33条、第81条，《高等教育法》第43条、第50条，《教师法》第1条、第4条、第38条、第39条。

方以陈述和申辩的权利，必要时还应当举行听证。这也是正当程序原则的体现。高校对学生和教师作出不利的决定，都应当遵循这种原则，起码应当履行充分说明理由义务。而该大学称：茆先生所在的统计与管理学院请示合同到期不再续聘，主要是"大多数外审同行专家不予支持"，结合外审意见，学院综合评议了茆先生进校以来在科研等方面的表现，建议不授予"常任轨"岗位，故不再续聘。从上述解释可以看出，茆先生所在学院是不予续聘实质的意思决定主体，而形成该意思决定的要素有三：其一是外审意见；其二是茆先生进校以来在科研等方面的表现；其三是该学院对前两者进行了"结合"及"综合评议"的判断。作出不再续聘的决定，将严重影响茆先生的利益，校方应当履行充分说明理由义务，或者责令学院充分说明理由。然而，遗憾的是，从相关报道中再也找不出更详细的解释。尤其令人费解的是，在茆先生对校方给出的理由提出质疑之后，校方依然怠于正面回应，既不解释外审意见的内容，也不介绍对茆先生在科研等方面表现的把握，更不涉及学院是如何"结合"及"综合评议"的。而相关间接回应也充满了强词夺理的色彩。

茆先生认为自己的科研水平和综合表现完全可以通过学校的各类考核。"按照规定，学校'常任轨'教师需要在任期内完成1篇一级论文、2篇二级论文、1篇三级论文，我在过去6年里，上述3类论文分别完成了3篇、4篇和2篇。"可见，茆先生已远远超出了既定任务要求。可是，该大学人事处长称，对"常任轨"教师的指标要求只是申请"常任轨"教职的门槛，"考核结果要参考海外同行评议的情况，由学校最后确定"。我认为这样做甚好！但是，相关内容是否写在了聘任合同里？是否形成了明文规定？是否让合同当事人茆先生等充分知晓了？同行评议的情况如何？学校是怎样"最后确定"的？这些都有待弄清楚。如果只是校方为应对茆先生的个案而临时杜撰出来的，则难免涉嫌权力滥用。我一贯不赞成仅凭几篇文章、尤其不赞成以刊物级别决定文章级别、进而以此来判断一位教师或者学者是否称职的做法，但是，我认为，既然是聘任制，并将相关指标要求标明了，那么，就应当按照既定的约定办事。这才是"契约精神"的体现。

必须强调的是，不应当让所谓"一种契约精神"成为某些高校肆意侵害教师合法权益的挡箭牌！茆先生认为，学校拒绝续聘的真实原因是他曾实名举报几位院长、教授存在行为不端的问题，要求公开考核标准以及专家意见。这有什么难处？涉及目的和手段是否均衡，亦即涉及校方拒绝续聘的目的是否具有正当性，校方本应积极正面回应，如果其目的正当也应该很容易予以回应。这样才符合行政法上举证责任分配的正当程序原理。可是，从报道中看不到该大学的正面回应。据该大学一不愿透露姓名的领导称，学校不可能向茆先生公开具体是哪位专家给出哪些意见，"很多学校都是这样，我们得保护那些进行评议的专家。这也是一种契约精神"。的确应当遵循"契约精神"。不过，"很多学校都是这样"恰恰揭示了相关问题的普遍性和严重性。

这里需要兼顾两种法益——被评教师的知情权和对评审专家的保密义务。评价机制中既然导入匿名评审制，就得保守秘密，不得将参评的专家信息披露。可是，茆先生对学校拒绝续聘的真实原因提出了质疑，校方就应当摆出据以形成不予续聘决定的事实和依据，来证成自身决定的正确性。既然是专家给出了不予续聘的专业意见，就应当把每一条专家意见摆出来，让同为专家的茆先生心服口服，而不是以所谓"契约精神"来搪塞。需要确认的是，茆先生并没有要求"公开具体是哪位专家"，而只是"要求公开考核标准以及专家意见"。所以，在这里，两种法益是可以做到兼顾的。无论是为了保护被评教师合法权益，还是为了遏制不良"专家"滥用权利（力），推进同行评议制度的健康发展，都应当公开考核标准和专家评审意见。

我一贯主张重视契约精神，并且一直致力于在各个领域中夯实"契约必须履行"的基本观念。但是，对这位领导在这里谈"契约精神"的做法，我却无法表示赞同。在我看来，除了一般不宜"公开具体是哪位专家"的主张值得尊重外，高校解聘教师的所有标准、依据乃至决定形成的全部过程都应当公开。

（2016年9月6日，于中国人民大学明德法学楼研究室）

别让评价机制成为大学教师学术自由的羁绊*

近年来，涉及学术自由的研究成果越来越多。我对这个话题很感兴趣，也一直关注这方面的著述，却始终没有参与这方面的讨论。我总觉得除此之外还有许多完不成的任务，没有足够的时间来静思、细究这个问题；更何况，自己作为大学教师工作21年来，不曾感觉到在学术研究方面有什么不自由。日前参加了"教师权利及其法律保障"学术研讨会①，有朋友对我这种观点有些不可思议。其实，这是一种写实心境的表露，也是表达自由的体现。或许是由于自己所从事专业的技术性特点所决定的。正如行政法学鼻祖奥特·玛雅（Otto Mayer）所指出："宪法消亡，行政法依然存在。"② 行政法学研究本身没有禁区。或许是由于中国人民大学法学院这个平台提供了足够自由的空间，在教育教学工作安排上以及科研要求上没有设置什么障碍，总之，基于自己长期从事教育教学和科研的经验，大学教师的学术自由似乎算不上一个亟待讨论解决的课题。

可是，大学教师学术自由的确是一个亟待讨论解决的课题。因为学术观点不同而在研究方面受阻的事例姑且不论，仅就大学教师目前的教育教学和科研的生态环境而言，以法规范来保障大学教师学术自由也具有极强的必要性。

作为大学教师从事教育教学和科研，本应当充分享受这种职业的无限乐趣，可是，为什么会没有足够的时间来静思、细究学术自由这个自己感兴趣的

---

* 参见杨建顺著：《别让评价机制成为学术自由的羁绊》，载《检察日报》2014年5月14日第7版"建顺微思"。

① 2014年5月10日，北京大学教育法研究中心、北京大学宪法与行政法研究中心举办"教师权利的法律保障"学术研讨会，笔者参加了研讨会并以《论大学教师学术自由及法律保障》为题作了主题发言。

② 杨建顺著：《日本行政法通论》，中国法制出版社1998年版，第70、110页。

问题呢？实际上是由于在另一个层面上——业绩评价指标和相关工作安排的科学性——存在限制或者制约学术自由的因素。这涉及如何理解大学的使命、目标任务等问题，涉及学术自由是什么以及如何才能实现、维持学术自由等问题。对于大学教师来说，应当有足够的时间来静思、细究自己感兴趣的问题，这本身应当成为学术自由的重要组成部分之一。

大学教师的学术自由与大学的定位密切相关，在很大程度上取决于大学的使命。大学的使命随着时代的变迁而变化。在长期的历史发展中，大学积淀了厚重的文化，传承了以追求真理为共同目的的大学自治和学术自由的精神。伴随着大学类型的多样化，有国立、公立、私立的大学，还有超越国界的国际性联合组织成为举办者的大学，大学的定位、作用和使命呈现出多样化趋势。在诸多使命中，作为高等教育机构的大学是现代国家中大学的最重要定位，是在理解大学教师学术自由这个问题之际，最应当反复确认、强调和确保的一种定位认知。大学教师学术自由的内涵和外延，在很大程度上取决于这种使命的定位认知。故而，大学教师学术自由及其界限皆应当纳入关于作为高等教育机构的大学的一系列法规范之中。

作为高等教育机构的大学，其使命不再仅限于作为"真理的追求"之府或者学问之府，而是更强调培养对国家、对社会、对企业有用的人才。这种大学使命一方面可以成为大学教师从事教育教学和科研工作的动力，另一方面，运用不当的话，也可能成为大学教师学术自由和学术创新的桎梏。大学教师有上不完的课程、赶不完的稿子、开不完的会议、做不完的课题和填不完的考核表格……不科学的业绩评价机制，使本来应当持续地致力于追求真理、故而享受学术自由的大学教师，往往难免陷入各种课题的立标、投标、运作和结项，忙碌于各种组织、团体或者机构的运营和协调。其结果是，对于许多大学教师来说，不是没有学术自由，而是无法享受学术自由。

"师魂所在，当然在于自尊和奉献。"[1]任职于作为高等教育机构的大学，

---

[1] 杨建顺著：《教师聘任制与教师的地位——以高等学校教师为中心》，载劳凯声主编：《中国教育法制评论》第一辑，教育科学出版社2002年版，第276页。

肩负着为国家、社会、企业培养有用人才的使命,大学教师应当始终不忘认真履职、恪尽职守,扎实地做好工作,倡导学术研究的真诚,不懈地追求真理。不科学的业绩评价机制严重遏制了大学教师的学术自由和学术创新,从长远来看也必将影响大学乃至国家发展。应当对目前的学术评价机制展开全视角、深层次的审视、反思和改革,为实现并持续维持科学的业绩评价,确保大学教师学术自由,提供坚实的法规范和制度支撑。

(2014年5月13日,于中国人民大学明德法学楼研究室)

Part 10

修改完善法典，扎实推进合法规范运营

修改《专利法》应当夯实信赖保护的基础
修改《专利法》应当确立一事不再理效
专利审查中使用公知常识应确立正当行政程序
食品安全标准的争议,应当依照标准来解决
修改《食品安全法》重在夯实合法规范运营机制
转基因食品是否安全谁说了算?
应当科学设定行政诉讼的起诉期间
行政首长出庭应诉不宜作为强行法规范
行政诉讼的管辖与依法独立行使审判权
科学建构行政诉讼检察建议制度
行政公益诉讼应当由法律个别设定
正确解释"行政主体资格",用好确认无效行政行为判决
落实法院改革纲要应当整备行政诉讼环境
以典型案例为指导,实现房屋征收补偿的公平正义
关于《行政诉讼法修正案(草案)》的修改建议

修改《专利法》应当夯实信赖保护的基础[*]

李克强总理参加 2014 年夏季达沃斯论坛,在开幕式上致辞时指出:"只要大力破除对个体和企业创新的种种束缚,形成'人人创新'、'万众创新'的新局面,中国发展就能再上新水平。"[①] 要形成这种新局面,就要鼓励微观主体创新,完善保障专利权的法规范。因为专利权是相对不安定的权利,导致在制度设置和运用上难以做好各项利益的均衡。应当在立法政策层面贯彻公平公正原则,通过修改《专利法》来设置中用权[②],确立效力不溯及既往的制度,夯实信赖利益保护的制度基础。

《专利法修订草案(送审稿)》第 47 条第 1 款规定:"宣告无效的专利权视为自始即不存在。"该规定符合行政行为效力论关于行政行为无效情形下的溯及力原则。该条第 2 款规定:"宣告专利权无效的决定,对在宣告专利权无效前人民法院作出并已执行的专利侵权的判决、调解书,已经履行或者强制执行的专利侵权纠纷处理、处罚决定,以及已经履行的专利实施许可合同和专利权转让合同,不具有追溯力。但是因专利权人的恶意给他人造成的损失,应当给予赔偿。"该款有助于各类纷争秩序的及早安定,但书确立了恶意损害赔偿的机制,有助于抑制专利权人滥用权利。若将"恶意"改为"故意",在与赔偿法体系对接的关系上更为通顺。该条第 3 款规定:"依照前款规定不返还专利侵权赔偿金、专利使用费、专利权转让费,明显违反公平原则的,应当全部或者部分返还。"该规定体现了公平公正的理念,值得肯定。应当进一步对

---

[*] 参见杨建顺著:《修改〈专利法〉应当夯实信赖保护的基础》,载《检察日报》2014 年 9 月 17 日第 7 版"建顺微思"。

[①] 参见马海燕著:《李克强倡导"万众创新":为中国经济升级版发力》,http://www.gov.cn/xinwen/2014-09/14/content_ 2750259.htm,2014 年 9 月 15 日访问。

[②] 中用权,是指专利权、商标权等知识产权因某种情况中止后又重新延续,在此期间内他人实施该权利的,在知识产权重新延续后能够继续实施的权利。

"明显违反公平原则的"判断主体及准据规则作出明确规定,对"返还"的具体手段、方法和途径予以细化规定,或者将相关内容在《专利法实施细则》中予以详细规定,以增强该款规定的实效性。

对专利权无效宣告请求进行审查、作出决定,意味着对作为证据而提出的引用文献和成为对象的专利权进行对比检讨,作出专利权无效、有效的判断结论,该过程本身决定了专利权的不安定性或曰脆弱性。如果对专利先行技术进行足够充分的调查,尤其是在无效审查制度之下对所提出的引用文献进行全面、深入的充分调查,通过对其提出经纬和性质进行检讨,便可在很大程度上减少甚至避免因为专利权的不安定给合法权益带来损害。

专利权无效宣告请求审查决定的生效时间,关系到侵权和各种利益的衡量,有关中间权利的问题亦源于此。提出无效宣告请求的人,虽然也不排除基于公益而为之的情形,但大多有主观利益和主观诉求的存在。在专利被侵权的情况下,专利权人会希望即时生效;宣告无效,原专利权人则会反对即时生效,这和维持的情况不一样。只要不是即时生效,其专利权还是有效的,折腾个3年5载的更好。该过程中所形成的新权利,一旦遭遇专利权无效宣告请求审查决定宣告专利权无效,便可能产生中用权救济或者对信赖利益保护的问题。

专利权被授予后,任何人均可以向专利复审委员会提起宣告该专利权无效的请求。从该制度的公益性角度考虑,一事不再理效和行政行为效力论的适用将有助于克服专利权不安定性的弊端。不仅"宣告专利权无效的决定",而且宣告专利权部分无效乃至宣告维持专利权有效的决定,都应当"由国务院专利行政部门登记和公告"。一旦诉讼期限届满,则相关决定产生实质性确定力(对世效)。

专利无效审查,既是解决特定当事人之间纷争的制度,又是以公益为其本质性目的而进行合法性审查的制度。这样理解更有助于强调实现公益是专利无效审查制度最核心的目的。只有尊重专利权无效宣告请求审查决定的效力,及时而有效地解决专利侵权纠纷,才能实现其公益的核心目的价值。只要在起诉期限届满之前,就应当保障专利权人或者无效宣告请求人对无效宣告请求审查决定的诉权。这也是司法最终原则的体现。至于司法审查的具体处理规则的设置,宜参照最高人民法院《关于审理专利纠纷案件适用法律问题的若干规定》,根据修法的目的作出正确的取舍判断。

(2014年9月16日,于中国人民大学明德法学楼研究室)

修改《专利法》应当确立一事不再理效*

从公平正义的理念出发,应当确保利害关系人在任何时候都有权对专利进行宣告无效审查请求。但是,如果容许基于同一的事实及同一的证据反复进行宣告无效审查请求,便难免会损害专利权的安定,损害专利权人的合法权益,不利于鼓励发明创造。应当修改《专利法》,明确规定一事不再理效,对"基于同一的事实及同一的证据"进行宣告专利无效审查请求的利益予以限制。

授予专利是行政行为,而由此被授予的专利权是私权,其性质是类似于所有权的"物权性权利"。授予专利的行为一旦被宣告无效,专利权便溯及既往而被视为不曾存在。专利无效审查是事后对作为"物权性权利"的专利权是否存在进行确认的程序,而反复进行无效审查请求,既会给专利权人带来应对负担,也会导致前后决定矛盾,影响决定权威。

反复进行宣告无效的审查请求,会给专利权人带来答辩负担,这是由当事人对立构造所决定的,应当通过完善被请求人适格制度来解决。如果专利无效审查的目的在于对专利权的授予行为进行重新审视,那么,就应当采用相应的查定系的审理构造,由国家来承担应对负担。

有人将专利无效审查视为行政诉讼的"前审",将专利无效审查决定的效力比做行政诉讼中确定判决的既判力。但是,在行政诉讼的诉讼物被视为行政行为的一般违法性的情况下,这种观点便不能原封不动地适用于专利无效审查决定。既判力会涉及作为审查对象的专利的一般违法性,一旦有效审查决定得以确定,则审查请求人便不能以其他理由来争议该专利的有效性。这显然不是

---

* 参见杨建顺著:《专利无效审查请求应规定"一事不再理"》,载《检察日报》2014年10月8日第7版"建顺微思"。

《专利法》设置请求宣告专利权无效制度的目的，故而需要另辟蹊径。

关于专利无效审查，应当根据《专利法》的制度目的，着眼于其公益性本质和解决纷争的功能，确立专利无效审查决定的一事不再理效。既不宜简单套用既判力理论来遮断所有争议，也不应当允许"基于同一的事实及同一的证据"反复进行宣告专利无效审查请求。

物权的目的是有体物，故而利用者在物理上受到限制；专利权的目的在于发明，故而利用者扩散，利害关系人可能是不确定多数。但是，现实中，发明的利用者限于竞争业者，其数量达至多数的情况只是例外，并且，与其说是利害关系人多的发明，倒不如说是影响力大的发明。所以，以避免当事人的负担为理由而承认广泛的遮断效，其适当性值得商榷。

如果没有一事不再理效的规定，那么，"任何人"都可以请求宣告专利无效审查，每个人都可以重复同一内容的专利无效审查请求。虽然可以通过权利滥用等一般法理进行抗辩，也可以通过损害赔偿请求等来进行对抗，但是，为应对恶意的反复的宣告专利无效审查请求而花费人力、物力和财力，超越了单纯的"负担"，会给社会性资源带来无益消耗。

以《专利法》确立一事不再理效，可以避免反复进行同一审查程序的繁琐，避免专利权人为保有权利而在专利无效审查的应对上花费太大成本。这不仅是一种私益，而且还是从行政资源的观点来把握"负担"，有助于防止因前后"矛盾的判断"而引起混乱，维护决定的权威，谋求权利的安定性，保护专利权人取得专利的动机，促进技术公开和产业发展，故而更是一种公益的体现。

对这种公益说，也有人提出质疑。所谓"矛盾的判断"，是指有效决定确定后又作出无效决定；所谓应当避免的事态，是指一种不安定的状态，即一度被视为有效的专利，不定什么时候会被判定为无效。可是，一旦确定了无效决定，即使其以前存在有效决定，该专利在对世效上也成为无效，故而不存在"矛盾的判断"共存情况。更何况，决定的权威应当通过判断内容的合理性和程序的正当性、公正性来维持，而不应当将其作为剥夺纷争当事人主张专利无效之利益的直接理由。

如何在防止反复纷争和确保主张机会之间做到平衡,这是《专利法》确立一事不再理效需要认真面对的课题。遮断"基于同一的事实及同一的证据"反复进行宣告专利无效审查请求,当是其主要功效。

(2014 年 9 月 23 日,于北京海淀世纪城寓所)

专利审查中使用公知常识
应确立正当行政程序*

在我国现行《专利法》《专利法实施细则》及《专利审查指南》所建构的专利实质审查体系中，并未对公知常识的概念及其运用等问题予以十分清楚且准确的界定和说明，更没有就使用公知常识的举证责任分配予以明确规定。在专利审查的实践中，存在着使用了公知常识来否定其新颖性或者创造性，甚至简单论断多个区别技术特征是公知常识却无举证的情形。在驳回决定和复审决定书中对使用公知常识进行权利核驳并没有相关理由说明，即使专利申请人或者代理人要求审查员就公知常识举证，往往也会因为"于法无据"而得不到直接回应。因此，如何活用正当行政程序原则来规制公知常识滥用的风险①，成为理论界和实务界共同面临的一个重要课题。

公知常识一般是指公知的教科书或者工具书披露的解决特定技术问题的技术手段和本领域中解决特定技术问题的惯用手段。将公知常识用于核驳新颖性和创造性，当区别特征为公知常识时，技术方案必然不具备新颖性和创造性。这一点是无可争议的。问题的关键在于，尽管长期以来理论界和实务界都非常重视公知常识的问题，目前对其认定却依然难达共识。更何况，近来随着申请量的增大，新招录的人员增多而岗前培训没有到位，有些审查员对《专利法》等法规范的理解不到位，对技术的把握不够专业，甚至对文件的理解也出现问

---

* 参见杨建顺著：《专利审查中使用公知常识应确立正当行政程序》，载《检察日报》2015年6月17日第7版"建顺微思"。

① 关于公知常识的认定，多数专家认为，公知常识属于《最高人民法院关于行政诉讼证据若干问题的规定》（法释［2002］21号）第68条第1款第1项规定的"众所周知的事实"，法庭可以直接认定，当事人无需举证证明。但是，要将公知常识作为一种众所周知的事实来认定，尚有诸多问题需要注意。

题，其结果造成了滥用公知常识的状况普遍存在。例如，将未检索到的看似简单的特征都认定为公知常识，将未带来本质变化的简单参数设定等误认为是公知常识等。① 而专利局对专利文献及科技期刊等是否可以作为公知常识性证据，在什么条件下可以作为公知常识性证据尚有争议，这些导致了难以在审查的全过程中系统地把握运用公知常识进行审查。

既然理论上和实务上对公知常识的认定均难达共识，而专利审查的相关法规范并未对使用公知常识明确规定举证责任及其分配原则，那么，就有必要强调在专利审查中使用公知常识的法治思维，有必要通过正当行政程序来弥补法规范层面的不足。

专利审查决定具有行政行为的特性，不宜简单地将其归为侵益的行政行为或者授益的行政行为，而应当以过程论的视角将其确定为复效的行政行为。对于复效性行政行为，应当适用合法、合理、公开的行政法基本原则，切实用好利益均衡机制，尤其是要坚持正当行政程序原则，在作出不利行为之前要通知当事人并听取其意见，做到不单方面接触，注重说明理由（accountability），并遵循被申请人、被告（行政主体）承担举证责任的原则。②

在现代行政法原理之下，既要防止权力滥用，又要确保权力合法、合理、充分行使，并依法实现和保障权益。在专利审查领域，鉴于申请数量多，审查任务重，无法将听证程序、举证责任逐一适用于每一项审查的现状，一方面应当以正当程序来保障专利审查使用公知常识的公平正义性，另一方面应当强调确立科学合理的、限定性的举证责任制度和说明理由制度。

当审查意见论断为公知常识的区别技术特征为2个以上时，当申请人结合合理的论述对公知常识核驳提出异议时，审查员均应当提供公知常识的证据；当申请人请求会晤时，审查员应当同意会晤，若有其他利害关系人，应当通知到场，避免单方面接触，给予申请人或者利害关系人以陈述和申辩的机会；当使用的公知常识不是众所周知的事实，而是所属领域的技术人员知晓且熟悉的

---

① 这种现象甚至对将对司法审查的强度或曰密度的相关理论产生影响，值得引起高度重视。
② 参见《行政诉讼法》第34条、第37条、第38条第2款。

事实、知识或者技术手段时，应当举证。

《专利审查指南》明确规定："审查员在审查意见通知书中引用的本领域的公知常识应当是确凿的，如果申请人对审查员引用的公知常识提出异议，审查员应当能够说明理由或提供相应的证据予以证明。"[①] 该规定意味着，审查员行使裁量权应当以认真、负责的态度，追求合法、至善及有实效的行政目的。当审查员、申请人及其代理人（及利害关系人）各方意见出现争议时，应当坚持正当行政程序原则，引入说明理由、提供证据和专家咨询制度等，确立相应的标准和程序规则，以消除争论不休的尴尬状态，使兴利与避害得以兼容并顾，使裁量的行政事宜既符合法定程序又符合公平正义。

(2015年6月15日，于中国人民大学明德法学楼研究室)

---

① 《专利审查指南（2010）》"第二部分—8章节—实质审查程序"之"4.10.2.2 审查意见通知书正文"。

食品安全标准的争议,应当依照标准来解决[*]

最近一段时间,食品安全事件相继发生,引起了人们对食品安全标准的关注。自从4月上旬被指其标准不如自来水,农夫山泉"标准门"事件便持续发酵,已令农夫山泉销量高增速停滞。5月6日,农夫山泉作出说明称:"标识地标不等同只执行地标,农夫山泉同时执行瓶(装)饮用水卫生标准(GB19298-2003)和 DB33/383-2005,同时受生活饮用水卫生标准(GB5749-2006)管理,当同一指标有不同限值时,从严执行。"[①]

围绕农夫山泉舍弃"国标"而选择浙江省"地标"这件事情,媒体及社会各界陆续提出了诸多质疑。毕竟,"民以食为天","食以安为先",人们关注并强调"国标"的执行问题,是有其道理的,故而也是可以理解的。不过,"国标"和"地标"之间应该是什么关系?[②] 真的像有些人所强调的,一旦制定国标,地标就应该废止吗?[③] 或者说像浙江卫生厅曾明确答复媒体那样,"浙江地标必须与国标一致"吗?[④]

---

[*] 参见杨建顺著:《食品安全标准争议应依标准解决》,载《检察日报》2013年5月15日第7版"建顺微思"。

[①] 农夫山泉董事长钟睒睒语。陆琨倩著:《因"标准门"销量高增速已停滞 农夫山泉:放弃北京市场》,http://shipin.people.com.cn/n/2013/0507/c85914-21385806.html,2013年5月7日访问。

[②] 2009年《食品安全法》没有明确规定地标和国标的关系。

[③] 撰写此短文时,这种观点还是"有些人所强调",而在后来,其成为了实定法上的规定。2015年《食品安全法》第29条明确规定:"对地方特色食品,没有食品安全国家标准的,省、自治区、直辖市人民政府卫生行政部门可以制定并公布食品安全地方标准,报国务院卫生行政部门备案。食品安全国家标准制定后,该地方标准即行废止。"如此,可以说这个问题在实定法层面得到了解决。但是,这并不意味着在理论层面围绕该问题进行讨论的终结。

[④] 2009年《食品安全法》第24条第2款规定:"省、自治区、直辖市人民政府卫生行政部门组织制定食品安全地方标准,应当参照执行本法有关食品安全国家标准制定的规定,并报国务院卫生行政部门备案。"可见当时的法律并没有明确要求"一致",而只是要求"应当参照……并报……备案"。而2015年《食品安全法》规定:"食品安全国家标准制定后,该地方标准即行废止。"这意味着地标和国标的关系不是"一致"与否的关系,而是其只能存在于国标制定之前。有必要在理论层面就该问题展开深入讨论,努力推进建立全国统一市场的法益和尊重各地追求更加安全食品生活的法益得到兼顾。下文有关讨论,是围绕2009年《食品安全法》的规定而展开的。

要从根本上解决农夫山泉"标准门"这个问题，就必须弄清楚"标准"本身的属性和定位，弄清楚"国标"和"地标"乃至企业标准等之间的关系，并依法为"标准"的纷争解决提供具有实效性的标准规则。

在行政法上，标准被作为整序行政作用的一种重要方式来定位，它是某个领域或者部门的坐标，是某种产品或者行为的参照物或者基准，因而也是该领域或者部门相应秩序整备的保障和支撑。作为生产基准或者行为准则的标准，是对人们生产或者行为的一种约束和制约，要求人们予以尊重和遵守。当然，标准有指导性标准和强行性标准之分，对于前者要求参照执行，而对于后者则要求严格依照标准执行。即使是强行性标准，也存在最低限度标准和最高限度标准之分，对于前者要求不得低于标准所划定的界线（如食品安全国家标准），对于后者则要求不得高于标准所设定的顶限（如国家排污标准）。

根据《食品安全法》的规定，食品安全标准是强制执行的标准（第19条）。食品安全国家标准由国务院卫生行政部门负责制定、公布（第17条）。没有食品安全国家标准的，可以制定食品安全地方标准（第24条）。企业生产的食品没有食品安全国家标准或者地方标准的，应当制定企业标准。国家鼓励食品生产企业制定严于食品安全国家标准或者地方标准的企业标准。（第25条）可见，食品安全国家标准是强行性标准，是最低限度标准，国家鼓励企业制定更为严格的企业标准。虽然法律没有明确规定地方标准严于国家标准的问题，但是，从对企业标准的规定方法可以推导出，严于国家标准的地方标准亦是该法所鼓励和倡导的。以保障公众身体健康为宗旨，做到科学合理、安全可靠，又能够确保各项指标都符合或者高于食品安全国家标准的地方食品安全标准，就不应当因为"国标"的制定而废止。① 不过，根据《行政许可法》的规定，不得以严于国家标准的地方标准为依据，限制其他地区的个人或者企业到本地区从事生产经营和提供服务，或者限制其他地区的符合国家标准的商品进入本地区市场。如何处理好这个层面的问题，考验地方政府的执政能力。

---

① 如前所述，2015年《食品安全法》背离了这种价值取向，故而其相关规定是值得商榷和深入研究的。

回到农夫山泉"标准门"事件,问题的关键在于该地标是否高于国标,该地标是否已被废止。更为重要的是,要看实际运作中是不是像农夫山泉所解释的那样,"当同一指标有不同限值时,从严执行"。只要其做到了这一点,那么,人们最为关心的食品安全问题也就有了保障。而要确保企业真正做到这一点,相关部门的严格执法便是必不可少的。至于"其标准不如自来水"的结论是否成立,涉及有关食品安全标准的争议能否有效解决的问题,有关权威监管部门应当依照法定的权限和程序规则,及时介入并进行全面、客观而准确的调查取证,作出合法、合理且有效的判断结论。

(2013年5月7日,于中国人民大学明德法学楼研究室)

修改《食品安全法》重在夯实合法规范运营机制*

我国食品安全领域存在大量问题需要解决，修改《食品安全法》被视为解决这些问题的重要路径之一。国务院于 2013 年 5 月决定将《食品安全法》修订工作列入 2013 年立法计划。6 月 19 日，国家食品药品监管总局法制司发出通知，面向社会围绕《食品安全法》修订内容开展征集意见活动。该活动已于 7 月 15 日结束。其间，国务院于 7 月 3 日公布《关于加强食品安全工作的决定》，提出了我国食品安全的阶段性目标，计划用 3 年左右的时间，使食品安全治理整顿工作取得明显效果；用 5 年左右的时间，形成科学规范的监管体制、标准体系，使食品安全总体水平得到大幅度提高。

《食品安全法》的修订工作已经启动，而其应当如何修改、修改哪些内容的问题尚有待商讨。目前的委托修改和征集修改意见的方式，皆存在进一步完善的余地。进而，该法是否应当"大修"？治理食品安全问题是否应当以及哪些情形应当"加大对违法的惩处"，适用"严刑重典""重典治乱"的选择？什么是"最严食品安全法"？"年内完成修订"是否能够实现本来的立法目的？如何才能真正确保修订的内容乃至修订工作本身是科学而有实效的？这些问题都是值得认真思考和深入探讨的。①

众所周知，现行《食品安全法》可谓"五年磨一剑"，承载着国人厚望与政府期待，是在"三鹿事件"发生近半年后获得全国人大常委会高票通过的。

---

* 参见杨建顺著：《食品安全法修改应兼顾两种功能》，载《检察日报》2013 年 7 月 31 日第 7 版"建顺微思"。关于食品安全企业合法规范运营，参见杨建顺著：《论食品安全风险交流与生产经营者合法规范运营》，载《法学家》2014 年第 1 期。

① 虽然此轮《食品安全法》修改工作已经结束，并于 2015 年 4 月 24 日修订完毕，新法业已于该年 10 月 1 日起施行，但是，上述相关问题依然值得继续讨论。

数年来，基于该法及其实施条例对食品安全管理体制和制度等所作的调整，相关实施性法规范和机制不断得以完善，各种食品安全标准得以制定，为保障公众身体健康和生命安全提供了一系列制度、措施和标准，发挥了法律规范和制度支撑的重要作用。

然而，现实中食品安全事件依然频发且形势严峻。于是，人们希望通过《食品安全法》的修改来解决相关问题。这是可以理解的。不过，该法及其实施条例等相关法规范已经相当完善，许多食品安全问题事件之所以发生，恰恰是因为该法及相关法规范没有得以贯彻落实。该法的某些规定相对原则，这恰好是作为食品安全领域的"龙头法"之科学性的印证。不应期冀该法对食品安全领域所有事情毫无遗漏地予以详细规定。相反，应当维持其原则性、概括性和抽象性，以确保其普适性，因而也就确保了其可持续性；同时，将相关配套法规范和制度、机制的建构予以明确授权，并辅以义务性规定，便可期待其实操性和实效性。

此次修改《食品安全法》，主要是为适应食品安全监管体制改革的需要，构建以国家食品药品监管总局为主要监管责任主体的食品安全监管体系。而食品安全既是生产出来的，亦是监管出来的，两者皆不可偏废。修改该法应当兼顾两方面的功能：其一是保障行政管理职能的合法、有效实现，尤其是明确相关授权和委托规定，为基层监管部门实现相关行政目的提供相应手段，做到目的和手段均衡，强调源头管理和全过程控制；其二是确立并不断推进食品生产经营者合法规范运营机制，为合法规范运营的食品生产经营者提供充分的法律和制度保障，规范和约束食品等的生产、经营、流通、餐饮业等各个环节的行为，确保"从农田到餐桌"的安全性。唯有如此，才能切实保障消费者的生命安全和身体健康，维护食品生产经营者的合法权益，维护社会公共利益。

修改《食品安全法》，推进安全食品供给和保障体系建设，不排除对违法行为的严厉惩处，甚至是"严刑重典""重典治乱"，但是，该法的核心价值更应当体现为合法规范运营机制的建构和完善，因而应当致力于推进食品生产经营者合法规范运营机制的建立，致力于行政主体对食品生产经营者以及食品生产经营者自身的日常监管和监管的日常化。唯有食品生产经营者在生产经营过程中自觉遵守法律规范，遵循社会规范，公平、公正地推行业务，才是"食以安为先"的长效保障机制。

(2013年7月30日，于山东招远老家)

转基因食品是否安全谁说了算?*

"国内转基因能研究不能生产的局面有了破解口……有多个转基因抗虫玉米品种正在进行申请安全证书的冲刺。拿到安全证书以后,如果顺利通过品种审定,就可进入产业化种植。"① 虽然附有条件,且经验证明,即便获得了安全证书也不一定能顺利通过品种审定阶段,故而能否"进入产业化种植"尚有不确定因素,但是,这条消息足以让转基因支持者为之振奋。和其他转基因研发的举措一样,这条信息也招来转基因反对者的抨击。在"反转"呼声不绝于耳,且消费者对转基因产品不信任的背景下,政府有关转基因的抉择显得底气不足。

所谓转基因食品,是指以转基因生物为原料加工生产的食品,分为植物性转基因食品、动物性转基因食品和微生物性转基因食品。所谓转基因生物,是指通过基因操作而获得的生物。转基因技术与从前的品种改良在根本上的不同,在于其从最初就瞄准了目的基因,且可以将完全异种的生物基因进行转换,使微生物的有用基因导入生物。转基因生物不能直接投放市场。转基因玉

---

* 参见杨建顺著:《转基因食品是否安全谁说了算?》,载《检察日报》2015 年 8 月 12 日第 7 版"建顺微思"。

① 参见贺涛著:《国产转基因玉米 5 年内或将商业化》,http://news.163.com/15/0625/18/ASVO9QBO0001124J.html,2015 年 8 月 11 日访问。延伸阅读:"由我国著名生物技术专家、中国农业科学院生物技术研究所范云六院士带领的科研团队,历经 12 年完成的转植酸酶基因玉米(资讯,行情)研究项目,日前获得农业部正式颁发的转基因生物安全证书(生产应用),这是我国首次为转基因粮食作物颁发安全证书,标志着转植酸酶基因玉米从此正式跨入产业化阶段。"佚名:《转基因玉米获准产业化 大面积种植还需两年以上》,http://www.21food.cn/html/news/6/526906.htm,2015 年 8 月 11 日访问;"我国种植的木瓜,绝大多数是转基因木瓜,而且这些木瓜大多为小农经济下的零散种植零散销售模式,没有包装,无必要也无可能进行转基因标识;转基因标识目录之所以说 12 年没变,是因为这些年来,我国批准产业化种植、进口,作为食品加工原料的农作物,没有增加和改变。如果有一天,我国批准转基因水稻、玉米、大豆的产业化种植,这个目录肯定要更新。"佚名:《农业部官员:转基因自愿标识是趋势 转基因产业化没有利益集团控制》,http://www.guancha.cn/Science/2014_10_19_277476.shtml,2015 年 8 月 11 日访问。

米等转基因植物能否最终进入产业化种植，取决于其转基因安全性是否得到保障和确认。

2015年1月31日，中共中央、国务院印发《关于加大改革创新力度 加快农业现代化建设的若干意见》，提出要"加强农业转基因生物技术研究、安全管理、科学普及"。"转基因可以说是大有发展前途的新技术、新的产业"。① 而新《食品安全法》则增加规定："生产经营转基因食品应当按照规定显著标示。"② 该法也对未按规定进行标示的行为设置了罚则。③ 这就为转基因食品的生产经营设置了标示的法定义务，也提供了法律支撑，并设置了相应的适用规范。

实际上，我国农业部对转基因作物生产应用安全证书的发放有严格的程序，包括实验研究、中间试验、环境释放、生产性试验和申请安全证书等多个阶段。层层许可，环环审批，为转基因作物安全性提供了制度保障。然而，由于转基因生物技术本身具有较强的不确实性，加之没有法律明确规定，安全管理和科学普及不到位，导致转基因领域众说纷纭，难有定论。正如全国政协委员中国科协副主席陈章良所指出："很多科学家不出来说，说了也没几个人听，而非科学的、名人的话谁都听，结果公众很疑惑"④ 的现象在所难免。

农业部官员认为，转基因安全有定论，即通过安全评价获得安全证书的转基因食品是安全的，"可以放心食用"。⑤ 但是，在黄乐平诉农业部转基因政府信息公开行政诉讼案中，农业部的观点似乎缺乏这方面的信心——根据《农业转基因生物安全管理条例》规定，农业部只负责农业转基因生物安全的审批，对进口数量没有审批权限，也不知道归哪个部门管，实际上进口数量属于市场化运作，没有任何一个部门掌握具体的进口数量。⑥

---

① 佚名：《中农办：中国转基因市场不能都让外国产品占领》，http：//www.guancha.cn/Industry/2015_02_03_308422.shtml，2015年8月10日访问。
② 《食品安全法》第69条。
③ 《食品安全法》第125条第1款第3项。
④ 参见佚名：《政协委员中科协副主席：希望科学家多讲转基因 非科学名人的话谁都听》，http：//www.guancha.cn/Science/2015_03_06_311238.shtml，2015年8月10日访问。
⑤ 马丽著：《农业部官员：转基因是否安全不是隔壁王大妈说了算》，http：//club.china.com/data/thread/1011/2774/12/59/0_1.html，2015年8月10日访问。
⑥ 这就是农业部答复的内容。佚名：《黄乐平诉农业部转基因政府信息公开行政诉讼一审案简记》，http：//club.china.com/data/thread/1011/2776/53/27/3_1.html，2015年8月10日访问。

为建构让消费者放心、安心、可信赖的转基因食品监管机制，应当在转基因生物进口规制、转基因作物的产业化种植等重大决策的程序完善上狠下工夫，要"健全依法决策机制。把公众参与、专家论证、风险评估、合法性审查、集体讨论决定确定为重大行政决策法定程序，确保决策制度科学、程序正当、过程公开、责任明确"。①

关于转基因食品的安全问题，不能是个人说了算，而应该是专业的权威机构说了算。②农业部官员的该论断有道理，应当予以支持。对政府的举措一律持反对排斥态度，是不可取的。但是，仅有"权威机构说了算"还不够，还要搞好公众参与，切实做好风险评估、合法性审查和集体讨论决定。如此抉择，就没有必要避讳政府信息公开了。③并且，从安全管理和科学普及的角度考虑，应当做好宣讲工作，让消费者充分了解转基因生物。

风险是新技术不可避免的伴随物。转基因食品的安全性是消费者最关心的问题，而转基因生物的风险管理还包括其对环境、生态系、农业经济的影响。解决这些问题，既要强调"权威机构说了算"，"经过严格的科学实验和把关"，又要注重建立健全风险交流机制，导入利益衡量机制，将该技术所带来的利益（可能性）与不利（风险）进行综合比较。为确保风险交流机制的实效性，"要让正反意见客观呈现"，创造该领域的专家与各相关方面人士"以对等的立场进行讨论的场所"。唯有如此，才能够走出"谈转色变"的窘境。④

（2015年8月11日，于北京海淀世纪城寓所）

---

① 党的十八届四中全会《全面依法治国决定》。
② 参见马丽著：《农业部官员：转基因是否安全不是隔壁王大妈说了算》，http://club.china.com/data/thread/1011/2774/12/59/0_1.html，2015年8月10日访问。
③ 正如中央农村工作领导小组办公室副主任韩俊所指出的："转基因是非常敏感的全社会关注的问题，当局必须让社会公众也包括媒体对中国的转基因农产品安全管理体系以及其他国家的安全管理体系有清晰全面的了解。"佚名：《中国官员挺转基因作物研究 港媒：忧心丢国内市场》，载参考消息网，http://www.cankaoxiaoxi.com/china/20150205/653893.shtml，2017年3月26日访问。
④ 参见佚名：《袁隆平谈转基因：不能一概而论 不能谈之色变》，http://www.guancha.cn/Science/2014_11_18_300657.shtml，2015年8月10日访问。

应当科学设定行政诉讼的起诉期间[*]

2014年8月,第十二届全国人大常委会第十次会议对《中华人民共和国行政诉讼法修正案(草案二次审议稿)》(以下简称《行诉法修正案二审稿》)进行了审议。《行诉法修正案二审稿》具有丰富的内容,其中关于修改行政诉讼起诉期间的规定,值得予以关注并认真思考。

《行诉法修正案二审稿》将第39条改为第47条,第1款就主观的起诉期间作出规定:"公民、法人或者其他组织直接向人民法院提起诉讼的,应当在知道或者应当知道作出行政行为之日起六个月内提出。法律另有规定的除外。"第2款就客观的起诉期间作出规定:"因不动产提起诉讼的案件从行政行为作出之日起超过二十年,其他案件从行政行为作出之日起超过五年提起诉讼的,人民法院不予受理。"

行政行为具有公定力,一旦作出便接受有效性的推定,即使其是违法的,除了无效的情况外,在被行政主体和法院等有权机关撤销、变更或者废止之前,被作为有效的行为予以承认,不仅拘束行政相对人,而且拘束行政主体,也拘束其他国家机关和一般第三人。[①] 公定力是与行政行为的法律效果的效力相关联的概念,而不是关于行政行为合法要件的充足性概念。公民、法人和其他组织可以通过一定的争讼程序来否认违法的乃至不当的行政行为的效力。另一方面,行政行为具有不可争力,除了无效的情况外,一旦超过了起诉期间,便不能通过行政诉讼途径就其效力进行争讼。虽然还有依职权撤销等救济途径,但是,科学设定行政诉讼的起诉期间,对于切实保障公民、法人和其他组

---

[*] 参见杨建顺著:《应科学设定行政诉讼起诉期间》,载《检察日报》2014年9月3日第7版"建顺微思"。

[①] 关于行政行为的效力,参见杨建顺著:《行政规制与权利保障》,中国人民大学出版社2007年版,第307页以下。

织的诉权，无疑具有极其重要的意义。

要科学地设定行政诉讼的起诉期间，应当兼顾公民、法人和其他组织的权益救济与行政法关系的及早稳定这两种法益。对这两种法益进行判断取舍属于立法裁量的范畴，立法机关应当在充分进行利益平衡的基础上确立相关制度。如果该期间过短，将构成对公民、法人和其他组织诉权的限制，甚至严重侵害其实体权利；如果该期间过长，则会影响行政法关系的稳定性，不仅会损害通过授益性行为而获得直接利益的相对方对行政行为的信赖，而且也可能损害通过授益性行为或者（原则上可以自由撤销的）侵益性行为而间接获得利益的利害关系人乃至一般公众对行政行为的信赖。在实质法治主义和形式法治主义没有实现充分对话的情况下，过长的起诉期间貌似有助于被侵害利益的救济，却往往难免陷入无法通过事后救济来弥补的尴尬局面，具有严重损害行政信赖保护原则的危险。这是因为，随着时间的流逝，新形成的法关系下又有新的法益需要保护，会给旧有的争议解决增加难度。由此不难理解行政法关系及早稳定这种法益的重要性。

在现行法律下，行政诉讼一般时效是"在知道作出具体行政行为之日起三个月内"，特殊时效是"法律另有规定的除外"。应当既设置法律授权规定，又规定"有正当理由的不在此限"，将是否具有正当理由的裁量判断权交给法官，将不变期间改为可变期间或者伸缩期间。这样规定，更符合行政诉讼对相对较短起诉期间的要求，也有助于唤醒"权利睡眠者"[1]，督促人们及时行使提起行政诉讼的权利。《行诉法修正案二审稿》将主观的起诉期间从3个月改为6个月，其必要性和有效性皆有待进一步论证。[2]

行政诉讼要解决行政行为等是否构成违法、是否应予撤销、是否应予重作乃至是否应予赔偿或者补偿等问题，相关法律关系需要尽早确定，故而其客观

---

[1] 法谚云："权利帮助觉醒者，而不帮助睡眠者。"
[2] 学界讨论尚未达成共识，而2014年11月1日修订的《行政诉讼法》第46条第1款确认了《行诉法修正案二审稿》关于起诉期间的规定，于是，在实定法层面，6个月的起诉期间便得以确定。但是，作为立法政策的问题，起诉期间该如何设定的问题值得继续深入研究。应当结合新的起诉期间制度的实施状况，借鉴其他国家或者地区起诉期间的制度经验和理论研究成果，为未来修订完善法律提供扎实的理论支持。

的起诉期间也不宜过长。《行诉法修正案二审稿》将不动产案件的客观起诉期间规定为 20 年，与我国民事法上最长诉讼时效期间的规定相吻合，值得肯定；将其他案件的客观起诉期间规定为 5 年，则是值得商榷的。建议将该部分修改为："其他案件从行政行为作出之日起超过二年的，不得提起行政诉讼，有正当理由的不在此限。"①

行政诉讼的起诉期间并非越长越好。关键在于科学把握和设定公民、法人和其他组织的权益救济与行政法关系的及早稳定这两种法益，并正确处理好原则和例外的关系。

(2013 年 9 月 2 日，于中国人民大学明德法学楼研究室)

---

① 新《行政诉讼法》第 46 条第 2 款同样确认了《行诉法修正案二审稿》的方案。

行政首长出庭应诉不宜作为强行法规范*

近来，与行政首长出庭应诉相关的"新闻"接连不断：某区工商局长坐在被告席，"民告官"案首现行政首长出庭应诉；某市一把手出庭应诉渐成常态；某法院积极推行行政首长出庭应诉制度；等等。据说这些报道起到了很好的法治宣传效果，获得了学者与公众的积极评价。甚至有人建议，修改《行政诉讼法》时应将行政首长出庭应诉确立为统一的强行法规范。我认为这种观点值得商榷，行政首长出庭应诉不宜由《行政诉讼法》将其确立为统一的强行法规范。① 这可以从如下 8 个方面来理解。

其一，按照行政法一般原理，任何级别的行政首长都可以出庭应诉，而其是否出庭应诉是立法政策问题，与是否法治不能简单划等号。强调行政首长必须出庭应诉虽不能断言其是"官本位""人治""特权"等思想在潜意识中作用的结果，但是，它的确印证了相关方面依法行政的观念并不强，离法治政府还有很长的距离。每一级行政首长都可以出庭应诉，并不等于其都应当出庭应诉，这是由权力配置和职能分工的自身规律性所决定的，只要行政组织法和行政诉讼法上没有明确规定，就不涉及违反法治原则的问题。无论是行政首长出庭，还是一般公务员出庭，抑或是作为代理人的律师乃至政府法律顾问出庭，都没有什么本质区别，都是在行政审判过程中作为行政主体的代表坐在被告席上。这是行政主体论的内在要求，也是诉讼代理人制度的基本内容。

其二，行政首长是否出庭应诉与是否尊重行政相对人乃至人民群众没有必

---

* 参见杨建顺著：《行政首长出庭应诉不宜强制》，载《检察日报》2014 年 5 月 28 日第 7 版"建顺微思"。全文转载于《今参考·政界》2014 年 7 月号。

① 2014 年 11 月 1 日修订，自 2015 年 5 月 1 日起施行的《行政诉讼法》第 3 条第 3 款规定："被诉行政机关负责人应当出庭应诉。不能出庭的，应当委托行政机关相应的工作人员出庭。"这并不影响本文主题。相反，结合该规定及该规定施行后的实践状况，本文所讨论主题更加凸现出其理论基础的意义。

然联系。行政首长通过出庭应诉或许可以改变所谓"民告官不见官"的普遍现象,在短期内有效树立"亲民、为民"的首长新形象,但是,从长远来看则并非有助于行政诉讼制度的健康发展,甚至与行政诉讼的根本价值目的相悖。许多地方制定了行政首长出庭应诉工作办法或者规则,"一把手"出庭应诉在逐渐成为常态,而如何防止其出庭应诉流于形式则正在成为新的课题。原告提起行政诉讼的被告是行政主体,而不是行政首长个人,无论行政首长是否出庭,原告的合法权益都必须得到法律的保护。作为行政首长,让精通法律事务的代理人出庭应诉,正是对行政相对人的尊重,也是对人民群众利益的重视;恪尽职守,履行好首长的法定职责,就是对人民群众的尊重。[①]

其三,行政首长是否出庭应诉与是否坚持法律面前人人平等不能简单划等号。认为行政诉讼中有行政首长出庭应诉才能体现法律面前人人平等原则的观点值得商榷。尽管行政机关与行政相对人在行政过程中往往处于管理和被管理的地位,行政机关处于优越的地位,行政管理相对人处于相对的弱势地位,但在行政诉讼中双方的地位是平等的。既然诉讼上的当事人双方之间的权利平等,那么,相对人提起行政诉讼,行政机关就要依法应诉。至于其派谁来出庭,只要符合诉讼法规范,就不能说是对原告不尊重。法规范也赋予原告同样的请代理人的权利。

其四,行政首长是否出庭应诉与是否敢于承担责任、塑造良好行政机关形象不能简单划等号。从责任的角度来讲,首长负责制下任何行政活动所导致的纷争,最终都应当由行政首长承担责任,所以,让其出庭应诉也完全有理由而且是可能的。但是,让并不一定是法律专家尤其不是诉讼专家的行政首长承担直接责任,出庭应诉,让作为法律专家、诉讼专家的律师或者政府法律顾问去做别的事情,这种错位的职能配置不仅不是勇于承认错误、敢于承担责任,而且不符合行政组织法原理,有违行政主体论,也与行政经济原则及行政效能原则相悖,甚至会构成严重失职,是严重不负责任的。法治的确注重权责统一、有权就有责,行政机关在享有一定权力的同时应当承担与之相应的责任。但

[①] 例如,《公务员法》第12条规定,公务员应当履行"忠于职守,勤勉尽责"的义务。

是，以这种错位的做法来塑造良好行政机关形象，初衷也许是好的，而经验证明，其结果只能是事与愿违。唯有倡导恪尽职守，在规则、秩序之下解决问题，才能够让良好行政机关形象真正塑造且发扬光大。

其五，行政首长是否出庭应诉与是否尊重司法权威、维护法律尊严不能简单划等号。的确，接受司法审查是现代法治行政原理的重要组成部分之一，行政权力应当接受司法审查与制约，尊重法院、尊重司法权。但是，如果只有行政首长出庭应诉才能彰显司法权威、维护法律尊严，律师和政府法律顾问等代理人出庭应诉得不到承认，那么，这说明司法公信力只能依赖于行政首长出庭应诉，司法权威和法律尊严已受到严重损害。无论谁出庭应诉，"当事人必须履行人民法院发生法律效力的判决、裁定"[1]。这才是对司法权威的最好尊重，才是对法律尊严的最好维护。

其六，行政首长是否出庭应诉与政府依法行政水平不能简单划等号。行政系统内部有其自身规律性，政府依法行政须从组织法、作用（行为）法、程序法和救济法等各个层面展开。依法行政的基本要求是做到合法行政、合理行政、程序正当、诚实守信、高效便民和权责一致[2]，而包括首长在内的每个公务员恪尽职守、尽职尽责，才是不断提升依法行政水平的坚实支撑。坐在被告席上听取原告的意见，通过诉讼程序更加客观、全面而深入地了解行政活动一线的状况，对于改进和提高政府依法行政水平无疑是有益的。但是，从诉讼程序和专业要求的角度来讲，让具有丰富的法律专业知识和诉讼经验的律师或者政府法律顾问作为诉讼代理人，其对相关程序操作和专业要求非常精通，不仅有助于诉讼程序的推进，显然也符合诉讼经济原则。至于政府依法行政水平的普遍和持续提升，则需要坚持法治行政原理的指导，坚持内部监督和外部监督相结合、以行政自律为主导的行政首长负责制。

其七，行政首长是否出庭应诉不应当由某法院来作为制度推进，否则会

---

[1] 参见原《行政诉讼法》第65条。新《行政诉讼法》第94条沿用了该规定，并在所履行的对象中添加了"调解书"；第96条进而规定，对于行政机关拒绝履行判决、裁定、调解书的，第一审人民法院可以采取强制划拨、罚款、公告、提出司法建议、拘留乃至追究刑事责任等措施。

[2] 参见2004年国务院《全面推进依法行政实施纲要》"三、依法行政的基本原则和基本要求"之"5. 依法行政的基本要求"。

给国家权力配置带来不必要的秩序混乱。推进行政首长出庭应诉，本意是要养成并提升尊重法律、尊重法院和尊重司法权威的观念，可是，由法院来作为制度推进，则会破坏权力配置的均衡，会有损于法律、法院和司法的权威。

其八，强制行政首长出庭应诉目前尚没有充分的法律依据，修改《行政诉讼法》也不应将行政首长出庭应诉确立为强行法规范，因为其违背行政主体论和法治行政原理的基本规律性，不利于实现行政诉讼目的。"当事人、诉讼代理人，可以委托一至二人代为诉讼"。[①]《行政诉讼法》确立了诉讼代理人制度，赋予了行政首长出庭应诉选择权。若超越实定法的规定强推行政首长出庭应诉制，其结果会与良好的初衷相冲突。虽然并非所有行政诉讼案件中行政首长都不适于出庭应诉，但至少可以说绝大多数行政诉讼案件是没有必要让行政首长出庭应诉的。为了能够让行政机关积极、认真应诉，切实履行法院裁判文书，应当建立一套完善的制度，例如建立公职律师、政府法律顾问等制度，为行政过程中的法治行政提供支撑，也为行政诉讼程序顺利推进提供支撑。

行政首长是否出庭应诉可以由行政组织法予以原则性规定，诸如《关于加强法治政府的意见》（国发〔2010〕33号）和《关于加强法治政府建设的实施意见》（京政发〔2011〕20号）等所规定的那样，"对重大行政诉讼案件，行政机关负责人应主动出庭应诉"，并授权行政主体根据各自行政事务的需要制定具有针对性的规则，根据具体情形作出判断抉择。

值得注意的是，应当避免落入完善对策的定式思维——认为要克服行政首长出庭应诉的随机性，故而要建立相关制度，以立法形式规定行政首长出庭应诉的强制性制度，并将应诉情况纳入政绩考核的内容。就行政诉讼而言，我们急需解决的不是如何保证行政首长出庭应诉，而是要解决如何让行政机关积极、认真地参加诉讼活动，而且让行政机关致力于行政过程中的所有活动，并

---

① 参见原《行政诉讼法》第29条。新《行政诉讼法》第31条规定："当事人、法定代理人，可以委托一至二人作为诉讼代理人。"

不折不扣地履行法院发生法律效力的法律文书。行政首长是否尊重司法权力、是否具有法治观念,并不是看他是否出庭应诉,只有认真地对待行政诉讼本身,认真地对待当事人的权利,认真地对待司法机关所作出的行政裁判,才能真正促进法治的进步。

(2014年5月13日,于中国人民大学明德法学楼研究室)

行政诉讼的管辖与依法独立行使审判权[*]

围绕修改《行政诉讼法》的问题，我国理论界和实务界展开了长期探索，在落实依法独立行使审判权等制度目标的认知方面形成了共识，但是，在架构实现该目标的具体制度安排上还存在较大的差异。为了摆脱行政诉讼在某些地方受到外部干预较多、立案难、审判难、执行难的困境，有人主张以目前管辖制度为基础，确立交叉管辖制度，实行异地审理行政案件；有人建议取消目前基层法院的行政审判庭，将案件统一交由中级法院管辖，实行提级审判；还有人认为应当设立行政法院，由其独立行使对于行政案件的管辖权。我则一贯认为，应当维持"基层人民法院管辖第一审行政案件"的现行制度安排，注重发挥基层法院在行政审判中的作用，在此基础上，谋求相关保障机制的充实和完善。

交叉管辖可以通过易案件而审之、平权交换、相互制约，实现所谓形式公正，且在某些地方也已有较为成熟的试点基础；但是，它本来是某些法院出现无法正常行使审判权的特殊情况下，为了避免当地政府对行政审判的制约，不得已而为之的个别应对举措，若作为一般管辖制度加以确立，势必会造成人力、物力和财力的极大浪费，为相对人实现诉权设置不必要的距离障碍，与便民原则相去甚远。更何况，一旦交叉管辖相对固定，相关外力仍然会通过交叉的方式对行政审判形成干预，也就无从实现其所追求的目标。

提级审判可以实现对下级政府干预行政审判的制约；但是，其弊端也是显而易见的：取消基层法院在行政审判中的地位和作用，由中级法院统一行使案件管辖权，体现出强烈的集权、收权色彩，与法治国家司法权合理配置的要求

---

[*] 参见杨建顺著：《舍弃基层法院行政审判管辖地位不可取》，载《检察日报》2013年8月14日第7版"建顺微思"。

相去甚远,并且,基层法院行政审判庭人员的安置、省级高级法院处理大量二审案件的能力等制度支撑的技术问题,亦是短期内无法妥善解决的。

设置行政法院作为管辖行政案件的专门法院,在理论上似乎能够最有效地实现司法公正,然而,在实践层面却严重缺乏制度支撑的基础。行政法院有两种,一种是在行政系统内,由行政专才兼法律通才的行政法官构成;一种是在司法系统内而非行政系统内,由司法法官组成。若是前一种,意味着自上而下自成体系,其特点是在组织、受案、审判方面不受行政区划约束,亦不受司法权制约,将有助于摆脱外部干预,可以较好地实现行政审判独立性和专业性有机结合的要求;但是,其须修改《宪法》和相关组织法,须培养熟知行政事务并精通诉讼事务的职业法官,难度很大,短期内难以期冀。若是后一种,行政法院不作为独立的系统,仍隶属于最高人民法院系统,这样也不必修改《宪法》和相关组织法,但是,其也是对我国现行法院体制的重大突破,须和整体司法制度改革相结合而协同推进。没有司法制度改革的大环境支撑,只能是大费周折却"换汤不换药"的"折腾"方案,到头来是"费了工夫,走了样子,重陷原来撕扯不开的各种干预网中而踯躅难行"。

其实,对行政审判的诸多干预,其原因并非在于《行政诉讼法》本身,因而为了避开地方政府对行政审判的干预而舍弃基层法院在行政审判中的地位和作用的制度设计理念是不可取的。此外,和交叉管辖一样,提级审判和设置行政法院的设想皆难免为相对人实现诉权设置不必要的距离障碍,却无法实现对现有制度进行优化的目的。并且,将本应是特殊情形下的应对之策作为一般管辖制度来建构的思维方式也是值得商榷的。[①]

我们应当确立这样一种基本共识:基层法院适于也应当承担第一审行政案件的一般管辖。要确保基层法院依法独立行使行政审判权,应当为其提供外部体制上的保障,将党委对法院人事任免的事实决定权,人大、政协对法院工作的监督权,行政机关对法院物资条件上的制约权,以及检察机关、纪检机关和

[①] 参见杨建顺著:《行政诉讼集中管辖的悖论及其克服》,载《行政法学研究》2014年第4期,第3—19页。

社会舆论对法院的监督等，全面而切实地纳入法定范围内，限定在法定方式和路径上，让各类监督更加科学，杜绝各类权力异化为对法院工作尤其是个案审判的干预权。另一方面，应当为法官身份提供切实的内部制度保障，尊重审判规律，完善法官的科学评价机制，使法官真正成为只尊重法律和良心，依法独立审理案件、决定案件的职业法律家。

(2013年8月13日，于中国人民大学明德法学楼研究室)

科学建构行政诉讼检察建议制度*

行政诉讼检察制度是行政诉讼法律制度的重要组成部分,而检察建议制度是行政诉讼检察制度的重要组成部分。1989年《行政诉讼法》没有就检察建议制度作出规定,所以,此次修法的一个很重要的任务,就是要科学建构行政诉讼检察建议制度。

应当对《行政诉讼法》进行修改,完善和发展检察院在行政诉讼中的职能作用,确保检察院对法院的检察权能够根据其自身属性和职能定位得到合理配置。关于对已经发生法律效力的判决、裁定提出抗诉的权力,应当予以加强,并对抗诉的相关程序予以细化充实。对此,理论界和实务界都不存在异论。但是,在检察建议的问题上,则存在较多不同认识。我最近参加"行政诉讼法修改座谈会"①,在听取与会检察官和法官分别发言后,更进一步认识到围绕该问题存在对立观点,认识到科学建构行政诉讼检察建议制度的必要性和重要性。

1989年《行政诉讼法》对检察监督设置了第10条和第64条,前者规定了全面监督、过程监督:"人民检察院有权对行政诉讼实行法律监督。"后者却规定了部分监督、结果监督:"人民检察院对人民法院已经发生法律效力的判决、裁定,发现违反法律、法规规定的,有权按照审判监督程序提出抗诉。"很显然,这种制度设计存在问题——"法律监督"具有无限开放性;而"提出抗诉"限于具体的结果对应性。针对总论规定和各论规定之间存在巨大落差、很不协调这种情况,理论界和实务界基本达成共识,认为应当通过修法予

---

* 参见杨建顺著:《科学建构行政诉讼检察建议制度》,载《检察日报》2014年7月9日第7版"建顺微思"。

① 2014年6月27日,我参加最高人民检察院举办的"行政诉讼法修改座谈会",并就检察监督的相关内容发言。参见本书收录的《关于〈行政诉讼法修正案(草案)〉的修改建议》。

以完善。检察院在行政诉讼中的"法律监督"作用，本不应当被限定为"提出抗诉"监督。①

第十二届全国人大常委会审议的《行政诉讼法修正案草案》虽然并没有采取广泛意义上的检察监督的主张，而是在维持总则规定的同时，采取对既有的各论中的法律监督程序进行细化的修法路径，但是，其明确规定了检察建议制度：地方各级检察院对同级法院已经发生法律效力的判决、裁定，发现有法定的法院应当再审的8种情形之一的，可以向同级法院提出检察建议，并报上级检察院备案；也可以提请上级检察院向同级法院提出抗诉。地方各级检察院对审判监督程序以外的其他审判程序中审判人员的违法行为，有权向同级法院提出检察建议。

这种修法路径，细化了现行法上的"审判监督程序"，为抗诉和检察建议发挥其应有的作用提供了程序保障，故而是值得肯定的。不过，将抗诉权仅赋予上级检察院的做法值得商榷。最高检察院对包括最高法院在内的各级法院，地方各级检察院对其同级及下级法院，都应当有提出抗诉权。这是由检察权的"法律监督"属性所决定的。行政诉讼中的检察权是一个完整的权力，由检察院对法院，通过对行政诉讼的裁判进行监督而发挥统制作用，而不应该受检察院或者法院系统内部级别的影响。在国家权力配置层面，同级机关相互之间的监督制约和均衡机制，是现代法治观念的内在要求。同级监督的制度设计，应当是既能提出检察建议，又能进行再审抗诉。

检察建议制度具有重要的意义和作用，应当进一步细化其对法院乃至对行政机关的约束力。对检察建议作出明确的制度安排，值得予以高度评价。但是，科学建构检察建议制度，尚需在方法论和价值取向上进一步完善。

---

① "应当在维持'有权对行政诉讼实行法律监督'规定的基础上，进一步细化抗诉监督的程序规范，强化抗诉监督的实效性，并全面而切实地增加过程监督的相关规定。法律监督的形式与行政诉讼的受案范围、原告资格等问题具有密切联系，须在对整个诉讼制度进行架构完善的基础上，考虑增加和充实检察监督的种类和方式。例如，为扭转起诉难的局面，宜为人民检察院支持起诉人向人民法院起诉作出相应的制度安排。为有效改变执行难等窘境，须明确对行政执法行为检察监督的权力架构，并重视检察建议制度的实效性，详细规定其要件、适用规则和效力规范。"张建升、贾小刚、杨建顺、邵世星、张步洪著：《行政诉讼法修改与行政检察监督职能的完善》，载《人民检察》2013年第3期，第45页。

首先，检察建议的对象范围应当比抗诉的对象范围更广泛，不应当将其限定在再审事项范围内。将检察建议进行与抗诉的对象范围相同的限定，是对检察建议的定位和作用没有准确把握的结果。

其次，检察建议不应当被限定为向同级法院发出。如果基于检察建议被采纳的机制安排考虑，这样设计也未尝不可，但是，应当确立检察院有权对上级、同级（此层级为该制度的主要着力点）及下级法院提出检察建议的基本理念。

再次，应当明确法院对检察建议的回应义务，无论是否予以采纳，都应当在合理的期限内予以回复；不予采纳的，则应当说明理由。

最后，应当完善检察建议自身的专业性和规范性。

总之，将检察建议纳入行政诉讼检察制度，使其成为重要组成部分，并确保其发挥应有的作用，这既是宪政理念和法治理念的内在要求，又是对中央关于加强检察机关法律监督工作要求的落实。

(2014 年 7 月 8 日，于中国人民大学明德法学楼研究室)

行政公益诉讼应当由法律个别设定*

行政诉讼的受案范围和审查对象具有极强的立法政策性，在不同国家和地区往往表现出不同特色，有的主要进行合法性审查附加一定的适当性审查，有的则仅限于合法性审查。但是，作为行政诉讼的最大共同性，是通过法院审查来担保行政法规范的实施。在这种意义上，只要是以违反行政法规范为理由，任何人都应当可以获得提起行政诉讼的原告资格。可是，不仅20多年前制定的《行政诉讼法》对行政公益诉讼未予规定，而且刚刚经第十二届全国人大常委会第6次会议初次审议的《中华人民共和国行政诉讼法修正案（草案）》（以下简称《修正案草案》）也未对行政公益诉讼作任何规定。① 我国在行政诉讼立法政策上的这种选择取舍是具有可责难性，还是具有可支持性？

朋友坚定地主张，《修正案草案》对行政公益诉讼采取不予涉及的做法是错误的，正确的做法应当是参考《中华人民共和国民事诉讼法修正案》关于环境公益诉讼的规定方法，在《行政诉讼法》中对行政公益诉讼制度作出规定，并进一步全面架构行政公益诉讼的机制和制度，明确检察机关、社会中介组织等作为行政公益诉讼原告的地位，唯有如此才能更好地实现公共利益。

我也主张应当在《行政诉讼法》中明确规定行政公益诉讼，所不同的是，我不主张在该法中全面架构行政公益诉讼的机制和制度，尤其是不赞成让检察

---

* 参见杨建顺著：《行政公益诉讼应当由法律个别设定》，载《检察日报》2014年4月2日第7版"建顺微思"。另外，参见杨建顺著：《〈行政诉讼法〉的修改与行政公益诉讼》，载《法律适用》2012年第11期；《诉讼法学、司法制度》2013年第2期全文转载（第17—26页）。

① 新《行政诉讼法》沿用了这种立场，未对行政公益诉讼作出任何规定。2015年7月1日，第十二届全国人大常委会第15次会议授权最高人民检察院在部分地区开展公益诉讼工作。试点近两年来，为建立具有中国特色、符合检察职能特点的公益诉讼制度积累了有益经验。试点期满后，如何推进行政公益诉讼制度建设，考验着立法者的智慧。对相关法律进行修改完善，就检察机关提起行政公益诉讼作出专门规定，我认为是上策。

机关来承担行政公益诉讼的原告角色。需要强调的是，应当重视行政公益诉讼，也要防止夸大行政公益诉讼的作用；为正确把握行政公益诉讼的定位，应当在《行政诉讼法》中予以基本制度规定，并确立以法律个别设定的基本原则，将作为客观诉讼的行政公益诉讼严格定位为主观诉讼的延伸和补充。

狭义上的行政公益诉讼，是指公民、法人或者其他组织，认为行政主体的作为或者不作为违法，对国家利益、社会公共利益或者他人利益造成侵害或者可能造成侵害，但对其自身合法权益并未构成或者不具有构成直接侵害之可能的，可以根据法律的规定向法院提起的行政诉讼。换言之，狭义上的行政公益诉讼明确地将追求个人利益保护的主观诉讼情形排除在外，原告只能以追求公共利益保护为直接目标，还必须与被诉行为或者不作为没有直接的利害关系。例如，因为"饱受大气污染之苦"而起诉市环保局，要求环保局依法履行治理大气污染职责并赔偿其损失万元的事例，并不是行政公益诉讼，而是一般的行政诉讼。无论是主观诉讼还是客观诉讼，其诉讼请求要最终获得法院支持，就应当有相关法规范依据。没有具体法规范规定作为依据的诉讼，无从对合法或者违法作出判断，更无从谈及纠正违法。

《修正案草案》保留了《行政诉讼法》关于"人民法院受理法律、法规规定可以提起诉讼的其他行政案件"的规定，虽然可以通过法解释将行政公益诉讼纳入其中，故而不具有太大的可责难性，但是，鉴于20多年来该条款从未被启用的现实，这种对理论界和实务界关于行政公益诉讼的呼声不作任何回应的做法是不可取的。正确的做法是，由作为基本法的《行政诉讼法》对相关行政公益诉讼的形态和运作规则尽可能地予以列举，将把握不准的留给其他"法律、法规规定"来个别设定，并授权司法解释跟进作出进一步详细的具有实操性的规定。这样，既可以解决缺乏法律授权而冠以行政公益诉讼之名的实践尴尬，又可以促成"法律、法规规定"条款的实效运作，真正实现"逐步扩大"受案范围，在依法保障公民、法人和其他组织诉讼权利的同时实现公共利益。

（2014年4月1日，于北京海淀世纪城寓所）

正确解释"行政主体资格",用好确认无效行政行为判决[*]

新《行政诉讼法》将于 2015 年 5 月 1 日起施行。修改《行政诉讼法》,体现了务实的价值追求,试图解决行政诉讼中的"三难"问题(立案难、审理难和执行难),并借鉴国内外理论研究成果,探索中国特色法治路径。新《行政诉讼法》从法律角度确立了中国特色确认无效行政行为判决制度,使"行政主体"这个学术概念也成为法律概念,形成一个很大亮点。

新《行政诉讼法》第 75 条规定:"行政行为有实施主体不具有行政主体资格或者没有依据等重大且明显违法情形,原告申请确认行政行为无效的,人民法院判决确认无效。"该规定明确了无效行政行为的判定标准——"重大且明显违法";对"重大且明显违法情形"进行举例——"行政行为有实施主体不具有行政主体资格……等"情形,或者"行政行为有……没有依据等"情形;设置了依申请启动机制——"原告申请确认";并为法院规定了作为义务——"判决确认无效"。乍看起来,该条的结构安排具有较强的逻辑性,也不乏可操作性。尤其是将学界长期争议的无效行政行为的判断标准确立下来,用"且"来连接"重大"违法和"明显"违法,有助于推进无效行政行为理论的发展,在尊重行政自身规律性的基础上,有效克服行政行为公定力理论的界限,以利益衡量论来推进法治行政原理。进而,规定"判决确认无效",不是"应当"也不是"可以",只赋予法院对"重大且明显违法情形"的要件确认裁量权,将效果裁量进行一义性限制。这体现了修改《行政诉讼法》解决

---

[*] 参见杨建顺著:《"行政主体资格"有待正确解释》,载《检察日报》2015 年 4 月 8 日第 7 版"若有所思"。全文转载于《今参考·政界》2015 年 5 月号。

"审理难"的问题意识。

对该条规定仔细进行规范分析,便会发现其存在逻辑上的瑕疵,可能会给行政主体论乃至刚建立的确认无效行政行为判决制度带来难题——当"行政行为有实施主体不具有行政主体资格……等"情形时,便构成"重大且明显违法情形",存在"原告申请确认"的话,法院便无其他选择,只能"判决确认无效"。这里的问题是,实施主体不具有行政主体资格时,并不一定构成"重大且明显违法情形",甚至也构不成一般违法。因为行政活动中难免存在大量委托。

中国行政法学界通说认为,行政主体,是指享有国家行政权,能以自己的名义行使行政权,并能独立地承担因此而产生的相应法律责任的组织。[①] 享有国家行政权的国家行政机关是最重要的行政主体,但是,行政机关并不等于行政主体。除行政机关外,一定的行政机构和社会组织,依照法定授权,也可以成为行政主体。虽然对"法定授权"尚存在不同观点,有法律法规授权说和法律法规规章授权说之分[②],但是,其中的"能以自己的名义行使行政权"并不意味着行政行为只能由行政主体亲自实施。除《行政许可法》明确规定依法"可以委托其他行政机关实施行政许可",受委托行政机关"不得再委托其他组织或者个人实施行政许可",故而合法的行政许可的实施主体必定具有行政主体资格外,在其他委托情形下则不一定。比如说,根据《行政强制法》规定,行政强制执行的代履行,行政机关可以"委托没有利害关系的第三人代履行",其实施主体可能并不具有行政主体资格。不能将行政行为实施主体不具有行政主体资格的一概确认为"重大且明显违法情形",也就不应当一概"判决确认无效"。是否判决确认无效,应当赋予法院以裁量判断的余地。在上述一义性规定未修改的情况下,将"实施主体不具有行政主体资格"解释为"实施主体不具有主体资格",就成为必要。

若能将上述解释理解为新《立法法》规定的审判工作中具体应用法律的

---

① 参见杨建顺著:《行政规制与权利保障》,中国人民大学出版社2007年版,第282页。
② 参见本书《完善授权法制,用好法律法规保留原则》一文的相关论述。

解释，那么，就可以由最高人民法院作出该解释；如果认为上述解释属于"法律解释权"的组成部分，则只能由全国人大常委会作出解释。总之，为切实用好确认无效行政行为判决，实现有效解决行政诉讼审理难等修法目的，应当正确解释有关"行政主体资格"的规定。

(2015年4月7日，于中国人民大学明德法学楼研究室)

落实法院改革纲要应当整备行政诉讼环境*

围绕建立具有中国特色的社会主义审判权力运行体系这一关键目标,《人民法院第四个五年改革纲要(2014—2018)》(以下简称《四五改革纲要》)针对8个重点领域,提出45项改革举措,让人们看到法院依法独立公正审判的曙光。《四五改革纲要》所列法院改革目标具有鼓舞人心、振奋士气的作用,故而值得予以高度评价,而要真正实现行政诉讼制度改革目标,则需要切实整备其内部环境和外部环境。

中国行政诉讼在实践中遇到"立案难、审理难、执行难"(以下简称"三难")等突出问题,某些地方法院不愿受理行政案件、不敢判决行政机关败诉、生效行政裁判不能得到有效执行。"三难"问题长期难以解决,其中最重要的原因被认为是所谓"司法行政化"和"法院地方化"。于是,围绕修改《行政诉讼法》而展开的相关讨论中,不乏推进法院改革、摆脱地方干扰,以解决行政诉讼"三难"困局的主张。尤其是党的十八届三中全会《全面深化改革决定》对深化司法改革作出全面部署后,理论界和实务界关于推进司法改革的共识得到进一步提升。

《四五改革纲要》是对《全面深化改革决定》所作部署的具体落实,其中亦有探索建立与行政区划适当分离的司法管辖制度等推进和深化司法改革的举措。但是,相关理解存在值得商榷的地方。提级管辖和指定管辖等管辖制度应当被定位为特殊管辖,其作用在于应对一般管辖法院不宜或者不能承担个别行政案件审理和裁判的特殊情况,而进行临时性补救。试图将"与行政区划适当分离的司法管辖制度"理解为"绝对"分离的一般管辖制度,尤其是以此

---

* 参见杨建顺著:《"让审理者裁判"须整备行政诉讼环境》,载《检察日报》2014年7月23日第7版"建顺微思"。

作为解决"三难"问题的良方妙药的观点是不可取的。因为这种制度架构并不能有效根除行政诉讼的体制障碍，与行政审判体制改革的长远目标相悖。①修改《行政诉讼法》，完善行政审判体制，有助于增强法院依法独立公正审理行政案件的能力，而要根除行政诉讼的体制障碍，则需要推进行政体制乃至党政体制的改革，真正确立尊重法院裁判的行政自律和政治自律的责任体系。

行政诉讼和《行政诉讼法》都有其客观的界限。只有客观认识应当和能够由《行政诉讼法》调整的对象范围，区分不宜或者无法由该法调整的对象范围，并充分认识行政诉讼所需要的配套制度，切实提供相关配套制度的支撑，才能让该法及行政诉讼制度发挥其应有的作用。推进和深化司法改革，需要有高度的政治智慧、科学的权力配置理论、丰富的制度建构经验，以及足够的使命感和责任心。在这方面，值得借鉴的是作为经典行政法学理论重要组成部分的司法权界限论。②

借鉴司法权界限论，有必要引入分层的理论。

首先，需要将政治问题和法律问题区分开来，将"法院的人事、财政乃至生存都控制在地方党、政手中的体制"问题分离出去，作为相关配套的政治体制和行政体制改革的问题来把握；

其次，应当将制度内问题和制度外问题区别开来，厘清不同层面、不同范围的不同问题，将法院改革事项与法律事项、法规事项等区别开来，并明确法院的规则制定权之范围；

再次，需要确认现行法规范和制度是否真的成为实现行政诉讼公平正义的障碍，做到充分利用现有资源，避免不必要的浪费；

最后，应当将修法问题限定在保护"法律上的利益"或者解决"法律上的争讼"，对例外考虑"事实问题"的情形予以明确规定。

要根除行政诉讼的体制障碍，解决行政审判在独立性和公正性方面存在的

---

① 参见杨建顺著：《行政诉讼集中管辖的悖论及其克服》，载《行政法学研究》2014年第4期，第3—19页。
② 参见杨建顺著：《日本行政法通论》，中国法制出版社1998年版，第59—61、776—777页；杨建顺著：《行政规制与权利保障》，中国人民大学出版社2007年版，第581、665、670页以下。

先天不足等问题，就应当在宪法和法律的框架下推进党政体制改革，科学界定行政诉讼和《行政诉讼法》的射程范围，让法院对应当且适于其审理和裁判的案件"说最后一句话"。正如《四五改革纲要》所指出的："让审理者裁判，由裁判者负责，是司法规律的客观要求。"应当尊重该客观要求，确立正确的方法论和科学的行政诉讼制度，使敬畏和尊重法院裁判成为党政机关及其成员的一种自觉和习惯。

(2014年7月22日，于中国人民大学明德法学楼研究室)

以典型案例为指导，实现房屋征收补偿的公平正义[*]

2014年8月29日下午，最高人民法院举行新闻通气会，发布了法院征收拆迁十大典型案例。这些案例中有5件涉及房屋征收补偿决定，2件涉及房屋征收决定，2件涉及房屋强制拆迁，1件涉及违法建筑拆除。可以说，此次"最高法集中发布拆迁民告官案件"典型案例，是最高人民法院深入推进司法改革创新的重要举措之一，反映出其"依法履行职责、统一裁判尺度、保障民生权益"的价值取向。

长期以来，人们听惯了房屋征收拆迁领域各类维权难的案件报道，甚至形成了法院撤销征收决定的情况并不多见的错觉。其实不尽然，在房屋征收拆迁案件中，法院的许多判决都是撤销行政行为，或者判决行政行为违法。无论是通过行政诉讼，还是通过对非诉行政执行案件的审查，法院在该领域对行政强制执行发挥了类似于安全阀的过滤作用，为实现房屋征收补偿的公平正义提供了重要保障。另一方面，由于房屋征收拆迁引起的行政争议往往涉及人数众多，当事人对自身诉求期望较高，行政主体在调处和应对过程中容易受重点工程等行政任务的束缚而忽视合理补偿问题，而法院同样难免以"服务大局"为名、行危害大局之实的一些错误观点和行为，不能充分发挥司法监督作用，有损法院公正形象。

在房屋征收拆迁补偿领域，关于强制执行的权力配置问题一直备受关注。2011年《国有土地上房屋征收与补偿条例》在对行政程序、补偿标准等进行规定的基础上，规定了行政机关申请人民法院强制执行制度："被征收人在法

---

[*] 参见杨建顺著：《法院要保障拆迁的公平正义》，载《法治周末》2014年9月2日。

定期限内不申请行政复议或者不提起行政诉讼，在补偿决定规定的期限内又不搬迁的，由作出房屋征收决定的市、县级人民政府依法申请人民法院强制执行。"（第28条第1款）同年制定的《行政强制法》第13条则规定："行政强制执行由法律设定。""法律没有规定行政机关强制执行的，作出行政决定的行政机关应当申请人民法院强制执行。"该规定承继了1989年《行政诉讼法》关于由行政机关申请人民法院强制执行或者依法强制执行的二元主体模式，但依然没有规定具体实施制度。《最高人民法院关于办理申请人民法院强制执行国有土地上房屋征收补偿决定案件若干问题的规定》（法释［2012］4号）对强拆的具体权力配置明确规定："人民法院裁定准予执行的，一般由作出征收补偿决定的市、县级人民政府组织实施，也可以由人民法院执行。"（第9条）后一种"也可以"，在实践中基本不适用。这样，在房屋征收补偿领域便确立了法院和行政机关之间的"裁执分离"制度模式，为该领域依法、合理并有效地行使职权提供了重要的制度支撑。

在房屋征收拆迁补偿领域，针对行政诉讼案件大幅增长的趋势，应当坚持依法行政，从源头上预防和化解行政争议；一旦发生行政争议，应当在强调穷尽行政救济原则的基础上，确保法院依法受理、审查和裁判。但是，由于结构性弊端而导致行政案件"立案难、审理难和执行难"等突出问题，有待通过修改《行政诉讼法》的一系列工作来解决外，要解决涉及多元、多样利益的房屋征收拆迁补偿领域的矛盾冲突，最主要的是要解决好补偿等工作，把握好公共利益与公民、法人和其他组织合法权益这两个法益的实现和均衡。然而，由于缺乏明确的裁量判断标准，实践中往往难以做到使各方利益得到实现，达至均衡，故而容易引发各方利益冲突，不仅行政主体依法行政，而且法院依法裁判，都需要建构科学合理且有实效的裁量判断基准。

最高人民法院自2011年12月20日发布第一批指导性案例以来，不断推进相关案例发布制度的完善，并推出案例月度发布制度以及裁判文书上网等一系列措施，有力促进了司法公开制度的发展。此次发布的典型案例，既有合法行政行为经法院审查后判决维持的，也有由于行政机关侵害当事人补偿方式选择权、强制执行乱作为等程序违法问题，或者行政机关核定评估标准低等实体违法问题以及在诉讼中怠于举证问题,导致行政行为被法院判决依法撤销或者确认违法的,还有拆除违建不到位等未依法履行职责被法院确认违法的。由最高人民法院明确宣示,以案释法、以案讲法,既有助于展示法院推进司法公开、追求司法公平正义的良好形象,亦能够让公众通过案例了解案件审理、事实认定和法律适用等情况,增强通过司法途径维权的信心,在目前涉及征收拆迁的案件数量保持持续增长的态势下,必将为今后相关工作提供指导和示范,推动司法权对征收拆迁等领域的不公及其所引发的一系列问题的解决。

(2013年9月2日,于中国人民大学明德法学楼研究室)

关于《行政诉讼法修正案(草案)》的修改建议*

一、总体评述

2009年,全国人大常委会法工委开始着手《中华人民共和国行政诉讼法》(以下简称《行政诉讼法》)的修改调研工作,采取到各地调研、旁听案件审理、阅卷、派人到行政审判一线蹲点以及召开各种类型的座谈会等多种路径和形式,广泛听取各方意见和建议,并与最高人民法院、国务院法制办等方面沟通协商、反复研究,在充分论证并取得基本共识的基础上,形成了《中华人民共和国行政诉讼法修正案(草案)》(以下简称《修正案草案》)。① 经第十二届全国人大常委会审议的该《修正案草案》,在对既有法律制度和实务经验进行全面总结和深入研究的基础上,注重突出重点问题,展示了《行政诉讼法》施行23年来将面临的第一次修改蓝图。其所采取的修改路径和所形成的修改内容,都是值得认真领会和仔细推敲的。

(一)修改路径的选择

1. 注重维护行政诉讼制度的权威性,摒弃"大修"等意见和建议,聚焦

---

* 本文是先后接受北京市法学会和中国法学会的委托而完成的专家建议,通过各种途径呈交立法部门并与学界相关专家进行了交流,但未正式发表。2014年1月13日提交北京市法学会;2014年1月16日参加中国法学会主办、中国行政法学研究会承办的"《行政诉讼法》立法研讨会",提交该研讨会;2014年2月21日参加中国人民大学法学院主办、中国人民大学宪政与行政法治研究中心和《法学家》杂志社承办的"'《行政诉讼法》修改'主题研讨会",提交该研讨会;2014年6月27日参加最高人民检察院举办的"行政诉讼法修改座谈会",就检察监督的相关内容发言。

① 参见信春鹰:《关于〈中华人民共和国行政诉讼法修正案(草案)〉的说明》(以下简称《修正案草案说明》)。

于现实中存在的"立案难、审理难、执行难"① 的突出问题,注意保持现行法②体系的基本框架和内容的延续性,强调依法保障公民、法人和其他组织的诉讼权利。

2. 坚持行政诉讼的基本原则,监督行政权依法行使,强调公民、法人和其他组织寻求司法救济的渠道畅通,保障法院依法独立行使审判权。这是宪政理念和法治行政理念的内在要求。将司法对行政的统制功能作为贯穿《修正案草案》整体内容的一条主线,构成一道独特的风景。

3. 坚持循序渐进,逐步完善,扩大原告适格却依然使用"具体行政行为",用"人身权和财产权"来框定"等合法权益",用列举加兜底的规定方法,沿用起诉不停止执行的原则,以及将法院一并审查的"抽象行政行为"限定为"规章以外的规范性文件",这些都体现了尊重既有制度、秩序和规则的可持续发展性,是法治原理在立法层面的体现,是立法技术成熟的体现。不过,没有采用已在司法解释中使用的"行政行为"这个概念,未将"人身权和财产权"的限定进行相应扩展,以及未将"规章"纳入一并审查的范畴等,还是值得商榷的。

4. 注重总结实践经验,把经实践证明的有益经验上升为法律,这种立法路径选择,为制度、秩序和规则价值的实现提供了坚实可靠的方法论。将相对人以及利害关系人纳入原告范畴,设立确认判决、驳回诉讼请求判决等裁判类型,皆是对司法解释既有规定的吸收和充实完善。另一方面,删去第九章"侵权赔偿责任",则是与《国家赔偿法》相衔接的体现。

(二) 修改内容的特色

《修正案草案》内容广泛且重点突出,体现了问题应对型的修改特色。

---

① 《修正案草案说明》。

② 如前所述,本文是作为修改《行政诉讼法》的专家建议稿而提交有关部门以及参加相关学术交流活动的,其中的"现行法"是指修改前的《行政诉讼法》。需要确认指出的是,其所讨论的对象是《行政诉讼法修正案(草案)》,而非修改后的《行政诉讼法》,即当时还没有形成新法和旧法之别,不宜用"旧法"或者"原法"来替换"现行法"这种用法,故而在编入本书时没有采用"原法"或者"旧法"的表述方法,而是保留了原来的"现行法"。此外,将本文的相关论述与修改后的《行政诉讼法》相关规定进行对照,将有助于发现进一步推进我国行政诉讼制度改革以及相关理论研究的视角和素材。这也是将作为立法建议稿的本文收录于本书的意义所在。

第一,为畅通行政诉讼立案,保障当事人诉权,明确法院和行政机关保障起诉权利的职责;扩大受案范围,将涉及土地、矿藏等自然资源的所有权或者使用权,农村土地承包经营权,支付最低生活保障待遇或者社会保险待遇等的纠纷,纳入受案范围;规定可以口头起诉;强化法院受理的程序约束,将指导和释明规定为法定职责;明确法院的相应责任,应对投诉,赋予上级法院以责令改正和对责任人员依法给予处分的权力。

第二,建立与行政区划适当分离的司法管辖制度,规定高级法院可以确定若干基层法院跨行政区域管辖第一审行政案件;对县级以上地方政府为被告的案件,由中级法院管辖。这样修改或许可以摆脱地方行政机关的干预,但是,由于舍弃基层法院管辖①,有悖于便民原则、经济原则和权力下沉的改革大方向,故而值得商榷。

第三,完善诉讼参加人制度,完善证据制度,明确被告逾期不举证的后果,明确原告的举证责任②,完善人民法院调取证据制度,明确证据的适用规则,并完善民事争议和行政争议交叉的处理机制。

尽可能将相关组织纳入被告范畴,这种价值取向值得肯定,但是,"前款所称行政机关,包括依照法律、法规授权作出具体行政行为的组织"③,这种规定方法易混淆既有概念,故而是不可取的。

第四,完善判决形式,以判决驳回原告诉讼请求代替维持判决,增加给付判决,确认违法或者无效判决,扩大变更判决范围,并增加简易程序,加强人民检察院对行政诉讼的监督。

第五,明确行政机关拒不履行判决、裁定、调解书的责任④,社会影响恶劣的,可以对该行政机关直接负责的主管人员和其他直接责任人员予以拘留,将拒绝履行判决、裁定、调解书的情况予以公告。

---

① 《修正案草案》同样确认了"基层法院受理一审行政案件"的一般级别管辖原则,但是,将中级法院的专属管辖从省级改为县级,实际上缩小了基层法院一般管辖的范围。
② 这同时也对应当如何理解"举证责任"提出了挑战。
③ 《修正案草案》第2条。
④ 坚持不得调解的原则可取,但是,对例外性地适用调解未作出明确规定,不能不说这是一个很大的遗憾。

(三) 进一步完善的期待

《修正案草案》在对既存"司法解释"的相关规定进行认定、吸纳和取舍的同时，如果能够对既有司法解释逐个、逐条地进行梳理，并分别作出扬弃取舍的明确规定，进而面向未来作出相应的授权或者限权规定，进一步明确授权"司法解释"制定创制性规则的权力①，则有助于在法律保留原则和能动司法之间取得平衡，充分拓展行政诉讼的制度空间，切实保障权利救济的实效性。起码应当明确司法解释的效力问题，否则，将会在理论和实务上产生困惑局面。② 这种授权规定的必要性和可行性分析，当是接下来需要认真对待的重要课题之一。③

行政诉讼制度是国家实行民主和法治，通过司法机关对行政行为等进行审查监督，对违法或者不当的行政行为等予以纠正，并对因其给相对人乃至利害关系人的权益造成的损害给予相应补救的法律制度。该制度的完善，需要实务界和理论界进行富有成效的意见交换和观点碰撞，包括与各相关部门之间进行协商和交换意见等，其相关过程也有必要遵循公开、透明、公正的程序，起码应当在《修正案草案说明》中说明对相关意见和建议的选择取舍情况，完善说明理由制度，注入宪政和法治行政理念。

此外，行政诉讼中的调解应当受到严格限制，行政公益诉讼也不宜扩大化，这些都是正确的价值取舍。但是，《修正案草案》对其没有任何涉及，则

---

① 与"凡属于法院审判工作中具体应用法律、法令的问题"（1981年6月10日《全国人民代表大会常务委员会关于加强法律解释工作的决议》第1条）相比较，在更广泛意义上的司法解释规则创制权。

② 如《最高人民法院关于执行〈中华人民共和国行政诉讼法〉若干问题的解释》（法释〔2000〕8号，以下简称《行诉法问题解释》）、《最高人民法院关于行政诉讼证据若干问题的规定》（法释〔2002〕21号）、《最高人民法院关于规范行政案件案由的通知》（法发〔2004〕2号）、《最高人民法院关于行政案件管辖若干问题的规定》（法释〔2008〕1号，以下简称《行政案件管辖规定》）和《最高人民法院关于行政诉讼撤诉若干问题的规定》（法释〔2008〕2号），乃至2009年《最高人民法院关于当前形势下做好行政审判工作的若干意见》等，其规定内容往往并非限于"法院审判工作中具体应用法律、法令的问题"。

③ 若从严格的法律保留原则出发，得出的结论当然是否定的。若能够严格践行法律保留原则，可以说这方面的授权是不可取的。为应对发展过程中的极个别的问题，可以进行严格规定适用要件的限制性授权。若权力机关不作为或者法律自身不作为的现状在相当长时期内无法改观，便应当承认、起码有限度地承认司法解释规则创制权。

是不可取的。就如同在极个别情况下应当承认审理行政案件适用调解一样，在主观诉讼难以达到目的的情况下，由法律明确规定某些特殊的客观诉讼，亦是宪政和法治行政原理的内在要求。建议增加相关规定。①

《修正案草案》的进一步完善，应当尽量充分地吸收理论界的诸多研究成果。

二、具体条款的修改建议

下面按照《修正案草案》的顺序，并结合《修正案草案说明》和现行法的规定，顺次对具体条款提出修改建议（以下，**黑体部分是评析和建议**）。

（一）将第一条修改为："为保证人民法院公正、及时审理行政案件，保护公民、法人和其他组织的合法权益，监督行政机关依法行使职权，根据宪法制定本法。"

将现行法"维护和监督"改为"监督"，强调了行政诉讼对于行政机关的主要作用是"监督"，而不是"维护"，这种理念上的价值取向是值得肯定的，但是，在客观作用层面，如此修改是没有必要的。如同在这里添加"解决行政争议"，同样是没有必要的一样。这是因为，"维护"的功能与"监督"的功能所指向的都是"依法行使职权"，是法治行政原理的内在要求，也是行政诉讼公益性的重要体现。行政案件的诉讼物是行政行为的合法性，撤销诉讼不一定可以直接与"解决行政争议"划等号。但是，无论监督还是维护，只要客观上实现了"依法行使职权"，也就保护了公民、法人和其他组织的合法权益，故而是最终"解决行政争议"的前提和保障。

（二）第二条增加一款，作为第二款："前款所称行政机关，包括依照法律、法规授权作出具体行政行为的组织。"

如前所述，这种规定方法是不可取的，建议删除，并对现行法第 2 条进一步完善。

行政诉讼的被告不限于行政机关，须在此之外附加相关信息；行政行为只

---

① 参见杨建顺著：《〈行诉法〉的修改与行政公益诉讼》，载《法律适用》2012 年第 11 期。

能由行政主体作出,行政机关工作人员不可能作出行政行为,故而须删除"和行政机关工作人员"的表述。也就是说,应当对现行法第2条进行缜密化表述,让与行政诉讼的诉权相关的各要素得以最大限度明确。

这是立法技术的问题,也是立法观念的问题,须引起有关方面的足够重视。

从立法技术层面来说,日本法上的"等"字使用法值得借鉴,即在某个概念为主要指向但不能穷尽所规定内容时,为了避免将所有内容罗列出来而导致表述上的繁琐,采取列举核心概念加"等"字的表述方式。这种规定方法在立法技术上有两方面优点:表述简洁,指向全面,不至于导致概念上的混淆;为将来拓展留有余地。

从立法观念层面来说,立法部门应当重视学界长期以来的研究成果,真正实行民主立法、科学立法。关于行政主体、行政行为的理论研究,学界虽有不同表述和理解,但经典行政法理论关于行政主体、行政行为的阐述,值得认真学习和借鉴。同时,应当重视行政诉讼实务中的做法,切实总结、吸纳好的经验。在这方面,《行诉法问题解释》使用了"具有国家行政职权的机关和组织及其工作人员的行政行为"这种表述方法,值得借鉴。囿于《行政诉讼法》使用"具体行政行为"概念,《行诉法问题解释》将"行政行为"和"具体行政行为"混用,呈现出摇摆困惑的状态。《行政诉讼法》的修改,应当在概念界定的科学化上向前迈进一步,以"行政行为"替代"具体行政行为"。以下有关"具体行政行为"的表述,皆应当改为"行政行为"。

值得强调指出的是,无论基于何种理由,将非行政机关包括在"行政机关"的概念之中,这种混淆概念、破坏既有理论体系、冲击既有实定法规范的做法,是与科学立法格格不入的,故而是必须彻底戒除的。

(三)增加一条,作为第三条:"人民法院应当保障公民、法人或者其他组织的起诉权利,对应当受理的行政案件依法受理。""行政机关不得干预、阻碍人民法院受理行政案件。被诉行政机关应当依法应诉。"

从宪政和法治行政原理来看,这样的规定本是没有必要的。因为,(1)法律规定了受理行政案件的条件和程序,人民法院"对应当受理的"自然应当受理,其受理自然是"依法受理";对不符合条件和程序的即不应当受理的不予受理,也是"依法受理"的内在要求。(2)行政机关和人民法院相互之间各有法定职责,宪政理念强调各机关之间的制约均衡功能,自然不允许某一机关干预、阻碍另一机关行使其法定职责;行政机关依法应诉也是宪政和法治行政原理的内在要求,是司法权对行政权进行统制的必要前提条件和基础支撑。

但是,鉴于应对"立案难"的现实需要,这样规定似乎有其必要性和可支持性,是未尝不可、无可厚非的。当然,这里对行政机关的要求,若能进一步拓展至其他主体,那么,在解决行政诉讼"立案难"的现实问题上,或许其实效性更值得期待。

(四)将第十一条改为第十二条,第一款修改为:"人民法院受理公民、法人或者其他组织提起的下列诉讼:(一)对行政拘留、暂扣或者吊销许可证和执照、责令停产停业、没收违法所得、没收非法财物、罚款、警告等行政处罚不服的;(二)对限制人身自由或者对财产的查封、扣押、冻结等行政强制措施和行政强制执行不服的;(三)申请行政许可,行政机关拒绝或者不予答复,或者对准予、变更、延续、撤销、撤回、注销行政许可等决定不服的;(四)申请行政机关履行保护人身权、财产权等合法权益的法定职责,行政机关拒绝履行或者不予答复的;(五)认为行政机关侵犯其依法享有的土地、矿藏、水流、森林、山岭、草原、荒地、滩涂、海域等自然资源的所有权或者使用权的;(六)认为行政机关侵犯其经营自主权或者农村土地承包经营权的;(七)认为行政机关滥用行政权力排除或者限制竞争的;(八)认为行政机关违法集资、征收征用财产、摊派费用或者违法要求履行其他义务的;(九)认为行政机关没有依法发给抚恤金或者支付最低生活保障待遇、社会保险待遇的;(十)认为行政机关侵犯其他人身权、财产权等合法权益的。"

对肯定性的受案范围,采取这种列举加概括的规定方法,值得肯定。还有两点值得商榷:(1)所列举的事项似乎还可拓展,例如劳动权、受教育权等;(2)兜底规定宜进一步拓展,将"认为行政机关侵犯其他人身权、财产权等合法权益的"简约为"认为行政机关侵犯其他合法权益的",与第2条"合法权益"相呼应,使拓展可能性摆脱"人身权、财产权等"的路径依赖。

(五)增加两条,作为第十四条、第六十六条:

"第十四条 公民、法人或者其他组织认为具体行政行为所依据的国务院部门和地方人民政府及其部门制定的规章以外的规范性文件不合法,在对具体行政行为提起诉讼时,可以一并请求对该规范性文件进行审查。"

"第六十六条 人民法院在审理行政案件中,发现本法第十四条规定的规范性文件不合法的,不作为认定具体行政行为合法的依据,并应当转送有权机关依法处理。"

"规范性文件"的用法,须与现行《中华人民共和国行政复议法》(以下简称《行政复议法》)第7条的"规定"相协调。这是法制统一原则的内在要求。

既然将其一并审查对象限定为"规范性文件",那么,在规定"并应当转送有权机关依法处理"之外,宜作出相应的处分性规定,赋予法院一定的直接处理判断权。

或者将一并审查对象扩展至"规章",对"规章"则可适用这种"转送有权机关依法处理"的制度安排。

(六)将第十三条改为第十六条,增加一款,作为第二款:"高级人民法院可以确定若干基层人民法院跨行政区域管辖第一审行政案件。"

维持了现行法上"基层人民法院管辖第一审行政案件"的一般级别管辖制度,摒弃了中级法院基本管辖制或者巡回法院管辖制等主张,这种做法值得肯定。

所增加的第二款授权规定很有必要。为确保该指定管辖或者异地管辖制度充分发挥其应有的作用而不被滥用,宜进一步规定相应的适用条件,起码应当有原则性、方向性的规定。换言之,这里需要为避免例外的特别管辖制度取代"基层人民法院管辖第一审行政案件"的一般级别管辖制度中本来应有的"辖区"地域管辖,而设置相应的原则或者条件限制。同时,和后述中级法院等专属管辖规定相关联,需要明确"基层人民法院管辖第一审行政案件"的一般级别管辖制度是优先管辖而不是剩余管辖。

（七）将第十四条改为第十七条，修改为："中级人民法院管辖下列第一审行政案件：（一）专利、商标确权案件以及海关处理的案件；（二）对国务院各部门或者县级以上地方人民政府所作的具体行政行为提起诉讼的案件；（三）本辖区内重大、复杂的案件。"

将中级人民法院管辖第一审行政案件从现行法上的省级人民政府降为"县级以上地方人民政府"，如前所述，或许有助于抑制地方干预，却难免违反便民原则、经济原则和权力下沉的改革方向之嫌。故而值得商榷。

从管辖制度改革与排除地方干扰的角度考虑，改革审级制度设置，变二审终审制为三审终审制，或许具有更高的必要性和可行性。此外，着眼于指导性案例制度和判例制度的发展方向，也应当尽量让高级法院甚至最高法院直接审理行政案件，通过法院系统审级制度的完善，实现审判权力的合理配置及与其他权力的必要制衡。这应当是避免实行中级法院一般管辖制甚至设立行政法院等建议将必然伴随的全局颠覆性制度变革风险的最佳途径。

（八）将第二十条改为第二十三条，修改为："两个以上人民法院都有管辖权的案件，原告可以选择其中一个人民法院提起诉讼。原告向两个以上有管辖权的人民法院提起诉讼的，由最先立案的人民法院管辖。"

从"最先收到起诉状的"改为"最先立案的"，更有利于明确管辖并确保诉权。这种修改值得肯定。

（九）将第二十三条改为第二十六条，修改为："上级人民法院有权审理下级人民法院管辖的第一审行政案件。""下级人民法院对其管辖的第一审行政案件，认为需要由上级人民法院审理或者指定管辖的，可以报请上级人民法院决定。"

将"审判"改为"审理"，将从上而下移交管辖权的内容删除，这样修改有助于厘清上下级法院的管辖权，与提级管辖的价值取向相一致，值得肯定。

但是，从权力下沉的改革方向来看，结合前述"基层人民法院管辖第一审行政案件"的一般级别管辖制度的宗旨，这种修改值得商榷。从管辖权的转移之本质来看，它是一般层级管辖权的例外处理，完全可以归为立法政策问题，故而可以不予讨论。而从合理配置审判权力的角度来考虑，双向的转移或许更有助于较好地应对相关例外情形。故而应当对这种政策取舍再斟酌。

（十）将第二十四条改为第二十七条，第一款修改为："具体行政行为的相对人以及其他与具体行政行为有利害关系的公民、法人或者其他组织，有权作为原告提起诉讼。"

将利害关系人纳入原告范畴，是对《行诉法问题解释》既有规定的肯定和吸纳，值得肯定。

此外，如前所述，对客观诉讼及其原告适格也应当予以基本制度和基本原则的规定。

（十一）将第二十五条改为第二十八条，增加一款，作为第三款："复议机关在法定期限内未作出复议决定，公民、法人或者其他组织起诉原具体行政行为的，作出原具体行政行为的行政机关是被告；起诉复议机关不作为的，复议机关是被告。"

将第四款改为第五款，修改为："行政机关委托的组织所作的具体行政行为，委托的行政机关是被告。"

将第五款改为第六款，修改为："行政机关被撤销或者职权变更的，继续行使其职权的行政机关是被告。"

上述修改值得肯定。

不过，关于经行政复议的案件，仅规定行政复议机关不作为情形下的被告选择权，却没有就复议机关维持或者改变原具体行政行为情形下的被告确定问题对现行法作出修改，对学界争议的一大焦点没有任何回应，《修正案草案说明》也没有相应的说明。目前这种制度安排，在实务层面到底存在哪些问题？理论上应然的划分到底应坚持怎样的标准？围绕经行政复议案件的被告适格问题，依然将是一大争议点。

（十二）增加一条，作为第三十条："当事人一方人数众多的共同诉讼，可以由当事人推选代表人进行诉讼。代表人的诉讼行为对其所代表的当事人发生效力，但代表人变更、放弃诉讼请求，必须经被代表的当事人同意。"

该规定很必要。宜进一步规定相关程序和处理规则。

例如，"可以由当事人推选代表人进行诉讼"，这显然是规定了一种选择机制。那么，选择权在谁？作为其构成要件的"当事人一方人数众多"的判断标准应当如何把握？要确保该机制有效运作，须进一步确立相关程序和处理规则。作为基本法的《行政诉讼法》不予明确规定，接下来是否作为"司法解释规定事项"处理？具体来说，包括《行政案件管辖规定》所列举的"社会影响重大的共同诉讼、集团诉讼案件"的判断取舍标准和程序等，都有待进一步完善。

（十三）将第二十七条改为第三十一条，修改为："公民、法人或者其他组织同被诉具体行政行为有利害关系但没有提起诉讼，或者同案件处理结果有利害关系的，可以作为第三人申请参加诉讼，或者由人民法院通知参加诉讼。""人民法院判决承担义务的第三人，有权依法提起上诉。"

该规定特别强调"第三人"身份，有助于权利义务关系明确。

（十四）将第二十九条改为第三十三条，第二款修改为："下列人员可以被委托为诉讼代理人：（一）律师、基层法律服务工作者；（二）当事人的近亲属或者工作人员；（三）当事人所在社区、单位以及有关社会团体推荐的公民。"

诉讼代理人制度的相关程序制度建构，似有必要进一步加强。

另外，"当事人的近亲属或者工作人员"，对这种限定之必要性，值得商榷。如果说对被告的诉讼代理人予以限定是与法治行政原理的内在要求相吻合的，那么，对原告的诉讼代理人进行限定便没有什么道理了。其"近亲属"当然应当是适格者，其他公民也应当具有接受委托的资格。

（十五）将第三十条改为第三十四条，修改为："代理诉讼的律师，可以依照规定查阅、复制本案有关材料，可以向有关组织和公民调查，收集证据。对涉及国家秘密、商业秘密和个人隐私的材料，应当依照法律规定保密。""经人民法院许可，当事人和其他诉讼代理人可以查阅、复制本案庭审材料，但涉及国家秘密、商业秘密和个人隐私的除外。"

将"查阅本案有关材料"改为"查阅、复制本案有关材料"，将"国家秘密和个人隐私"改为"国家秘密、商业秘密和个人隐私"，上述修改值得肯定。

有必要斟酌的是后者的表述方式。作为但书的表述，建议将"但涉及国家秘密、商业秘密和个人隐私的除外"改为"但是，涉及国家秘密、商业秘密和个人隐私的除外"。其他相关条款中的但书，建议也作同样修改。

（十六）将第三十一条改为第三十五条，第一款修改为："证据包括：（一）书证；（二）物证；（三）视听资料；（四）电子数据；（五）证人证言；（六）当事人的陈述；（七）鉴定意见；（八）勘验笔录、现场笔录。"

增加"电子数据"证据，适应信息时代发展形势，值得肯定。

（十七）将第三十二条改为第三十六条，增加一款，作为第二款："被告不提供或者无正当理由逾期提供证据，视为没有相应证据。但是，被诉具体行政行为涉及第三人合法权益，第三人提供证据或者人民法院依法调取证据的除外。"

该规定符合事物本身的客观规律，有助于敦促被告及时提供证据，注重复效性和利益均衡论，值得肯定。此外，本款的但书表述方式亦值得肯定。

（十八）将第三十三条改为第三十七条，修改为："在诉讼过程中，被告及其诉讼代理人不得自行向原告、第三人和证人收集证据。"

将"被告"改为"被告及其诉讼代理人"，将"原告和证人"扩展至"原告、第三人和证人"，有助于进一步推进行政过程中证据制度的完善。值得肯定。

（十九）增加三条，作为第三十八条、第三十九条、第四十条：

"第三十八条　有下列情形之一，经人民法院准许，被告可以补充证据：

"（一）被告在作出具体行政行为时已经收集了证据，但因不可抗力等正当事由不能提供的；

"（二）原告或者第三人提出了其在行政处理程序中没有提出的理由或者证据的。

"第三十九条　原告可以提供证明具体行政行为违法的证据。原告提供的证据不成立的，不免除被告的举证责任。

"第四十条　在起诉被告未履行法定职责的案件中，原告应当提供其向被告提出申请的证据。但有下列情形之一的除外：

"（一）被告应当依职权主动履行法定职责的；

"（二）原告因正当理由不能提供证据的。

"在行政赔偿和行政机关依法给予补偿的案件中，原告应当对具体行政行为造成的损害提供证据。因被告的原因导致原告无法举证的，由被告承担举证责任。"

上述3条规定，值得肯定。

其中，"行政机关依法给予补偿的案件"这种表述方法值得商榷。"行政补偿""行政上的补偿"与"行政赔偿""行政上的赔偿"相对应，简洁用词，并无不当。没有理由特地表述为"行政机关依法给予补偿"。

尤其值得商榷的是，"行政机关依法给予补偿的案件"这种表述似乎已经将补偿的合法性予以肯定，有未审先定之嫌。既然是"依法给予补偿"，其所涉及的只剩下合理与否的问题，而这类问题往往是不宜由法院来具体裁判取舍的。所以，此类表述应当修改。若要坚持这种表述方式，则宜在《修正案草案说明》中阐明其理由和依据，起码应当予以限定性解释。

（二十）将第三十四条改为二条，作为第四十一条、第四十二条，修改为：

"第四十一条　人民法院有权要求当事人提供或者补充证据。

"第四十二条　人民法院有权向有关行政机关以及其他组织、公民调取证据。但是，不得为证明具体行政行为的合法性调取被告作出具体行政行为时未收集的证据。"

作为原则性规定，上述拆分和修改，皆值得肯定。但是，有必要对事情判决制度下的证据规则的例外情形作出明确规定。

（二十一）增加一条，作为第四十三条："与本案有关的下列证据，原告或者第三人不能自行收集的，可以申请人民法院调取：

"（一）由国家机关保存而须由人民法院调取的证据；

"（二）涉及国家秘密、商业秘密和个人隐私的证据；

"（三）确因客观原因不能自行收集的其他证据。"

增加的这条内容值得肯定，同时，宜进一步对相关的判断主体、标准和程序等作出明确规定，并且，还应在权利救济与保障上有应对措施。

（二十二）增加一条，作为第四十五条："证据应当在法庭上出示，并由当事人互相质证。对涉及国家秘密、商业秘密和个人隐私的证据，不得在公开开庭时出示。""人民法院应当按照法定程序，全面、客观地审查核实证据。对未采纳的证据应当说明理由。""以非法手段取得的证据，不得作为认定案件事实的根据。"

增加的这条内容值得肯定，同时，对"涉及国家秘密、商业秘密和个人隐私的证据"应当设定 in camera 之类的处理制度，对"说明理由"的机制应当进一步细化，对"非法手段取得的证据"的确认和排除标准和程序应当进一步充实。

在兼顾公开和保密两重价值之际，尤其需要强调为"应当按照法定程序"的"法定"划定内涵和外延。

（二十三）增加一条，作为第四十九条："公民、法人或者其他组织申请行政机关履行保护其人身权、财产权等合法权益的法定职责，行政机关在接到申请之日起两个月内不履行的，公民、法人或者其他组织可以向人民法院提起诉讼。法律、法规对行政机关履行职责的期限另有规定的，从其规定。""公民、法人或者其他组织在紧急情况下请求行政机关履行保护其人身权、财产权等合法权益的法定职责，行政机关不履行的，起诉期限不受前款规定的限制。"

增加的这条内容的价值取向值得肯定，但是，为避免该规定沦为阻碍公民、法人或者其他组织实现诉权的口实，其内容本身值得认真商榷。

其一，"接到申请之日起两个月内不履行的"，才可以提起诉讼，这无异于在时间上授予行政机关履行法定职责以过于宽泛的"自由裁量权"。不宜！总体上说，期限应当缩短。

其二，对"法规"的规定设置优先于本法规定的适用权，法理上不顺。从科学架构该机制的角度考虑，应当在适当分类的基础上考虑灵活运用。在这层意义上，不仅"法规"，而且"规章"甚至"其他规范性文件"都可以成为期限设定的法依据。但是，这种授权性规定须有相应的条件等限制。例如，对超过本法所规定期限的情形，还是应当以本法规定为准。[①]

---

① 参见《行政复议法》第 9 条规定："但是法律规定的申请期限超过六十日的除外。"

其三，对"在紧急情况下"的构成要件等应有所规定。

考虑到未来对诉讼类型的科学架构，从督促行政机关及时履行保护其人身权、财产权等合法权益的法定职责的角度考虑，此类诉讼更不宜受同意的期限拘束。换言之，从行政机关受理其申请之日、甚至从提出申请之日起，就应当可以行使诉权。所以，作为阶段性的制度安排，为诉权行使设置相应的始期，宜在《修正案草案说明》中予以必要的理由说明。

（二十四）将第四十条改为第五十条，修改为："公民、法人或者其他组织因不可抗力或者其他不属于当事人自身的原因超过起诉期限的，被耽误的时间不计算在起诉期限内。因人身自由受限制而不能提起诉讼的，人身自由受限制的时间不计算在起诉期限内。""公民、法人或者其他组织因其他特殊情况耽误起诉期限的，在障碍消除后的十日内，可以申请延长期限，是否准许由人民法院决定。"

对现行法关于除斥期间（起诉期限）的例外规定进行细化，值得肯定。

若能对"由人民法院决定"的相关机制作出进一步规定，则更佳。

（二十五）增加二条，作为第五十一条、第五十二条：

"第五十一条 起诉应当向人民法院递交起诉状，并按照被告人数提出副本。""书写起诉状确有困难的，可以口头起诉，由人民法院记入笔录，出具注明日期的书面凭证，并告知对方当事人。"

"第五十二条 人民法院应当在接到起诉状时当场予以登记，并出具注明日期的书面凭证。起诉状内容欠缺或者有其他错误的，应当给予指导和释明，并一次性告知当事人补正。不得未经指导和释明即以起诉不符合条件为由不受理。""对于不接收起诉状、接收起诉状后不出具书面凭证，以及不一次性告知当事人补正起诉状内容的，当事人可以向上级人民法院投诉，上级人民法院应当责令改正，并对直接负责的主管人员和其他直接责任人员依法给予处分。"

在确认起诉状基本制度的同时，承认口头起诉的例外情形，对于畅通"入口"、确保诉权，具有重要意义。

将"指导和释明""一次性告知当事人补正"作为职责和义务加以明确规

定，而且作为法定程序的重要一环来构成，并辅之以"投诉""责令改正"和"给予处分"等措施，这将有助于消解起诉难。

不过，审判正义在很大程度上依赖于法院审级程序机制的严密架构和有效运作，而将"投诉"和"处分"作为解决起诉难或者受理难的保障措施，则是需要特别慎重的。毕竟，"责令改正"和"给予处分"在一定程度上会增添法院系统的行政色彩，如何避免其成为法院行政化的助推器，须在相关标准、程序的完善上下工夫。

（二十六）将第四十一条改为第五十三条，第一项修改为："原告是符合本法第二十七条规定的公民、法人或者其他组织"。

此修改内容很有必要。

同时，对第 27 条和第 2 条的协调处理，在表述上亦应进一步斟酌。

（二十七）将第四十二条改为第五十四条，修改为："起诉符合本法第五十三条规定的，人民法院应当在接到起诉状或者口头起诉之日起七日内立案，并通知当事人；不符合起诉条件的，应当在七日内作出裁定书，不予受理。裁定书应当载明不予受理的理由。原告对裁定不服的，可以提起上诉。""人民法院在七日内既不立案，又不作出裁定书的，当事人可以向上一级人民法院起诉。上一级人民法院认为符合起诉条件的，应当立案、审理，也可以指定其他下级人民法院立案、审理。"

对现行规定进行细化完善，值得肯定。不过，"人民法院在七日内既不立案，又不作出裁定书的，当事人可以向上一级人民法院起诉。"这样会与一般管辖制度形成冲突，故而应当对具体程序作出进一步明确规定。

（二十八）将第七章分为五节，增加节名，规定："第一节　一般规定"，内容为第五十五条至第六十六条；"第二节　第一审普通程序"，内容为第六十七条至第七十八条；"第三节　简易程序"，内容为第七十九条、第八十条；"第四节　第二审程序"，内容为第八十一条至第八十五条；"第五节　审判监督程序"，内容为第八十六条至第八十九条。

这种对审理和判决的细化，结构体系完整，层次安排合理。

（二十九）将第四十三条改为第六十七条，第一款修改为："人民法院应当在立案之日起五日内,将起诉状副本发送被告。被告应当在收到起诉状副本之日起十五日内向人民法院提交作出具体行政行为的证据和所依据的规范性文件,并提出答辩状。人民法院应当在收到答辩状之日起五日内,将答辩状副本发送原告。"

将被告"向人民法院提交作出具体行政行为的证据和所依据的规范性文件"的期限从现行法规定的 10 日延长为 15 日,有助于被告更好地应诉,这样规定似乎可取。

但是,从促进依法行政的角度看,并不一定是可取的措施。因为只要在行政过程中坚持依法行政,那么,其"作出具体行政行为的证据和所依据的规范性文件"自然应当尽收卷宗,向法院提交自然无须太多时间。在这层意义上,延长为 15 日的做法不可取。

(三十)将第四十四条改为第五十八条,修改为:"诉讼期间,不停止具体行政行为的执行。但有下列情形之一的,裁定停止具体行政行为的执行:(一)被告认为需要停止执行的;(二)原告或者利害关系人申请停止执行,人民法院认为该具体行政行为的执行会造成难以弥补的损失,并且停止执行不损害国家利益、社会公共利益的;(三)人民法院认为该具体行政行为的执行将会给国家利益、社会公共利益造成重大损害的;(四)法律、法规规定停止执行的。当事人对停止执行或者不停止执行的裁定不服的,可以申请复议一次。"

摒弃了关于应当确立争议停止执行之原则的主张,坚持现行法上诉讼不停止执行的原则,并在停止执行的构成要件上进行细化,较好地吸纳了理论研究成果和实务中积累的经验,并进而设置了"可以申请复议一次"的有限度救济途径。这种规定方法体现了修法方法论中的法治思维和法治方式,故而值得充分肯定。

(三十一)将第四十五条改为第五十五条,增加一款,作为第二款:"涉及商业秘密的案件,当事人申请不公开审理的,可以不公开审理。"

增设的一款,将"当事人申请"作为对涉及商业秘密的案件进行不公开审理例外处理的适用要件,这种规定具有更强的可操作性,而且规定"可以不公开审理",将裁量判断权赋予法院,可以确保与公共利益和其他利益进行均衡判断。此类规定也将有助于诉讼类型法制化的推进。

(三十二)增加一条,作为第五十九条:"人民法院对起诉行政机关没有依法发给抚恤金、最低生活保障费和支付工伤、医疗社会保险金案件,权利义务关系明确、不先予执行将严重影响原告生活的,可以根据原告的申请,裁定先予执行。""当事人对先予执行裁定不服的,可以申请复议一次。复议期间不停止裁定的执行。"

该规定尊重给付行政法原理,也是对诉讼不停止执行原则的例外情形的一种补充,使先予执行制度更趋完善,尤其是增设"可以申请复议一次"的救济机制,使正当程序理念得以较好体现。

(三十三)将第四十八条改为第六十条,修改为:"经人民法院传票传唤,原告无正当理由拒不到庭,或者未经法庭许可中途退庭的,可以按照撤诉处理;被告无正当理由拒不到庭,或者未经法庭许可中途退庭的,可以缺席判决。"

以"传票传唤"替代现行法的"两次合法传唤",强调了法院传唤的权威性;增加"未经法庭许可中途退庭的"情形,凸显了法庭秩序的严肃性。上述修改内容值得全面肯定。

(三十四)将第四十九条改为第六十一条,修改为:"诉讼参与人或者其他人有下列行为之一的,人民法院可以根据情节轻重,予以训诫、责令具结悔过或者处一万元以下的罚款、十五日以下的拘留;构成犯罪的,依法追究刑事责任:(一)有义务协助调查、执行的人,对人民法院的协助调查决定、协助执行通知书,无故推拖、拒绝或者妨碍执行的;(二)被告经传票传唤无正当理由拒不到庭,或者未经法庭许可中途退庭的;(三)伪造、隐藏、毁灭证据,妨碍人民法院审理案件的;(四)指使、贿买、胁迫他人作伪证或者威胁、阻止证人作证的;(五)隐藏、转移、变卖、毁损已被查封、扣押、冻结的财产的;(六)以暴力、威胁或者其他方法阻碍人民法院工作人员执行职务或者扰乱人民法院工作秩序的;(七)对人民法院工作人员、诉讼参与人、协助执行人侮辱、诽谤、诬陷、殴打或者打击报复的。""人民法院对有前款规定的行为之一的单位，可以对其主要负责人或者直接责任人员依照前款规定予以罚款、拘留；构成犯罪的，依法追究刑事责任。""罚款、拘留须经人民法院院长批准。当事人不服的，可以向上一级人民法院申请复议一次。复议期间不停止执行。"

上面所列处罚形式，除了单处之外，亦可考虑并处，尤其是"罚款"可以和其他惩处方式合并使用。并且，"予以训诫、责令具结悔过或者处一万元以下的罚款、十五日以下的拘留"之中的"或者"所指选择项容易引起误解，建议予以进一步明确。建议对各项所列情形认真斟酌，对与之对应的惩处措施予以进一步细化。

（三十五）将第五十条改为第六十二条，修改为："人民法院审理行政案件，不适用调解。但是，行政赔偿和行政机关依法给予补偿的案件除外。"

摒弃关于确立行政诉讼应当调解之原则的相关主张，坚持现行法上不适用调解的原则，体现了对行政诉讼自身规律性的尊重，体现了立法者敢于担当的精神。值得肯定和称赞。

但是，对行政诉讼中除了行政赔偿和行政补偿的案件①应当适用调解的外，还有极小部分行政案件应当适用调解的情形不予规定，对理论界的相关研究成果不予吸纳，值得商榷。

（三十六）增加一条，作为第六十三条："在行政诉讼中，当事人申请一并解决因具体行政行为影响民事权利义务关系引起的民事争议的，人民法院可以一并审理。人民法院决定一并审理的，当事人不得对该民事争议再提起民事诉讼。""当事人对行政机关就民事争议所作的裁决不服提起行政诉讼的，人民法院依申请可以对民事争议一并审理。""在行政诉讼中，人民法院认为该行政案件审理需以民事诉讼的裁判为依据的，裁定中止行政诉讼。"

确立对民事争议的一并审理机制，明确规定"人民法院决定一并审理的，当事人不得对该民事争议再提起民事诉讼"，这有助于克服行政附带民事诉讼或者行政、民事交叉案件审理在制度安排上的困境，避免重复浪费司法资源，

---

① 如前所述，将其表述为"行政机关依法给予补偿的案件"，不妥。

实现案结事了。作为对现实中提出课题的回应，该规定值得肯定。

但是，其中的依当事人申请机制和"法院可以一并审理"的选择机制之架构，对于该类案件的有效处理来说，或许还不够充分。建议在这方面更多吸纳相关理论研究成果。①

（三十七）将第五十三条改为第六十五条第三款，修改为："人民法院审理行政案件，参照规章；认为规章之间不一致的，由最高人民法院送请国务院作出裁决。"

将现行法关于"规章"的表述进行简化处理，体现了对理论研究成果和实务经验的吸纳；省去了送请解释制度，保留了送请裁决制度，这样规定有助于制度的延续性。

但是，对于这种"送请"制度的实效性，似乎需要相应的机制或者运作规则来支撑。进一步说，与受案范围中将"规范性文件"作为一并审查对象过于狭窄的判断相联系，在这里可以更推进一步。这一步如果能大一些，可以将规章全部纳入一并审查之列；如果只能迈出较小的一步，则可以明确规定对某些层级的规章进行审查。

（三十八）将第五十四条改为六条，作为第六十八条、第六十九条、第七十一条、第七十二条、第七十三条、第七十四条，修改为：

"第六十八条　具体行政行为证据确凿，适用法律、法规正确，符合法定程序的，或者原告要求被告履行职责理由不成立的，人民法院判决驳回原告的诉讼请求。"

"第六十九条　具体行政行为有下列情形之一，人民法院判决撤销或者部分撤销，并可以判决被告重新作出具体行政行为：（一）主要证据不足的；

---

① 参见杨建顺著：《行政、民事争议交叉案件审理机制的困境与对策》，载《法律适用》2009 年第 5 期，第 2—9 页；朱军巍、武楠著：《关于行政、民事纠纷交叉案件审理的调研报告》，载《法律适用》2009 年第 5 期，第 10—13 页；孔祥俊著：《任何人不能通过形式合法而获利——知识产权审判中民事处理与行政程序的关系》，载《法律适用》2009 年第 5 期，第 14—17 页；程琥著：《行政争议与民事争议关联案件的诉讼程序衔接》，载《法律适用》2009 年第 5 期，第 18—22 页；许福庆著：《行政行为与民事判决效力冲突及解决》，载《法律适用》2009 年第 5 期，第 23—26 页；等等。

(二)适用法律、法规错误的;(三)违反法定程序,且可能对原告权利产生实际影响的;(四)超越职权的;(五)滥用职权的。"

"第七十一条 人民法院经过审理,查明被告不履行或者拖延履行法定职责的,判决被告在一定期限内履行。"

"第七十二条 人民法院经过审理,查明被告依法负有给付义务的,判决被告履行给付义务。"

"第七十三条 有下列情形之一的,人民法院判决确认具体行政行为违法或者无效:(一)具体行政行为应当依法被判决撤销,但撤销该具体行政行为将会给国家利益、社会公共利益造成重大损害的;(二)具体行政行为应当依法被判决撤销,但不具有可撤销内容的;(三)具体行政行为程序违法,但未对原告权利产生实际影响的;(四)被告不履行或者拖延履行法定职责应当判决履行,但判决履行已没有意义的;(五)被告撤销或者变更原违法具体行政行为,原告不撤诉,仍要求对原具体行政行为的违法性作出确认的;(六)原告提出具体行政行为无效,理由成立的。""人民法院作出前款规定的判决时,可以同时判决责令被告采取补救措施;给原告造成损失的,依法判决被告承担赔偿责任。

"第七十四条 行政处罚显失公正,或者其他具体行政行为涉及对款额的确定或者认定确有错误的,人民法院可以判决变更。""人民法院判决变更,不得加重原告的义务或者减少原告的利益。但利害关系人同为原告,且诉讼请求相反的除外。"

将现行《行政诉讼法》第54条拆分为6条,并分别予以充实、细化,很有必要。

"判决驳回原告的诉讼请求",与"判决维持"相比较,所表述的关系更明晰。

将适用"判决撤销或者部分撤销,并可以判决被告重新作出具体行政行为"的要件之一"违反法定程序的",改为"违反法定程序,且可能对原告权利产生实际影响的",体现了实体和程序并重的理念,有助于克服单纯程序主义带来的资源浪费。

针对"给付义务"专门规定"判决被告履行给付义务",有助于定分止争。

"判决确认具体行政行为违法或者无效"的规定,是对理论研究成果和实务经验尤其是对《行诉法问题解释》相关规定的确认、吸纳和完善。若能对确认"无效"情形下的具体处理规则作出进一步规定,则会更具实操性。建议在这方面多下些工夫。

没有采纳大幅度拓展司法变更权的主张,而是只添加了"其他具体行政行为涉及对款额的确定或者认定确有错误的"这种具有较强客观属性的对象,这种稳步推进、坚持司法变更权有限原则的立法方法和姿态,值得肯定和倡导。

"人民法院判决变更,不得加重原告的义务或者减少原告的利益。但利害关系人同为原告,且诉讼请求相反的除外。"该规定体现了行政诉讼制度对原告的激励,也兼顾了复效性的行为和多元化的利益诉求,是科学立法的体现。

(三十九)增加二条,作为第七十五条、第七十六条:

"第七十五条 人民法院对公开审理或者不公开审理的案件,一律公开宣告判决。""当庭宣判的,应当在十日内发送判决书;定期宣判的,宣判后立即发给判决书。""宣告判决时,必须告知当事人上诉权利、上诉期限和上诉的法院。"

"第七十六条 公众可以查阅发生法律效力的判决书、裁定书,但涉及国家秘密、商业秘密和个人隐私的除外。"

"一律公开宣告判决",尤其是"公众可以查阅发生法律效力的判决书、裁定书"的规定,为行政诉讼案件的公正审理和行政诉讼裁判的切实执行,提供了重要的条件保障。若能进一步设置相应的规则,尤其是"查阅"受阻时的救济机制,则该制度可望对改变行政诉讼审理难、执行难的困境发挥更加重要的作用。

(四十)增加二条,作为第七十九条、第八十条:

"第七十九条 人民法院审理事实清楚、权利义务关系明确、争议不大的下列第一审行政案件,可以适用简易程序:(一)被诉具体行政行为是依法当场作出的；（二）案件涉及款额一千元以下的；（三）当事人各方同意适用简易程序的。""发回重审、按照审判监督程序再审的案件不适用简易程序。"

"第八十条　适用简易程序审理的行政案件，由审判员一人独任审理，并应当在立案之日起四十五日内审结。"

对简易程序专门作出规定，有助于行政诉讼审理机制的结构性改革。但是，在具体要件表述上需要进一步斟酌。既然是"事实清楚、权利义务关系明确、争议不大"，也就没有必要"在立案之日起四十五日内审结"。更何况，是否"事实清楚、权利义务关系明确、争议不大"，往往要在进行审理后才能明确。

所以，建议将"事实清楚、权利义务关系明确、争议不大"这种限定性表述删除。同时，对经审理确认其为"事实清楚、权利义务关系明确、争议不大"的案件，宜在较短时间内审结；对经审理确认其情形不宜适用简易程序的，应当设置将其转为普通程序的相应机制。

总之，设置简易程序的做法可取，而其机制和规则的精密架构尚需进一步努力。

（四十一）将第五十九条改为第八十二条，修改为："人民法院对上诉案件，应当组成合议庭，开庭审理。经过阅卷、调查和询问当事人，对没有提出新的事实、证据或者理由，合议庭认为不需要开庭审理的，也可以不开庭审理。"

对现行法的规定进行细化，明确了原则，规定了例外，并将"例外"的裁量判断权赋予合议庭。该规定值得充分肯定。

（四十二）增加一条，作为第八十三条："人民法院审理上诉案件，应当对原审人民法院的判决、裁定和被诉具体行政行为进行全面审查。"

对"具体行政行为进行全面审查"，从理论上讲，这种制度安排非常不理想，势必造成巨大的资源浪费。当然，从实务的角度看，为了切实做到程序正义和实体正义，针对下级法院审理过的案件，进行全面审查是有其必要性的。但是，无论如何，对每一个上诉案件都要"进行全面审查"，不能不说是对审判资源的严重浪费。

这个问题与前述审级制度改革相联系，若能再推进一步，实行三审终审制，让第三审专门负责法律审，或许可以更好地实现程序正义和实体正义的协调。

（四十三）将第六十一条改为第八十五条，修改为："人民法院审理上诉案件，按照下列情形，分别处理：（一）原判决、裁定认定事实清楚，适用法律、法规正确的，判决驳回上诉，维持原判决、裁定；（二）原判决、裁定认定事实错误或者适用法律、法规错误的，依法改判、撤销或者变更；（三）原判决认定基本事实不清、证据不足的，发回原审人民法院重审，或者查清事实后改判；（四）原判决遗漏当事人或者违法缺席判决等严重违反法定程序的，裁定撤销原判决，发回原审人民法院重审。""原审人民法院对发回重审的案件作出判决后，当事人提起上诉的，第二审人民法院不得再次发回重审。""人民法院审理上诉案件，需要改变原判决的，应当同时对被诉具体行政行为作出判决。"

将分别处理的对象增加规定"裁定"，为不同裁判形式提供了法律依据。分别不同情况进行充实、细化，有助于判决类型科学化构筑，也将助推诉讼类型法制化研究进一步深入展开。

（四十四）将第六十二条改为第八十六条，修改为："当事人对已经发生法律效力的判决、裁定，认为确有错误的，可以向上一级人民法院申请再审，但判决、裁定不停止执行。"

将"申诉"改为"再审"，将"原审人民法院或者上一级人民法院"限定为"上一级人民法院"，为行政诉讼审判监督程序的规范化提供了组织法层面的支撑，增强了监督程序的实效性。

建议将"但判决、裁定不停止执行"改为："但是，判决、裁定不停止执行"。

（四十五）增加一条，作为第八十七条："当事人的申请符合下列情形之一的，人民法院应当再审：（一）不予受理或者驳回起诉确有错误的；（二）有新的证据，足以推翻原判决、裁定的；（三）原判决、裁定认定事实的证据不确实、不充分、未经质证或者系伪造的；（四）原判决、裁定适用法律、法规确有错误的；（五）违反法律规定的诉讼程序，可能影响公正审判的；（六）原判决、裁定遗漏诉讼请求的；（七）据以作出原判决、裁定的法律文书被撤销或者变更的；（八）审判人员在审理该案件时有贪污受贿，徇私舞弊，枉法裁判行为的。"

对"应当再审"的适用情形进行列举，使监督程序具有很强的实操性。若能对相关确认或者判断取舍程序予以进一步明确，则其作用会更大。

（四十六）将第六十三条改为第八十八条，修改为："各级人民法院院长对本院已经发生法律效力的判决、裁定，发现确有错误，认为需要再审的，应当提交审判委员会讨论决定。""最高人民法院对地方各级人民法院已经发生法律效力的判决、裁定，上级人民法院对下级人民法院已经发生法律效力的判决、裁定，发现确有错误的，有权提审或者指令下级人民法院再审。"

增加规定最高人民法院提审或者指令下级人民法院再审的权力，很有必要。

（四十七）将第六十四条改为第八十九条，修改为："最高人民检察院对各级人民法院已经发生法律效力的判决、裁定，上级人民检察院对下级人民法院已经发生法律效力的判决、裁定，发现有本法第八十七条规定情形之一的，应当提出抗诉。""地方各级人民检察院对同级人民法院已经发生法律效力的判决、裁定，发现有本法第八十七条规定情形之一的，可以向同级人民法院提出检察建议，并报上级人民检察院备案；也可以提请上级人民检察院向同级人民法院提出抗诉。""地方各级人民检察院对审判监督程序以外的其他审判程序中审判人员的违法行为，有权向同级人民法院提出检察建议。"

没有采取广泛意义上的检察监督的主张，而是采取了在既有法律监督基础上的程序细化的修法路径，值得肯定。

细化了现行法上的"审判监督程序"，为抗诉和检察建议发挥其应有的作用提供了程序保障。不过，将抗诉权仅赋予上级人民检察院，值得商榷。最高人民检察院对包括最高人民法院在内的各级人民法院，地方各级人民检察院对其同级及下级人民法院，都应当有提出抗诉权。这是由检察权的"法律监督"属性所决定的。在国家权力配置层面，同级机关相互之间的监督制约和均衡

(check and balance) 机制,是现代法治观念的内在要求。

检察建议制度具有重要的意义和作用,应当进一步细化其对人民法院乃至对行政机关的约束力。

(四十八) 将第六十五条改为三条,作为第九十条、第九十一条、第九十二条:

"第九十条 当事人必须履行人民法院发生法律效力的判决、裁定、调解书。"

"第九十一条 公民、法人或者其他组织拒绝履行判决、裁定、调解书的,行政机关或者第三人可以向第一审人民法院申请强制执行,或者由行政机关依法强制执行。"

"第九十二条 行政机关拒绝履行判决、裁定、调解书的,第一审人民法院可以采取以下措施:(一)对应当归还的罚款或者应当给付的款额,通知银行从该行政机关的账户内划拨;(二)在规定期限内不履行的,从期满之日起,对该行政机关按日处五十元至一百元的罚款;(三)将行政机关拒绝履行的情况予以公告;(四)向该行政机关的上一级行政机关或者监察、人事机关提出司法建议。接受司法建议的机关,根据有关规定进行处理,并将处理情况告知人民法院;(五)拒不履行判决、裁定、调解书,社会影响恶劣的,可以对该行政机关直接负责的主管人员和其他直接责任人员予以拘留;情节严重,构成犯罪的,依法追究刑事责任。"

在现行法规定的"判决、裁定"的基础上,添加了"调解书",这很有必要。

不过,前面一直没有涉及"调解书",这里作出规定显得有些突兀。

修正后的第 62 条规定:"人民法院审理行政案件,不适用调解。但是,行政赔偿和行政机关依法给予补偿的案件除外。"该条之后,对除外情形下制作调解书的问题应当予以规定。此外,如前所述,还应当明确规定审理行政案件适用调解的情形,并对该情形下制作调解书事宜予以必要的程序支撑。

(四十九) 将第六十七条改为第十五条,修改为:"公民、法人或者其他组织认为具体行政行为侵犯其合法权益,造成损害的,有权依照《中华人民共和国国家赔偿法》的规定请求赔偿。"

坚持法制统一原则,将相关规定转变为援引条款,这种立法技术和立法理念值得充分肯定,并应不断发扬光大,使其更趋科学、实效。

(五十)增加一条,作为第九十七条:"人民法院审理行政案件,本法没有规定的,适用《中华人民共和国民事诉讼法》的相关规定。"

既坚持法制统一原则,又突出行政诉讼的特殊规律性,强调行政诉讼和民事诉讼在法的本源上的关联性,在方法论层面,该规定亦是立法技术逐渐成熟的重要体现。

不过,行政诉讼毕竟不同于民事诉讼,"适用"民事诉讼法上的相关规定,应当承认并倡导"修正适用"的理念。所以,对这里的"适用"或许有必要进行进一步限定和明确。换言之,这里的适用应当是仅限于法院审理行政案件时的"程序性"安排的援引,并且,仅仅限于"本法没有规定的"补充性的作用。

其实,这里还有一个问题需要探讨,即"本法没有规定的,适用《中华人民共和国民事诉讼法》的相关规定",是否排除《行政诉讼法》以外的其他行政法规范的优先适用?从目前的规定来看,回答是肯定的。这种法规范适用的次序安排,也是值得商榷的。

(五十一)删去第三十五条、第九章的章名、第六十八条、第六十九条、第七十二条。

"行政诉讼法的有关章及条文序号根据本修正案作相应调整。"

和增加或者转变为援引条款有助于贯彻法制统一原则一样,将不必要的规定予以删除,同样是法制统一原则的内在要求,也是节约立法资源的重要路径之一。

"行政诉讼法的有关章及条文序号根据本修正案作相应调整。"这种规定为立法的统一性和严肃性提供了支撑。不过,如何确保让立法机关对"作相应调整"后的全部法规范进行全面审议,在立法技术上需要下工夫,在立法观念上也需要予以相应的重视。毕竟,仅限于"修正案",往往难免"一叶障目,不见泰山"之弊端。

我们知道，2013年12月30日，立法实务部门在将《修正案草案》和《修正案草案说明》付诸征求意见的同时，还提供了"附件：《中华人民共和国行政诉讼法》修正前后对照表"。① 为确保修正案草案审议者能够从全局的角度审慎地作出判定，该附件也应当成为提交审议时的辅助材料。并且，这种做法应当成为今后法规范修改时普遍遵循的规则。

此外，"意见征集截止日期：2014年1月30日。"从发布到截止，中间仅有1个月时间，实在与正当程序理念相差甚远！写一篇好文章，大多需要冷却不短的一段时间，更何况为立法提建议呢。于是，许多热心人匆匆忙忙提出修改意见和建议，没有必要的斟酌和打磨时间，往往无法进行深入、系统而专业的思考。于是，立法征求意见，往往难免沦为热热闹闹的"民主立法""开门立法"的重要组成部分，却很难为"科学立法"提供坚实的支撑。

建议将法规范征求意见的期限设定为6个月，起码不应短于3个月。

以上建议，供参考。

此致

敬礼

---

① 参见中国人大网，http://www.npc.gov.cn/npc/xinwen/lfgz/flca/2013-12/30/content_1822050.htm。

主要参考文献

杨建顺著:《日本行政法通论》,中国法制出版社 1998 年版

杨建顺著:《行政规制与权利保障》,中国人民大学出版社 2007 年版

杨建顺著:《行政强制法 18 讲》,中国法制出版社 2011 年版

杨建顺主编:《行政法总论》(第二版),北京大学出版社 2016 年版

〔日〕盐野宏著,杨建顺译:《行政法总论》、《行政救济法》、《行政组织法》,北京大学出版社 2008 年版

〔日〕南博方著,杨建顺译:《行政法》(第六版),中国人民大学出版社 2009 年版

姜明安主编:《行政法与行政诉讼法》(第六版),高等教育出版社、北京大学出版社 2015 年版

后 记

在我的记忆里，好像自己的哪一部著作都没有这部短文集难作序。

2013年1月16日到2016年1月16日，在辛勤耕耘"建顺微思"专栏整3年的时候，我曾试图推出这部短文集。可是，将3年所写短文汇总起来后，我竟然怎么也无法完成"作序"这项工作。或许读者朋友会说，这也能成为阻碍你结集出版的原因？托词、口实而已。真的，对于我来说，推出著作而不作序，就如同吃大餐而无前菜，感到非常对不起读者，也对不住自己。而做不好这道"前菜"，主要是因为我的内心深处似乎呈现出一个矛盾体的缘故——既希望尽早推出自己的著作，又羞于将不够丰满的作品呈献给读者。

不觉间过去了9个月。① 这期间，我一边继续专注于专栏文章的写作，一边抽空编辑短文集，并不断地将新撰写的短文收录其中。终于可以推出自己满意的著作了，再也不用以"太忙"为托词而拖延下去了。而2016年的中秋佳节为我提供了作序的好时机。

既然"序"这道"前菜"已做完，那么，接下来就是完成"大餐"后的"后记"这道"甜点"了。虽然这部短文集的正文也是由"短文"组成，或许更像是"小菜"的拼盘，但是，我依然将其定位为"大餐"。这是因为我自信正文的相关内容是对行政法经典知识的准确把握和灵活运用，并且也密切回应了社会需求。

记得有一年我为宪法学与行政法学专业的博士生授课，其中有一位在职博士生同学乘地铁赶来学校上课，他当着班上同学们的面儿跟我汇报："乘地铁途中我一直在学习《行政规制与权利保障》呢。杨老师您的这部大作太棒了！

---

① 这篇后记成就于2016年9月18日。后来，由于体例方面的调整而耽搁了近3个月，于12月14日修改定稿。在清样校对过程中进一步修改，结果是最后成就于2017年2月5日。

很沉,但我在地铁里捧着阅读,也不觉着累。"这既是对我的肯定和鼓励,也是对我的期待和鞭策。很沉,怎么能不觉得累呢?!我决心转型,尝试着写短文,著薄书。

2013年1月8日,《检察日报》编辑王心禾女士联系我在该报开设专栏。于是,我在作品形式上转型写短文的尝试,也就随着1月16日"建顺微思"刊出首篇专栏文章而开始了。并且,将专栏名称定为"建顺微思",也是心禾女士帮忙参谋的结果。在这种意义上说,如果没有当初心禾女士的联系,我的转型很可能会以其他的形式和路径展开,是否成功也是未知数,起码在内容构成上会不同于现如今的短文集。所以,今天能够推出这部短文集,要衷心感谢心禾女士。

打那以后,我能够大致以隔周1篇的频率,坚持了近4年的时间,除了自己致力于转型而全力以赴之外,主要仰仗《检察日报》两位责编——党小学先生和刘文晖女士——的督促。我对专栏文章的体例要求不太适应,有时候提交的稿子过于学术性,行文风格往往不太适合于"专栏文章"。起初,小学先生总是及时跟我沟通交流,在认真听取意见的基础上细心修改稿子。后来,文晖女士接手责编工作,一如既往地给予我理解和支持,并为我的"专栏文章"风格转换提供建议。在这种意义上说,遇到这两位好责编,我才能够成为专栏作者,并不断成长。所以,今天能够推出这部短文集,要衷心感谢小学先生和文晖女士的鼎力支持。

当初我承接专栏文章这项工作时并未曾考虑日后结集出版的事情。萌生结集出版的念头,主要缘于中国人民大学法学院史彤彪和李奋飞两位教授的推荐。两位教授将他们的短文集赠送我[1],并诚挚地推荐我将自己的专栏文章结集出版,以便与更多的人分享自己的思考。衷心感谢彤彪教授和奋飞教授!

能够推出这部短文集,要衷心感谢许多朋友的鼓励。忻州师范学院彭波讲师曾到中国人民大学法学院访学,是我每篇专栏文章的读者,并时常给予我肯

---

[1] 参见史彤彪著:《孟德斯鸠错了?》,清华大学出版社2014年版;李奋飞著:《正义的底线》,清华大学出版社2014年版。

定和鼓励。在我为短文集的命名而苦思冥想之际，他花费了很多心思，提出 3 种方案供我参考：(1)《法治行政短论》《法治政府短论》《法治行政散论》《法治政府散论》《法治行政微思录》《法治政府微思录》等。(2) 仍用《检察日报》上栏目的题目：《建顺微思录》。(3) 也可以用更加活泼一些的题目，如《明德楼拾贝集》《726 拾贝集》等。他进一步解释说，第一种方案的好处是能够概括随笔集的主题，而且与现实密切联系，直接凸显时代主题，较好吸引实务界读者。第二种方案的好处是与《检察日报》上的栏目相互映衬，能够形成品牌效应。这些供选方案，为这部短文集命名提供了重要参考，也化作我继续努力撰写专栏文章的动力。写在这里，希望与读者朋友分享这些具有启发性的心智成果。衷心感谢彭波讲师！

能够推出这部短文集，要衷心感谢中国人民大学法学院高铭暄教授、孙国华教授、吕世伦教授和已故许崇德教授等诸位前辈的鼓励。每次见到诸位前辈时，他们都不忘告诉我：看了你在《检察日报》上的专栏文章，写得不错，继续加油哦。前辈的鼓励，是我继续加油的重要动力。祝愿高教授、孙教授和吕教授等诸位前辈身体健康、幸福快乐！吾师许导千古！[①]

能够推出这部短文集，还要感谢我的妻子和助手陈衍珠女士。我撰写专栏文章近 4 年来，你为我提供了不少帮助。搜集素材和选择话题，耐心地当好听众和读者，给予鼓励和赞许，提出质疑和建议。正如你近日在微博上写心情所指出的，分享幸福也是一种幸福。感谢有你的支持！我会继续写好专栏文章，与读者朋友分享幸福。

能够与读者朋友分享自己的作品，真的是一种幸福。专栏文章刊发后，正义网、法制网、中国宪政网、中国民商法律网、中国社会科学网、搜狐网、新

[①] 许教授是我入职中国人民大学法学院以来的导师，是工作的导师，也是为人的导师。1993 年春季我从日本回国，曾申请师从许教授做博士后研究，许教授欣然接受，并给予我诸多关照。虽然后来没有完成正式手续，未能追随许教授从事宪法学研究，但是，许教授一直将我视同弟子，关照有加。我能够顺利入职中国人民大学法学院并很快适应新的工作环境，展开富有成效的科研和教学工作，离不开许教授的鼎力支持。自从我开始写专栏文章，每次见面，许导总是告诉我他看了我的文章，鼓励我将行政法原理与实践更好结合。谆谆教诲，犹在耳畔。借此机会，追思许导，感恩许导！

浪网和腾讯网等网站都有转发,为我与网友分享拙稿提供了平台。据我所知,目前为止分享最多的当数搜狐网转发的《父母晚退休,不如子女早上岗》一文,浏览达190189次之多!除了互联网新媒体外,《今参考》《广州律师》《法治政府建设》等刊物也有对拙稿转载。另外,我自己也会将拙稿的电子版上传至自己的QQ空间"日志"栏和腾讯微博,与网友分享;将其推送给自己指导的博士(生)、硕士(生)和本科生们,为他(她)们提供学习和研究的参考;也时常会将其作为本科教学素材,与自己承担的中国人民大学法学院《行政法与行政诉讼法》课程的本科生们一起探讨相关行政法问题。衷心感谢读者朋友的关注和支持!衷心感谢同学们的积极参与!还要感谢中国人民大学法学院硕士生封蔚然同学,她为拙稿推送宪政网、宪政网公众号以及微信好友群等付出了诸多努力。

能够推出这部短文集,尤其要衷心感谢北京大学出版社及该出版社邓丽华编辑的鼎力支持。打从我提起要推出短文集的设想开始,邓编辑就给予了全面肯定,并立即转入工作层面,历经反复论证,形成了具体出版计划。感谢北大出版社法律编辑部邹记东主任高度重视这项选题,立即安排相关工作!在项目论证通过之后,这部短文集的命名便提上了日程。邓编辑提供了《权力的边界》等建设性方案,并对我所提出的《权力的规则》《权力的规制》或者《权力、秩序和制度》等书名方案进行了反复斟酌和衡量。经过邮件沟通,最终商定将《权力的规则》作为书名。

中秋节后,我于9月18日将这部短文集的稿子交给了出版社。当初分为19个单元:法律的生命力在于实施;让权力在法治轨道上运行;让权力在阳光下运行;规制和协治,市政运营的坚实支撑;桥梁和纽带,信访的逻辑起点和价值归宿;政府责任、社会责任和个人责任;政令畅通,完善公务员法制是关键;公物法制,法治政府的重要领域;建构科学的行政作用法;行政目的与手段的辩证统一;坚持诚实信义,做好信赖保护;从给付行政到支援型行政;转变政府职能,发挥中介组织的作用;规制行政,法律保留原则的检证;参与型行政理念,政府治理的实效性保障;自我规制,大学自治和学术自由的基础;完善《专利法》,推进知识产权兴国;完善《食品安全法》,推进合法规范运营机制；完善《行政诉讼法》，行使权利救济制度。

后来，邓编辑提出修改体例安排的建议。为了各栏目设置篇章页，最好能将目前的 19 个单元压缩至 10 个以内。对我来说，这真是个很有难度的任务。因为前面所列的栏目小标题，都是经过反复推敲后确定的，自认为能够较好反映其项下短文的内容。现在要将其按近二比一的比例压缩重编，又要做到小标题和其所涵盖内容相符，可以想见其难度有多大。考虑再三，我还是接受邓编辑的建议，重新编排各个单元，修改打磨各单元小标题，形成现在的 10 个单元：法治思维和法治方式，定位权力运行；规制和协治，定位法治政府的服务职能；公务员和公物法制，依法行政的手段支撑；计划和整序，路径手段的实效性保障；信赖保护原则，法治行政的条理法；放心和安心，从给付行政到支援型行政；转变政府职能，发挥中介组织的作用；规制行政，政府治理的实效性保障；自我规制，高校法治的基础；修改完善法典，扎实推进合法规范运营。

将我曾经尝试过的 19 个单元小标题和最后确定的 10 个单元小标题分别罗列于此，加上前面关于这部短文集命名过程的介绍，希望与读者朋友分享主题归纳提炼过程及其苦与乐，进而为从事行政法的学习和研究的朋友提供论文选题架构及解题路径的参考。

经过这段时间的打磨完善，再度完成了这部短文集的定稿工作。这部短文集是我近 4 年来研究和运用行政法的总结，其中对相关问题的探究，为接下来我将全力以赴完成的《行政法与行政诉讼法》教材提供了有用的素材和论题。

感谢诸位朋友的理解、支持和帮助，给予我继续前行的无尽动力！

杨建顺

2016 年 9 月 18 日定稿

2016 年 12 月 14 日修改定稿

2017 年 2 月 5 日最终定稿

于中国人民大学明德法学楼研究室